BVT

In bekannter Radikalität definiert der Medienkritiker Neil Postman die Probleme des neuen Zeitalters. Seine Themen sind Fortschritt, Technologie, Sprache, Information, Demokratie, Erziehung. Er hinterfragt die modernen Technologien und verweist provokativ, nicht selten auch polemisch, auf Ideen und Erkenntnisse des Zeitalters der Aufklärung. Seine früheren Analysen sind durch die Entwicklung der modernen Industriegesellschaften ausnahmslos bestätigt worden. Auch in diesem Buch liefert er Handlungsmodelle, die sich im 21. Jahrhundert als fruchtbar erweisen könnten.

Neil Postman, geboren 1931 in Brooklyn, lehrt als Professor für Medienökologie an der New York University in Manhattan. Die Titel seiner Bücher *Wir amüsieren uns zu Tode* oder *Keine Götter mehr. Das Ende der Erziehung* sind geradezu zu Schlagwörtern geworden.

Neil Postman

Die zweite Aufklärung

Vom 18. ins 21. Jahrhundert

Aus dem Amerikanischen von
H. Jochen Bußmann

Berliner Taschenbuch Verlag

Dezember 2001
BvT Berliner Taschenbuch Verlags GmbH, Berlin,
ein Unternehmen der Verlagsgruppe Random House GmbH
Die Originalausgabe erschien 1999 unter dem Titel
A Bridge to the Eighteenth Century
bei Alfred A. Knopf Inc., New York

Umschlaggestaltung: Nina Rothfos und
Patrick Gabler, Hamburg
Gesetzt aus der Sabon
Druck & Bindung: Elsnerdruck, Berlin
Printed in Germany · ISBN 3-442-76012-7

INHALT

EINLEITUNG

Natürlich ist die Zukunft eine Illusion. Bis jetzt ist dort noch nichts geschehen. Was Gertrude Stein über Oakland in Kalifornien gesagt hat, können wir über die Zukunft sagen: Dort gibt es kein *dort*. Die paradoxeste von Marshall McLuhans vielen faszinierenden Metaphern war die vom »Rückspiegel«-Denken. Wir alle, sagte er, bewegen uns mit hoher Geschwindigkeit auf einer Autobahn und haben unseren Blick dabei auf den Rückspiegel fixiert; der aber kann uns nur sagen, wo wir waren, nicht, was vor uns liegt. Nur ein paar avantgardistische Künstler (und selbstverständlich er selbst) seien, wie er meinte, imstande, durch das Frontfenster zu schauen, so daß sie uns sagen könnten, wohin es mit uns geht. Die Ironie ist, daß auch die Frontscheibe in gewisser Weise ein Rückspiegel ist, denn jedwede von uns gesehene Zukunft ist nur eine Projektion der Vergangenheit – und kann nichts anderes sein.

Søren Kierkegaard äußert in seinem Tagebuch, daß Ahnung in Wirklichkeit nachträgliche Einsicht ist, ein Reflex der Zukunft, die sich dem Auge enthüllt, wenn es auf das Vergangene zurückblickt. Er sagt damit auch, daß wir von der Vergangenheit nie frei sind, und wer zu den Lesern von Science-Fiction und visionären Geschichten gehört, wird ihm zustimmen. Man lese nur *The Road Ahead (Der Weg nach vorn)* von Bill Gates, und man wird dabei merken, daß es mehr von Geschichte als von Prophetischem handelt; vielleicht könnte man es auch Geschichte als Prophezeiung nennen. Immer geht es bei Zukunftsvorstellungen mehr um das, wo wir gewesen sind, als darum, wohin wir gehen.

Was aber ist dann von George Santayanas berühmtem Aphorismus zu halten, der besagt, daß wir dazu verurteilt sind, die Vergangenheit aufs neue zu durchleben, wenn wir sie vergessen? Können wir die Vergangenheit überhaupt je vergessen? Läßt sich ohne Rückbezug auf die Vergangenheit eine Zukunft planen oder auch nur über sie nachdenken?

Dieses Buch geht davon aus, daß beide, Kierkegaard und Santayana, recht haben. Kierkegaard hat recht, wenn er meint, es gebe in der Zukunft nichts zu sehen, es sei denn, etwas aus der Vergangenheit. Er fordert uns auf, umsichtig zu sein bei der Auswahl jenes Teils der Vergangenheit, den wir nutzen wollen, um uns die Zukunft vorzustellen. Dasselbe gilt für Santayana. Ja, er drängt uns, uns unserer Irrtümer zu erinnern, damit wir sie nicht wiederholen. Wir sollen uns aber auch des Gelungenen erinnern. Die eigenen Irrtümer zu vergessen ist schlecht. Indessen könnte es schlimmer sein, die eigenen Erfolge zu vergessen.

Wenn wir uns der Vergangenheit erinnern, dürfen wir nicht außer acht lassen, daß sie zwar keine Illusion, aber doch etwas schwer Faßbares ist, eine Ansammlung verschatteter, mit Mehrdeutigkeiten, Wunschdenken und allzu großen Vereinfachungen gesättigter Erinnerungen. Und doch läßt sich dort etwas sehen, etwas lernen, kommt von dort Material für neue Mythen. Dort *gibt es* ein dort, und es wird sich vor der Frontscheibe zeigen, wenn wir nur wirklich konzentriert in den Rückspiegel blicken.

PRÄLUDIUM

Aufklärung Nr. 1: Eine philosophische Bewegung des achtzehnten Jahrhunderts, die sich vom Standpunkt des Rationalismus aus vornehmlich mit der Kritik bislang gültiger Lehren und Institutionen beschäftigte.

Aufklärung Nr. 2: Im April 1735 stand John Peter Zenger, der Herausgeber des *New York Weekly Journal,* unter der Beschuldigung der Verleumdung vor Gericht. Er habe geschrieben, die Freiheiten und Besitztümer der Leute von New York seien in Gefahr, lautete die Anklage. Man brachte gegen ihn vor, gesagt zu haben, »was Männer aufgebaut hätten, [würde] zerstört, Richter würden willkürlich versetzt, und ohne Bewilligung des Gesetzgebers würden neue Gerichte geschaffen«. Zur Zeit dieses Prozesses unterschied man noch nicht zwischen wahren und falschen Anschuldigungen. Der Gerichtsvorsitzende äußerte, es »kann Ihnen nicht erlaubt werden ..., die Wahrheit einer Anschuldigung durch Beweismittel zu belegen. Eine Verleumdung ist nicht zu rechtfertigen; auch wenn sie wahr ist, bleibt sie doch eine Verleumdung.«

Obwohl Zenger einräumte, diese Worte veröffentlicht zu haben, plädierte er auf nicht schuldig. Aufgrund von Zengers Geständnis bestand die Anklage darauf, daß die Geschworenen einen Urteilsspruch zugunsten des Königs fänden. Der Umstand, daß diese Worte der Wahrheit entsprächen, mache das Vergehen nur um so schlimmer. Der Oberrichter neigte der gleichen Ansicht zu wie die Anklage. Zengers Anwalt jedoch, Andrew Hamilton aus Philadelphia, bat um die Erlaubnis, seine Sicht der Dinge den Geschworenen vorzutragen. Hier ein Auszug dessen, was Hamilton sagte:

> Ich danke Euer Ehren. Somit sind es nun Sie, meine Herren, an die wir zu appellieren haben, denn wir haben Zeugen hinsichtlich der Wahrheit der Fakten angeboten, und man verweigert uns die Freiheit, den Beweis anzutreten; möge es Ihnen deshalb nicht seltsam erscheinen, daß ich mich in dieser Weise an Sie wende. Dies zu tun verlangt sowohl die Rechtslage wie die Vernunft. Letztere erfordert, daß man Sie *aus der Umgebung, in der sich der Sachverhalt angeblich zugetragen hat*, beruft; und der Grund dafür, Sie aus dieser Umgegend zu berufen, ist, *daß man davon ausgeht, daß Sie die beste Kenntnis über das gerichtsanhängige Faktum haben.* Und sollten Sie zu einem Schuldspruch gegen meinen Mandanten kommen, müssen Sie auf sich nehmen zu sagen, die in der Anzeige angeführten Artikel, die gedruckt und veröffentlicht zu haben wir einräumen, seien *falsch, skandalös und aufrührerisch.* Eine solche Befürchtung jedoch kann ich nicht hegen. Sie sind Bürger von New York; Sie sind wahrhaft das, was das Gesetz von Ihnen verlangt, nämlich *ehrliche und gesetzestreue Männer*; und, wie es in meinem Mandat steht, wurden die Fakten, die zu beweisen wir anbieten, nicht igendwo in einem Winkel begangen; *vielmehr ist es notorisch bekannt, daß sie wahr sind*; und deshalb liegt unsere Sicherheit in Ihrer Gerechtigkeit ...
> Es stimmt, in vergangenen Zeiten war es ein Verbrechen, die Wahrheit zu sagen, und in jenem schrecklichen Gerichtshof, der königlichen Sternkammer, hatten viele würdige und tapfere Männer dafür zu leiden, daß sie es

getan hatten; und doch hat sogar in diesem Gerichtshof und in diesen schlimmen Zeiten ein großer und guter Mann zu sagen gewagt, was ich in der Hoffnung, daß man es mir nicht verübeln wird, an diesem Ort sage, *nämlich: die Praxis der Anzeige wegen Verleumdung ist ein Schwert in der Hand eines bösen Königs ...*

Als er geendet hatte, zog sich die Jury zurück, kam aber schon bald wieder. Auf die Frage, ob John Peter Zenger sich der Veröffentlichung von Verleumdungen schuldig gemacht habe, antwortete Thomas Hunt, ihr Sprecher, mit »nicht schuldig«.

Sechsundfünfzig Jahre später wurde der amerikanischen Verfassung die Bill of Rights hinzugefügt.

KAPITEL EINS
Eine Brücke ins achtzehnte Jahrhundert

Am Tag, bevor ich dieses Buch zu schreiben begann, hörte ich im Radio, daß zwischen fünfunddreißig und zweiundsechzig Prozent aller Amerikaner glauben, daß Außerirdische auf der Erde gelandet sind. Die exakte Prozentzahl variiert in den Umfragen, genauso wie das Aussehen der Aliens. Manche sind grau, andere grün. Manche haben Ohren, manche nicht. Alle haben große Köpfe. Der Bericht erinnerte mich an eine Befragung, die ich vor ein paar Jahren sah und in der es um die Zahl der Leute ging, die an den Teufel glauben. Nicht an den Teufel als Metapher und als eine Verallgemeinerung für das Böse; nein, an den Teufel als, wenn man so will, eine Kreatur aus Fleisch und Blut, als jemand, der auf der Erde herumläuft, der aussieht wie wir und uns gern listig in Versuchung führt und unfromme Vorschläge macht. Gläubige denken dabei, vermute ich, an etwas in der Größenordnung von Stephen Vincent Benets Satan in *The Devil and Daniel Webster*. Ich entsinne mich nicht, welche Prozentzahlen dabei herauskamen, aber sie waren hoch. Ich kann mich an die Zahlen nicht erinnern, weil ich sie verdrängt oder, wie es die Psychologen jetzt nennen, mich aufs Leugnen verlegt habe. Nach gängiger Meinung ist das Leugnen von Fakten nicht gesundheitsförderlich, auch wenn es offenkundig viele Vorteile hat. Einige davon erklärt Ernest Becker in seinem berühmten Buch *The Denial of Death (Die Leugnung des Todes)*. Freilich muß man keineswegs so in die

Tiefe gehen wie Becker, um aus dem Leugnen Nutzen zu ziehen. Ist man ein amerikanischer Autor, der sich als einen Erben der Aufklärung begreift, fällt es einem schwer, auch nur drei Seiten zu schreiben, ohne mit allem Nachdruck verleugnet zu haben, daß viele der eigenen potentiellen Leser an Teufel glauben, die mit einem ins Geschäft kommen wollen.

Hilfreich ist das Leugnen auch dann, wenn man sich darauf einläßt, über die mentale Verfassung einiger wichtiger Mitglieder unserer intellektuellen Elite nachzugrübeln. Ich spreche von denjenigen, die dem Zauber dessen verfallen sind, was man etwas vage als »Postmoderne« bezeichnet, insbesondere aber einer ihrer Untergliederungen, die zuweilen »Dekonstruktion« genannt wird. Akademische Verantwortung verlangt, daß ich hinsichtlich dieser Weltsicht etwas ins Detail gehe, was ich in einem späteren Kapitel auch zu tun gedenke. Hier genügt die Bemerkung, daß dieser Denkrichtung die Sprache als höchst verdächtig und sogar als trügerisch gilt. Jean Baudrillard, ausgerechnet ein Franzose, sagt, daß nicht nur die Sprache auf verfälschende Weise die Realität wiedergibt, sondern mehr noch, daß es überhaupt keine Realität gebe, die man wiedergeben könne. (Vielleicht erklärt dies nun endlich den unentschlossenen Widerstand der Franzosen gegen die deutsche Invasion ihres Landes im Zweiten Weltkrieg: Sie hielten sie nicht für real.) In früheren Zeiten wäre die Idee, die Sprache sei zur Abbildung der Realität nicht fähig, als Unsinn, wenn nicht gar als eine Form von Geisteskrankheit betrachtet worden. Und sie ist ja auch wirklich eine Art Geisteskrankheit. Trotzdem ist in unserer Zeit dieser Gedanke zu einem Organisationsprinzip angesehener Universitätsabteilungen geworden. Man kann darüber sogar seine Doktorarbeit schreiben.

Daß es einen Zusammenhang zwischen jenen Alien- und Teufelsgläubigen und einer bestimmten Spielart von Dekonstruktivisten gibt, steht außer Zweifel. Alle stehen sie im Bann einer schweren Depression, und eigentlich gehörte es sich gar nicht, sich über sie lustig zu machen, vor allem deshalb nicht, weil die meisten von uns in unterschiedlichem Maße an derselben Krankheit leiden. Verstünde ich mehr von Psychologie, könnte ich der Krankheit womöglich sogar einen Namen geben. Statt dessen halte ich mich an die Dichter. Nicht eines Namens wegen, sondern um mich bei ihnen nach Bestätigung und einer Ursache umzutun. Yeats beispielsweise gibt uns eine genaue Beschreibung unserer eigensinnigen Akademiker und übereifrigen Alieniten: ersteren fehlt es an Überzeugung, während die letzteren von leidenschaftlicher Intensität erfüllt sind. T. S. Eliot schrieb bekanntlich von den hohlen Männern, die ein wüstes Land besetzt halten. Auden schrieb über das Zeitalter der Angst. Vachel Lindsay schrieb über Leute mit trüben Augen, die keine Götter haben, denen sie dienen könnten. In Edna St. Vincent Millays Buch *Huntsman, What Quarry?* steht ein Gedicht, das das Problem an der Wurzel packt. Hier ein Ausschnitt daraus:

Auf diese reiche Zeit, in ihrer dunklen Stunde,
Fällt Meteoren gleich aus Himmels Wunde
Ein Schwarm von Fakten …
Sie liegen unbefragt und unverknüpft.
Genügend Weisheit, das Unheil uns zu nehmen,
Wird täglich neu gesponnen, doch fehlt der Webstuhl,
Es zum Kleid zu fügen.

Kein Webstuhl, um Fakten zu brauchbarem Stoff zu machen, Menschen ohne Götter, hohl und ängstlich, mißtrauisch der Sprache und unsicher noch den offenkundigsten Gegebenheiten der Realität gegenüber, ohne Überzeugung und ohne Zutrauen zur Wahrheit.

Welche Schlüsse haben wir daraus zu ziehen? Es gibt viele Möglichkeiten. Dazu gehören die fremdartigen und versponnenen Träume, die sich im Vorfeld eines neuen Jahrtausends einzustellen pflegen. Manche glauben, ein neues Zeitalter künde von Christi Wiederkehr, manche, es signalisiere das Ende von allem, und dazwischen gibt es ganze Legionen von Varianten. Die mir am plausibelsten erscheinende Möglichkeit ist prosaischer. Und sie hat es schon gegeben, mit oder ohne Heraufziehen eines neuen Milleniums.

Ich spreche von der Konfusion, die mit dem Fehlen einer Erzählung einhergeht, die unserer Welt Ordnung und Sinn gibt – einer Geschichte von Transzendenz und mythischer Kraft. Es läßt sich nicht verkennen, daß wir eine Geschichte brauchen, die uns erklärt, weshalb wir hier sind und was unsere Zukunft sein wird, und viele andere Dinge mehr, darunter auch, wo Verbindlichkeit ihren Ort hat. Nicht, um den Verlust einer solchen Erzählung zu dokumentieren, schreibe ich dieses Buch. Das habe ich bereits getan, wie andere auch, und zwar in Büchern, die besser sind als meine. Auch beabsichtige ich nicht, ein weiteres deprimierendes Buch über den Zusammenbruch des menschlichen Geistes zu schreiben. Gesagt sei aber doch, daß sich der Menschen, wenn sie über keine befriedigende Erzählung verfügen, die ein Gefühl von Sinnhaftigkeit und Kontinuität erzeugt, eine psychische Desorientierung bemächtigt, der entweder die hektische Suche nach etwas folgt, woran sie glauben können, oder, was wahrscheinlich schlimmer ist, die resignierte Schlußfolgerung, daß es da nichts zu suchen gebe.

Die Teufels-Gläubigen holen sich ein Stück der großen Erzählung der Genesis zurück. Wer an die Außerirdischen glaubt, sucht Erlösung bei den grün-grauen Kreaturen, deren Physik die Lichtgeschwindigkeit überwunden hat. Die Dekonstruktivisten halten sich die Konfusion vom Leib, indem sie Bücher schreiben, aus denen wir erfahren, daß es nichts gibt, worüber man Bücher schreiben könnte.

Es gibt sogar eine Gruppe, die Sinn in der Findigkeit technologischer Innovation sucht. Ich meine jene, die beim Blick nach vorne eine Welt voller Wunder sehen, verkörpert im Begriff der Datenautobahn. Es sind Informationsjunkies, die sich für die Erzählungen der Vergangenheit nicht interessieren und sich über die Sinnfrage wenig Gedanken machen. Dem Dichter, der nach dem Webstuhl fragt, durch den sich alles zum Stoff zusammenfügt, antworten sie, dieser sei gar nicht nötig. Der Dichterin, die fragt, welchen Göttern dient ihr, antworten sie: »Denjenigen, die Informationen in großer Menge, höchstmöglicher Geschwindigkeit und unterschiedlichen Formen verfügbar machen.« Solche Leute geraten nicht ins Stottern, wenn sie davon sprechen, eine Brücke ins neue Jahrhundert zu bauen. Auf die Frage jedoch, was wir über die Brücke denn hinübertragen werden, antworten sie: »Was sonst als hochauflösende TV, virtuelle Realität, E-Mail, das Internet, Handys und alles andere, was die digitale Technologie zuwege gebracht hat?«

Dies also sind die hohlen Männer, von denen T. S. Eliot gesprochen hat. In gewissem Sinne sind sie nicht anders als die Alien- und Teufels-Gläubigen, insofern sie eine Geschichte gefunden haben, die sie für eine Weile beschäftigt hält, aber nicht für lange. In mancher Hinsicht sind sie auch nicht anders als jene Akademiker, die damit, daß sie nichts zu erzählen haben, eine Zeitlang beruflich reüssieren und sich amüsieren. Für diese Leute schreibe ich mein Buch nicht. Ich schreibe für diejenigen, die noch auf der Suche nach einem Weg sind, sich der Zukunft zu stellen, einem Weg, der sich der Realität aussetzt, wie sie ist, in ihrer Rückbindung an eine humane Tradition also, die ihnen gesunde Autorität und Sinngebung bietet. Ich zähle mich selbst zu diesen Leuten.

Wo aber sollen wir nach einem derartigen Weg Ausschau halten? Nun, als erstes wendet man sich selbstverständlich dem zu, was die Weisen dazu meinten, die uns nahen und die uns fernen. Marc Aurel hat gesagt: »Gewöhne dich wenn möglich bei allem, was einer tut, bei dir ausfindig zu machen: worauf zielt dieser Mann mit dieser Tat? Fang mit dir an und prüfe dich zuerst.«[1] Goethe hat uns mitgegeben: »Man sollte ... alle Tage wenigstens ein kleines Lied hören, ein gutes Gedicht lesen, ein treffliches Gemälde betrachten und, wenn es möglich zu machen wäre, einige vernünftige Worte sprechen.«[2] Sokrates sprach davon, ein Leben ohne Selbsterforschung verdiene nicht, gelebt zu werden.[3] Rabbi Hillel sagte: »Was dir verhaßt ist, das tue keinem anderen an.«[4] Beim Propheten Micha heißt es: »Es ist dir gesagt, Mensch, was gut ist und was der Herr von dir fordert, nämlich Gottes Wort halten und Liebe üben und demütig sein vor deinem Gott.«[5] Und unser Henry David Thoreau sagte: »All unsere Erfindungen sind nichts als verbesserte Mittel zu einem nicht verbesserten Zweck.«[6]

Fast endlos könnte ich mit derlei Zitaten fortfahren, denn die Weisheit der Zeitalter und ihrer Weisen ist nicht an Zeit und Raum gebunden. Konfuzius, Jesaja, Jesus, Mohammed, den Buddha, Shakespeare, Spinoza und noch viele andere könnten wir unserer Liste hinzufügen. Sie alle sagen uns dasselbe. Wir können uns nicht entkommen. Das menschliche Dilemma ist, was es immer war, und es ist eine Illusion zu glauben, die Zukunft werde irrelevant machen, was wir über uns wissen und seit langem wußten, aber nur allzugern vergessen.

Wie nützlich ist es, daran erinnert zu werden? Die Worte der Weisen können uns beruhigen und trösten. Sie eröffnen uns Perspektiven und befreien uns aus dem Taumel der Geschwindigkeit und der Ambitionen. Sehr nützlich also, würde ich sagen. Aber natürlich sind sie uns in Zeit und kulturellen Bedingungen sehr fern, und ihr Rat ist derart abstrakt, daß sich schwer ausmachen läßt, wie sich vieles davon in praktische und stimmige Weisung umsetzen läßt. In manchen Teilen der islamischen Welt werden Mohammeds Gebote tatsächlich als Imperative für das Alltagsleben aufgefaßt. Es gibt auch Christen und Juden, die sich bis ins letzte Detail an die Gebote und das Gesetz der Bibel halten. Vielen von uns, die wir von den Realitäten gewaltiger Veränderungen, insbesondere des technischen Wandels, aus der Bahn geworfen worden sind, klingt freilich jedweder Fundamentalismus hohl. Wir haben Probleme und Fragen, von denen Mohammed, Jesus, Hillel der Alte, Sokrates und Micha nicht sprachen und nicht sprechen konnten.

Dafür ein kleines, aber eindeutiges Beispiel. Vor kurzem haben Wissenschaftler in Schottland mit Erfolg ein Schaf geklont. Eine andere Wissenschaftlergruppe in Amerika klonte einen Affen und eine Kuh. Und ein amerikanischer Gymnasiast, der sich damit eine bessere Note verdienen wollte, scheint behauptet zu haben, er habe einen Frosch geklont. Es ist zu erwarten, wenn auch nicht für dieses oder nächstes Jahr, daß das Klonen von Menschen zur Wirklichkeit werden wird. Man kann wohl sagen, daß wir es hier mit einem echten Problem des einundzwanzigsten Jahrhunderts zu tun haben. Es wäre doch interessant, nicht wahr, darüber zu spekulieren, was Jesus oder der Buddha zu dieser Entwicklung in der menschlichen Reproduktion sagen würden. Aber diese Angelegenheit müssen wir ohne sie bewältigen. Wie werden wir damit umgehen? Wo werden wir Rat suchen? Welchen Gebrauch sollen wir von dieser Technologie machen? Wer hat eine Antwort, die uns akzeptabel erscheint?

Ich gebe eine Antwort, von der ich mir vorstelle, daß jeder, ein Dekonstruktivist ausgenommen, sie für völlig inakzeptabel halten wird: Das Klonen von Menschen eröffnet ein völlig neues Gebiet der »menschlichen Ersatzteile«. Das würde so funktionieren, daß von jedem Neugeborenen ein Klon hergestellt wird. Der Klon würde an einem speziellen, abgesperrten und gut bewachten Ort verwahrt, so daß er, wann immer das im Verlauf des Lebens des Originals nötig würde, diesem Ersatzteile liefern könnte. Verliert das Original irgendwann eine Niere oder eine Lunge, könnten wir sie einfach aus seinem Klon übernehmen. Hat jemand ein Problem damit? Natürlich wird man einwenden, der Klon sei schließlich ein wirklicher Mensch. Das aber wäre nur dann der Fall, wenn wir den Klon als Menschen *definieren*. Es ist aber beileibe nichts Neues, daß Menschen andere Menschen als nicht-menschlich definieren. Bei allen Genoziden geschieht genau dies. Joseph Goebbels hat erklärt, wie man das macht. In unserer Zeit haben Marvin Minsky und andere, die auf dem Gebiet der künstlichen Intelligenz tätig sind, voller Enthusiasmus vorausgesagt, daß Menschen einmal bloße Haustiere ihrer Computer sein werden, wodurch sich die Definition von Wert und Befähigung des Menschen verändern wird. Bisher gab es noch nie Klone. Wer will behaupten, wir könnten sie nicht auf die von mir genannte Weise benutzen?

Ich hoffe, Sie denken, daß mein Vorschlag nur ein schlechter Scherz und jeglicher derartige Gedanke, sollte er ernst gemeint sein, ein Produkt verwilderten Denkens ist. Aber es stellt sich doch die Frage: Woher haben Sie die Idee, daß ein derartiges Vorhaben das Produkt eines fehlgeleiteten Denkens wäre? Ich stelle mir vor, daß Sie auch den Kindermord für eine schreckliche Idee halten, trotz der Tatsache, daß er im Verlauf der Menschheitsgeschichte viel länger praktiziert wurde, als er verboten war. Woher beziehen Sie den Gedanken, daß Kindermord etwas Furchtbares ist? Oder, daß das Gottesgnadentum von Königen eine schlechte Idee ist?

Ich will darauf hinaus, daß, wenn wir in eine erquickliche Beziehung mit dem einundzwanzigsten Jahrhundert eintreten wollen, es angezeigt ist, ein paar gute Ideen dorthin mitzunehmen. Und um das zu tun, müssen wir zurückblicken und eine Bestandsaufnahme der uns verfügbaren guten Ideen machen. Leute, die fordern, daß wir nach vorne blicken sollen, sind mir verdächtig. Ich weiß buchstäblich nicht, was sie damit meinen, wenn sie sagen: »Wir müssen nach vorne schauen, damit wir sehen, wohin wir gehen.« Worauf sollen wir denn blicken? In der Zukunft gibt es für uns noch nichts zu sehen. Wenn Nach-vorne-Blicken denn überhaupt irgend etwas bedeutet, dann kann es doch nur bedeuten, daß wir in unserer Vergangenheit nützliche und humane Ideen suchen, mit denen wir die Zukunft gestalten können.

Natürlich meine ich damit nicht technologische Ideen wie den Flug zum Mond, Flugzeuge und Antibiotika. An solchen Ideen herrscht bei uns kein Mangel. Ich spreche von Ideen, von denen wir sagen können, daß sie unser Selbstverständnis vorangebracht und unsere Definitionen von Menschlichkeit erweitert haben. Sollen wir uns in dem jetzt zu Ende gehenden Jahrhundert danach umsehen? Was läßt sich darin finden – das Unschärfeprinzip? Nietzsches Argumente für den Tod Gottes? Freuds Insistieren darauf, daß die Vernunft nur ein Diener der Genitalien ist? Der Gedanke, daß die Sprache ganz und gar außerstande ist, präzise Landkarten der Realität zu liefern? Sie mögen denken, ich rüstete mich nur für eine Anklage gegen das zwanzigste Jahrhundert. Gewiß wird man sich (sagen wir, in Amerika) der Ablehnung der Rassentrennung erinnern, der Absage an die Unterlegenheit der Frau, des freieren Zugangs zu höherer Bildung und einiger weiterer Fortschritte. Dies aber waren keine Ideen des zwanzigsten Jahrhunderts, sondern nur die Weiterführung von Gedanken früherer Zeiten. Wenn Sie darüber nachdenken, werden Ihnen, nehme ich an, mehrere Ideen einfallen, die in unserem eigenen Jahrhundert ihren Ursprung hatten und im nächsten von Nutzen sein werden. Denkt man aber zu lange darüber nach, begibt man sich auf einen Weg, der in der Verzweiflung endet. Liegt nicht offen zutage, daß unser Jahrhundert fast ausschließlich eine Zeit des Schreckens war? Wer hätte im Jahre 1900 – übrigens dem Jahr von Nietzsches Tod und Freuds Veröffentlichung der *Traumdeutung* – gedacht, daß es im zwanzigsten Jahrhundert zum permanenten Massenmord käme, der alles überstieg, was die Menschheit in den voraufgegangenen zwei Jahrtausenden erlebt hatte? Wer hätte gedacht, daß die drei großen transzendenten Erzählungen dieses Jahrhunderts der Faschismus, der Nazismus und der Kommunismus sein würden? Wer hätte an die Erfindung von Waffen gedacht, die mit einem Schlag alles menschliche Leben beenden können? Wer hätte gedacht, daß »Technologie über alles« zum Leitmotiv dieses Jahrhunderts werden würde? Ich sage es ungern, aber ich glaube nicht, daß wir in unserem Jahrhundert viel Hilfreiches werden finden können. Wie Sie merken, spreche ich als ein Feind dieses Jahrhunderts. Aber selbst wenn Sie das nicht sind, müssen Sie doch zugeben, daß es schwer fällt, sein Freund zu sein.

Wenn wir nach guten Ideen Ausschau halten, die sich wiederbeleben, zur Geltung bringen und auf geeignete Weise anpassen lassen, können wir es dümmer anstellen, als unseren Blick auf das fünfte Jahrhundert v. Chr. zu richten – auf die Zeit der großen Athener. Ich weiß, sie sind das klassische Beispiel der »Toten Weißen Männer«[7], aber wir sollten sie trotzdem nicht ganz außer acht lassen. Es sind die Leute, die die politische Demokratie erdacht haben. Sie erfanden, was wir die westliche Philosophie und Logik und Rhetorik nennen. Es fehlte nicht viel, und sie hätten auch erfunden, was wir als Naturwissenschaft bezeichnen, und einer von ihnen – er hieß

Demokrit – erfaßte die Atomtheorie der Materie zweitausenddreihundert Jahre vor der modernen Naturwissenschaft. Sie schrieben Theaterstücke und führten sie auf, die fast drei Jahrtausende später noch immer das Publikum zum Lachen oder Weinen bringen. Sie erfanden sogar die Olympischen Spiele, und unter ihren Werten stand keiner höher als der, daß man in allem nach dem Besten streben solle.

Und dennoch war ihr größter Geist, Plato, der erste systematische Faschist der Weltgeschichte. Die Griechen fanden nichts dabei, Sklaven zu haben und Kleinkinder zu töten (obwohl Aristoteles sich gegen letzteres aussprach). Ihr Begriff von Demokratie verwies die Frauen auf das Schweigen und in die Anonymität. Und sie verachteten Fremde. Wer nicht griechisch sprach, den nannten sie einen »Barbaren«. Und auch im Technischen waren sie Ignoranten, was für technologisch ausgerichtete Menschen, die von ihnen etwas lernen wollen, eine erhebliche Einschränkung bedeutet. Die Athener brachten keinerlei bedeutende technische Innovation hervor und scheiterten sogar daran, die Kraft von Pferden effektiv zu nutzen.

Der Beitrag, den Athen zu unserer Reise in Richtung Humanität geleistet hat, läßt sich zwar nicht gänzlich übergehen, aber die Athener sind uns doch zu fern und zu seltsam und zu isoliert und zu unvertraut mit der Kraft der Technik, als daß wir ihre Ideen als gesellschaftliches oder ideelles Paradigma verwenden könnten. Im dritten Jahrhundert stellte Tertullian, einer der Kirchenväter, die berühmte Frage: »Was hat Athen mit Jerusalem zu tun?« Sie war rhetorisch gemeint; für ihn hatte Athen nichts mit Jerusalem zu tun. Im einundzwanzigsten Jahrhundert können wir die Frage variieren und auch die Antwort modifizieren: Was hat Athen mit New York (oder London oder Paris) zu tun? Die Antwort: Viel weniger, als uns lieb ist. Dasselbe könnte man vom Mittelalter sagen – ein nach meiner Meinung arg verleumdetes Zeitalter. Vergessen wir doch nicht, daß John Maynard Hutchins das Mittelalter und seine Vorstellungen als Leitbild für Bildung benutzte, als er sich in den vierziger und fünfziger Jahren unseres Jahrhunderts an die Reform der Universität von Chicago machte. Er tat dies, weil er in der mittelalterlichen Weltsicht ein hohes Maß an Integration fand. Die mittelalterlichen Theologen entwickelten eine systematische Beschreibung unserer Beziehung zu Gott, zur Natur, zu den Mitmenschen und zu unseren Werkzeugen. Als erstes und letztes Prinzip ihrer Theologie galt ihnen, daß alles Wissen und alles Gute von Gott kommt und deshalb alles menschliche Bemühen am Dienst Gottes ausgerichtet sein muß. Die Theologie und nicht die Technik lieferte den Menschen die Einsicht in das gebotene Tun und Denken. Deshalb hielt Leonardo seinen Entwurf eines U-Boots geheim, denn er glaubte, bei Gott keinen Gefallen dafür zu finden. Deshalb verbot Papst Innozenz II. den Einsatz der Armbrust, die, weil »Gott verhaßt«, nicht gegen Christen benutzt werden dürfe. Sie gegen Ungläubige einzusetzen, fand er selbstverständlich nicht problematisch.

Worauf es mir ankommt, ist aber, daß für die theokratische Weltsicht die Technik kein autonomer Bereich war, sondern der Jurisdiktion eines verbindlichen religiösen Systems unterstand. Kann man sich heutzutage jemanden vorstellen, der sagt, daß das Klonen von Menschen verboten werden sollte, weil es nicht gottgefällig wäre? Gut, manch einer sagt das, aber wir neigen dazu, solche Leute als naive Fundamentalisten oder Fanatiker zu beschimpfen. Weshalb ich glaube, daß das mittelalterliche Denken uns nur minimale Wegweisung zu bieten hat. In einer theokratischen Welt ist jeder ein Fundamentalist. In einer technologischen Welt und in einer multikulturellen Welt ist der Fundamentalismus ein Nebenthema, das nur an jenen Orten eine Rolle spielt, wo es noch theokratisch zugeht, Orte, die deshalb als Gefahr für die politische Stabilität der Welt angesehen werden.

Diese Frage – Wohin sollen wir uns um Wegweisung wenden, was wir im einundzwanzigsten Jahrhundert tun und denken sollen, insbesondere hinsichtlich unseres Verhältnisses zur Technik? – ist ebenso bedeutungsvoll wie schwierig, besonders schwierig für diejenigen, denen die Geschichte etwas Fremdes ist. »Jede Zivilisation«, schrieb Lewis Mumford einmal, »lebt in ihrem Traum.« Oftmals aber verlieren wir unseren Traum, und das ist uns, wie ich glaube, im zwanzigsten Jahrhundert geschehen. Und wir sind gefährdet, wenn wir nicht einen Traum zurückgewinnen, der uns auf unserem Weg nach vorn weiterhilft. Wozu sonst ist Geschichte da, wenn nicht, um uns an unsere besseren Träume zu erinnern?

Dessen eingedenk, schlage ich vor, daß wir unsere Aufmerksamkeit dem achtzehnten Jahrhundert zuwenden. *Dort*, denke ich, können wir Ideen finden, die der Zukunft eine humane Richtung offerieren, Ideen, die wir mit Zuversicht und Würde über die Brücke ins einundzwanzigste Jahrhundert hinübertragen können. Es sind keine befremdlichen Ideen. Sie sind uns noch nah. Es ist gar nicht so schwer, sich ihrer zu entsinnen. Ich schlage vor, uns einiger von ihnen erneut zu bemächtigen, unter folgender Voraussetzung: Ich meine nicht, daß wir das achtzehnte Jahrhundert *werden* sollen, sondern nur, daß wir von dem Guten daran Gebrauch machen. Im Vorwort einer der vielen Ausgaben seines Buchs *Die Demokratie in Amerika* drängte Alexis de Tocqueville seine Landsleute, das achtzehnte Jahrhundert im Auge zu behalten. Wenn ich seinen Gedanken und nahezu alle seine Worte übernehmen darf, würde ich folgendes sagen: Wir wollen uns dem achtzehnten Jahrhundert nicht zuwenden, um die Institutionen zu kopieren, die es auf sich selbst zugeschnitten hat, sondern, um besser zu verstehen, was zu uns paßt. Nach Belehrung wollen wir dort uns umsehen und nicht nach Vorbildern. Laßt uns die Grundsätze übernehmen und nicht die Details.

Wen und was werden wir dort finden? Das achtzehnte Jahrhundert ist das Jahrhundert eines Goethe, Voltaire, Rousseau, Diderot, Kant, Hume, Gibbon, Pestalozzi und Adam Smith. Es ist das Jahrhundert Thomas Paines, Jeffersons, Adams' und Franklins. Im achtzehnten Jahrhundert entwickelten wir unsere Vorstellungen von induktiver Wissenschaft, religiöser und politischer Freiheit, Volksbildung, von rationalem Handel und vom Nationalstaat. Im achtzehnten Jahrhundert entwarfen wir auch die Idee vom Fortschritt und, was Sie vielleicht überraschen wird, unsere moderne Vorstellung vom Glück. Es war im achtzehnten Jahrhundert, daß die Vernunft über den Aberglauben zu triumphieren begann. Und als, von Newton inspiriert, der zu Beginn dieses Jahrhunderts zum Präsidenten der Royal Society gewählt worden war, Schriftsteller, Musiker und bildende Künstler das Universum als etwas Geordnetes, Rationales und Begreifbares auffaßten. Beethoven schrieb seine Erste Symphonie im achtzehnten Jahrhundert, und es sollte uns nicht überraschen, daß Bach, Händel, Mozart und Haydn ihre Musik im achtzehnten Jahrhundert komponiert haben. Oder daß Schiller, Stendhal, Swift, Defoe, Fielding, Samuel Johnson, Voltaire und William Blake zu seinen bedeutendsten Autoren gehörten. Oder daß Gainsborough, Hogarth, David und Reynolds seine bekanntesten Maler waren, und Christopher Wren sein herausragender Architekt.

Wir sprechen hier über die Zeit, die man als unser Zeitalter der Aufklärung bezeichnet. In Wirklichkeit, könnte man sagen, begann es um die Mitte des siebzehnten Jahrhunderts mit den Ideen eines John Locke und Newton und erstreckte sich ins neunzehnte Jahrhundert hinein, wenn wir, was wir nach meiner Meinung tun sollten, die Ideen John Stuart Mills und Alexis de Tocquevilles und der großen romantischen Dichter mit einschließen. Das achtzehnte Jahrhundert ist somit eine Art Metapher, die sich auf die Zeit bezieht, als, mit Kant gesprochen, wir uns aus unserer selbstverschuldeten Unmündigkeit befreiten. Es ist die Zeit, von der Historiker gesagt haben, daß damals die Schlacht um das freie Denken gefochten und gewonnen wurde. Am Ende dieser Zeit war die moderne Welt geschaffen. Für dieses Jahrhundert hat Isaiah Berlin in folgenden Worten die Summe gezogen: »Die intellektuelle Kraft, Ehrlichkeit, Klarheit, Courage und selbstlose Wahrheitsliebe der begabtesten Denker des achtzehnten Jahrhunderts sind bis heute ohne Parallele. Ihr Zeitalter ist eine der besten und hoffnungsvollsten Episoden im Leben der Menschheit.«[8]

Wenn es so ist, können wir es uns schwerlich leisten, es zu ignorieren, weshalb ich es auch Ihrer Aufmerksamkeit, Ihrer Lektüre und Ihrer Fürsprache empfehle. In den folgenden Kapiteln will ich zu zeigen versuchen, wie ein paar der Ideen des achtzehnten Jahrhunderts uns von Nutzen sein könnten. Es sei aber gleich auch gesagt, zumal Ihnen der Gedanke sicher schon gekommen sein wird, daß mir durchaus bewußt ist, daß es im achtzehnten Jahrhundert auch inhumane Überzeugungen und Institutionen gegeben hat. Im achtzehnten Jahrhundert fanden immer noch Hexenverbrennungen statt. Frankreich verbrannte seine letzte »Hexe« im Jahre 1746, Deutschland im Jahr 1775 und Polen 1793. In Italien dauerten die Foltern der Inquisition bis ans Ende des achtzehnten Jahrhunderts an. Die Sklaverei bestand fort, zumindest in Nord- und Südamerika. Die Unterdrückung von Frauen war gängige Praxis, und nicht anders stand es mit der Kinderarbeit. Und natürlich wurden die meisten Völker von Despoten regiert.

Im achtzehnten Jahrhundert geschah es freilich auch, daß Überlegungen aufkamen, die diese Unmenschlichkeiten erst sichtbar und endlich auch untragbar machten. Ja, Jefferson besaß Sklaven. Aber er wußte, daß er *eigentlich* keine Sklaven haben sollte. In der Unabhängigkeitserklärung klagte er den afrikanischen Sklavenhandel an, drang darauf, daß er in Virginia verboten wurde, und war sich sehr bewußt, daß einer seiner Vorgänger im Präsidentenamt seine Sklaven freigelassen hatte und der andere es für undenkbar gehalten hätte, Sklaven zu besitzen. Ja, Friedrich der Große regierte Preußen mit eiserner Hand. Aber er holte Voltaire, den größten Gegner der Despotie, an seinen Hof. Wenn man sich das vorstellt, dann ist es, als hätte Lenin John D. Rockefeller nach Moskau geholt, damit der ihm Wirtschaftstheorie beibringe. Ja, Kinder im Alter von sieben oder acht Jahren arbeiteten vom Sonnenaufgang bis zum Sonnenuntergang in Fabriken und Bergwerken. Aber die Idee, daß Kinderarbeit inhuman ist, stammt aus dem achtzehnten Jahrhundert, insbesondere von Rousseau, der uns den Gedanken eingab, daß Kinder eine Kindheit haben müssen. Und schließlich, ja, Thomas Paines *The Age of Reason (Das Zeitalter der Vernunft)* mit seiner kompromißlosen Attacke gegen die Bibel und jedwede Art Kirche führte dazu, daß er geschmäht und aus dem Kreis der Gründerväter Amerikas gestrichen wurde. Aber der erste Zusatzartikel zur amerikanischen Verfassung verbietet jegliche Einmischung in die religiösen Überzeugungen eines Menschen.

Man kann sich jedes beliebige Jahrhundert vornehmen und eine Liste seiner Unmenschlichkeiten zusammenstellen. Das achtzehnte macht da keine Ausnahme. Aber dennoch ist es *dort*, und nirgendwo sonst, wo wir auf die Anfänge von vielem stoßen, was uns an der modernen Welt wertvoll erscheint.

KAPITEL ZWEI
Fortschritt

In der Mitte des achtzehnten Jahrhunderts (genau gesagt im Jahre 1750) warf Jean-Jacques Rousseau seine Uhr weg. »Gott sei Dank muß ich nicht mehr wissen, welche Zeit wir haben.«[1] Aber er kannte die Zeit genau. Es war die Zeit spektakulärer Vorstöße in Naturwissenschaft und Technik: das Jahrhundert, als Fahrenheit das Quecksilberthermometer erfand, Pockenimpfungen begannen, Lavoisier entdeckte, daß Luft im wesentlichen aus Sauer- und Stickstoff besteht, und Linnaeus seine großen wissenschaftlichen Taxonomien schuf. Und natürlich auch, wie wir es alle einmal in der Schule gelernt haben, das Jahrhundert, in dem James Watt die Dampfmaschine perfektionierte.

All dieses Wissen und seine Umsetzung in Technologie waren Folgeerscheinungen dessen, was wir heute »Rationalismus« nennen. Rousseau ist derjenige, den wir als ersten mit einer Reaktion *gegen* den Rationalismus in Verbindung bringen, und er war, wie sich am Ablegen seiner Uhr zeigt, ganz besonders gegen das präzise Messen, was zu den Kennzeichen der wissenschaftlichen Weltsicht gehörte. Wenn wir von »Romantik« sprechen, sprechen wir von einer Ablehnung der Anmaßungen des Rationalismus, worüber nachzudenken für uns heute wichtig wäre. Freilich erst dann, wenn wir uns darüber im klaren sind, was Rationalismus im achtzehnten Jahrhundert bedeutete. Es gibt heutzutage Leute, die sich einbilden, in der rationalistischen Tradition zu stehen, obwohl sie ihnen in Wirklichkeit fremd ist. Es lohnt sich deshalb, den Sachverhalt einmal mit einiger Sorgfalt zu betrachten.

Zunächst einmal bedeutete Rationalismus, daß man den christlichen Glauben an das Übernatürliche und damit auch an Gott ablehnte. Damit soll nicht gesagt sein, daß alle oder auch nur die meisten Rationalisten des achtzehnten Jahrhunderts sich unwiderruflich vom Christentum oder Gottesglauben abgewendet hätten. Geistige Revolutionen sind nie derart simpel, und im übrigen läßt sich Gott nicht so leicht abtun. Vielleicht sagen wir besser, daß die meisten Rationalisten gegen Theologie und Priester und nicht so sehr gegen Spirituelles und Gott waren. Was heißt, daß es eine beständige intellektuelle und emotionale Auseinandersetzung zwischen Rationalisten und Christentum gab, wobei sich viele der ersteren als Deisten bezeichneten. Als beispielsweise Voltaire das, wie er es nannte, »kirchliche Amt« denunzierte, schrieb er, die Institution der Religion existiere nur, um die Menschheit im Zaume zu halten und Menschen dank ihrer Tugend die Güte Gottes verdienen zu lassen. Alles in einer Religion, was nicht an diesem Ziel ausgerichtet sei, müsse ihr als fremd oder gar gefährlich gelten.

Das klingt nicht nach jemand, dem Gott verhaßt ist, sondern nur die organisierte Religion. Dasselbe ließe sich von Thomas Jefferson sagen. Wiederholt hat man ihn des Atheismus bezichtigt, was zum Teil daran lag, daß er eine Fassung der Evangelien schrieb, in der er jegliches übernatürliche Element ausließ und nur die ethischen Grundsätze beibehielt (wie es in gewisser Weise auch Hegel in seinem *Das Leben Jesu* tat). In Jeffersons Darstellung erscheint Jesus als der beste Mensch, der je gelebt hat, aber ihm fehlt der Status des Göttlichen. Zu keiner Zeit hat Jefferson erklärt, daß er nicht an Gott glaube.[2] Das eindeutigste Beispiel eines deistischen

Rationalisten ist vielleicht Thomas Paine, bei dessen Buch *Das Zeitalter der Vernunft* es sich wohl um den berühmtesten Angriff gegen die Autorität und Zwecke religiöser Systeme handelt. Und dennoch steht der folgende Satz darin: »Ich glaube an einen Gott, und nichts anderes; und ich hoffe auf Glückseligkeit im Jenseits.«[3]

Die Beziehung zwischen Rationalismus und Christentum ist eine sehr komplexe Angelegenheit, wie sich in Crane Brintons leicht ironischer Äußerung zeigt, wonach »die Aufklärung ein Kind des Christentums ist – was für unsere von Freud geprägten Zeiten eine Erklärung dafür sein mag, weshalb die Aufklärung dem Christentum gegenüber so feindselig war«[4]. Im Zusammenhang mit dem Fortschrittsgedanken werde ich auf die Verbindung zwischen Rationalismus und Christentum noch einmal zu sprechen kommen. Hier genügt die Feststellung, daß es sich beim Rationalismus im wesentlichen um eine Revolte gegen die Orthodoxie gehandelt hat, und da die christliche Weltsicht das Prinzip der damaligen Orthodoxie war, konnte nicht ausbleiben, daß sie zum Ziel, wenn auch keineswegs zum einzigen Ziel permanenter Attacken wurde.

Der Aberglaube in seinen unterschiedlichen Formen, insbesondere derjenigen, die man den ererbten Aberglauben nennen könnte, wurde der Lächerlichkeit preisgegeben, und gleich als nächstes kam der Gedanke der Monarchie an die Reihe. Die rationalistischen Angriffe auf die Monarchie waren hart und wirkungsvoll und führten zur schrittweisen Erosion des Gottesgnadentums und der unbeschränkten Macht der Monarchen. Denis Diderot verband den Angriff gegen die Monarchie mit dem gegen die Kirche, als er seine berühmte Bemerkung aussprach: »Die Menschen werden niemals frei sein, bevor man nicht den letzten König mit den Eingeweiden des letzten Priesters erdrosselt hat.« Weniger hitzig geht es bei John Lockes Argumenten gegen die Monarchie zu, obwohl die schärfste Anklage in dieser Sache natürlich die amerikanische Unabhängigkeitserklärung ist. Ulrich Im Hof hat es, wie ich finde, besonders gut ausgedrückt: »Ein noch so despotischer Fürst«, schrieb er, »tut gut daran, sich aufgeklärt zu geben, lieber als ›Schulmeister‹ denn als ›Tyrann‹ aufzutreten.«[5] Am Ende des achtzehnten Jahrhunderts galt sogar die Lehrerrolle als nicht mehr zu rechtfertigen, und wir wissen ja, daß die Aufklärung zwei große Republiken hervorbrachte – die Vereinigten Staaten und Frankreich. Und dabei sollte es bekanntlich nicht bleiben.

Wie immer wir Rationalismus definieren mögen, klar ist jedenfalls, daß wir von einer radikalen Neuorientierung in der Art reden, wie die Menschen über die Welt dachten. Aberglaube, ererbte »Weisheit«, Gehorsam gegenüber der Tradition und übernatürliche Metaphysik stürzten vor der behaupteten Macht und Autorität der Vernunft zu Boden. Ernst Cassirer hat einmal gesagt, das achtzehnte Jahrhundert sei »durchdrungen von dem Glauben an die Einheit und die Unwandelbarkeit der Vernunft. Sie ist dieselbe für alle denkenden Subjekte, für alle Nationen, alle Epochen, alle Kulturen«[6]. Und bei Brinton wird Rationalismus definiert als »ein Bündel von Ideen, die sich zu der Anschauung summieren, daß das Universum wie das Gehirn eines logisch und objektiv denkenden Menschen funktioniert«[7].

Daraus folgt, daß die Freiheit und Radikalität des selbstbewußt auftretenden rationalistischen Denkens Verhältnisse schuf, in denen die Naturwissenschaften wachsen und gedeihen konnten. Dafür, wie es dieses Empfinden von Freiheit, Selbstvertrauen und Radikalität zum Ausdruck bringt, ist das folgende Zitat von Voltaire ganz typisch. Untypisch ist es natürlich, weil keiner (Paine vielleicht ausgenommen) so brillant und luzid zu formulieren verstand wie Voltaire:

> Elende Menschen, ob in grüner Robe oder mit einem Turban, in schwarzer Robe oder im Chorhemd, im Mantel oder mit Beffchen, beruft euch nie auf eine Autorität, wo es nur um eine Frage der Vernunft geht, es sei denn, ihr wolltet auf Jahrhunderte hin als die impertinentesten unter den Menschen gescholten und als die ungerechtesten in öffentlichem Haß gehalten werden.
> Hundert Mal hat man euch auf die insolente Absurdität angesprochen, zu der ihr Galileo verurteilt habt, und ich spreche zu euch als der hunderterste und will, daß ihr den Gedenktag dieses Ereignisses für immerdar einhalten werdet. Wollte doch in die Tür eures Heiligen Offiziums eingraviert sein: »Hier war es, wo sieben Kardinäle, assistiert von Minoritenbrüdern, den besten Denker Italiens im Alter von siebzig Jahren ins Gefängnis werfen ließen; ihn bei Brot und Wasser fasten ließen, weil er die Menschheit belehrte und weil sie unwissend waren.«[8]

Anders als manche Rationalisten glaubten, ist es nicht so, daß die Naturwissenschaften im achtzehnten Jahrhundert entstanden und das Mittelalter keine Beispiele für rationale Wissenschaft kannte. Für Condillac, einen atheistischen Abbé des achtzehnten Jahrhunderts, war das Mittelalter nichts weiter als »Jahrhunderte der Unwissenheit«. Condorcet erkannte zwar an, daß Wissenschaftler des Mittelalters uns den Kompaß und das Schwarzpulver gegeben hatten, meinte aber, sie hätten sich mit ihrer Obsession für Astrologie und Alchemie lächerlich gemacht. Und selbst Rousseau empfand den »wissenschaftlichen Jargon« des Mittelalters als »verächtlicher als die Unwissenheit«. In Wirklichkeit jedoch leisteten mittelalterliche Wissenschaftler – Roger Bacon beispielsweise – im Bereich der Technologie, Optik und Medizin durchaus nützliche Arbeit, und Galileos Forschungen fußten in gewissem Umfang auf methodischen Ansätzen, die im dreizehnten und vierzehnten Jahrhundert entwickelt worden waren. Nicht zu vergessen ist auch, daß das siebzehnte Jahrhundert eine Zeit wissenschaftlichen Genies war. Man kann sogar sagen, daß damals die moderne Naturwissenschaft begann. Kepler, Galileo und Tycho Brahe mögen zwar – mit Arthur Koestler gesprochen – »Schlafwandler« gewesen sein, aber jedenfalls bewegten sie sich, ob im Schlaf oder nicht, in der Richtung, die wir heute als induktive Wissenschaft begreifen. Sagen wir also, daß die Naturwissenschaften um 1700 ein Stadium erreicht hatten, das Newtons Synthese möglich machte. Nachdem diese Ebene erst einmal gewonnen war, öffnete sich die Sicht auf die großen Möglichkeiten der Naturwissenschaften, die dank der Leistungen der Enzyklopädisten, die alles verläßliche Wissen zu versammeln suchten, um so schärfer in den Blick genommen werden konnten. Diderot, auf den die *Encyclopédie* zurückgeht, bezeichnete ihren Zweck als einen doppelten: Sie sollte Wissen verfügbar machen und eine Veränderung der menschlichen Denkweise herbeiführen. Verläßliches Wissen sollte zum Zeughaus der Vernunft und die Vernunft zu der Kraft werden, die vernünftigen Wandel bewirkte.

Bei einer solchen Denkweise konnte nicht ausbleiben, daß die Rationalisten eine Theorie des Fortschritts entwickelten. Wenn ich den Ausdruck »Theorie des Fortschritts« verwende, ist mir seine Seltsamkeit durchaus bewußt. Für die meisten von uns ist Fortschritt keine Theorie, sondern ein Faktum. Vielleicht kein Faktum der Natur (obwohl Darwins Theorie das Gegenteil nahelegt), aber jedenfalls ein Faktum menschlicher Geschichte. So wie Dr. Johnson mit einem bloßen Tritt gegen einen Stein Bischof Berkeleys Behauptung widerlegt zu haben meinte, daß es keine Materie gebe, so denken wir, irgendwelche Zweifel am Faktum des Fortschritts wegwischen zu können, indem wir einfach zum Telefon greifen, ein Aspirin einnehmen oder nach London fliegen. Aber nicht immer haben die Menschen den Fortschritt für ein Faktum gehalten, ob nun ein natürliches oder ein zivilisatorisches. Bis zurück in biblische Zeiten und ins fünfte vorchristliche Jahrhundert haben Forscher nach Belegen für eine generelle Vorstellung von der kontinuierlichen Verbesserung des menschlichen Erdenlebens gesucht und größte Mühe gehabt, etwas Derartiges aufzuspüren. Damit kein Mißverständnis entsteht: wir sprechen hier nicht über ein Konzept des »Besseren«. Selbstverständlich gibt es bei allen Völkern den Gedanken des Fortschreitens vom Schlechteren zum Überlegenen. Hier geht es um etwas anderes, nämlich (und ich zitiere aus J. B. Burys berühmtem Buch *The Idea of Progress*) um »ein Geschichtsverständnis, das den Menschen als in einer langsamen Vorwärtsbewegung ... in eine bestimmte und wünschenswerte Richtung auffaßt und zum Schluß kommt, daß dieser Fortschritt sich unbegrenzt fortsetzt«[9].

Es besteht Einigkeit darüber, daß es im klassischen Zeitalter Griechenlands und Roms keine klare Vorstellung vom Fortschritt als einer unvermeidlichen und unabänderlichen Bewegung des Geschichtsprozesses gegeben hat. Statt dessen finden wir, was man zyklische Theorien nennen könnte – ein goldenes Zeitalter wird zu einem silbernen und dann zu einem eisernen, worauf dann wieder ein goldenes folgt. Der Verfallsgedanke ist ebenso stark und allgegenwärtig wie der des Fortschritts. Und selbst in der Renaissance mit ihrer Bewunderung für die klassische Antike, besonders für das alte Rom, ist diese Sicht von der Reise der Menschheit ein Grundzug der Zeit. Einige Gelehrte behaupten, in der hebräischen Bibel – beispielsweise in den Worten Jesajas – und in der christlichen Weltsicht, wie sie an diversen Stellen, besonders in der *Offenbarung* des Johannes ausgedrückt ist, lasse sich der Fortschrittsgedanke finden. In keiner dieser Traditionen jedoch gibt es eine Fortschrittsvorstellung, die sich mit derjenigen vergleichen ließe, die sich während der Aufklärung entwickelt hat. In der christlichen Kosmologie lag die höchste Form des Menschen im Stande seiner Unschuld, also vor dem Sündenfall. Auf Erden wird das Paradies nie wieder gefunden werden, und allein durch ein transzendentes Wunder, nicht aber durch historische Prozesse, kann die Erlösung erlangt werden. Nur im Himmel und nirgendwo sonst ist Vollkommenheit erreichbar. Für viele Rationalisten hingegen konnte der Himmel warten. Glück und Friede und moralische Rechtschaffenheit sollten hier auf Erden etabliert werden, und geschehen konnte dies dank der Kraft der Vernunft, die allen ermöglichen würde, was sie Newton und Locke gestattete: das Universum zu verstehen, die Umwelt zu gestalten und die Natur und sich selbst zu beherrschen.

Der Ursprung einer derartigen Sichtweise liegt natürlich ein ganzes Stück vor dem achtzehnten Jahrhundert; manchmal wird er Descartes zugeschrieben, manchmal Machiavelli, häufiger aber Francis Bacon (dem Bury in seinem Werk *The Idea of Progress* viel Aufmerksamkeit widmet und große Wirkung zuschreibt). Bacon wurde 1561 geboren und starb 1626, und wenn man von Newton und Locke als den Vätern der Aufklärung sprechen kann, dann könnte man Bacon ihren Großvater nennen. Obwohl dieser keine geschlossene Theorie der gesellschaftlichen Bewegung aufstellte, ist er doch der erste, der die Forderung erhob, daß der Hauptzweck wissenschaftlicher Arbeit die Förderung des »Glücks der Menschheit« zu sein habe. Unablässig kritisierte er seine Vorgänger, weil sie nicht verstanden hätten, daß das wirkliche, legitime und einzige Ziel der Wissenschaften die »Stiftung neuer Erfindungen und Reichtümer zugunsten des menschlichen Lebens« sei. Viele Wissenschaftler, die Bacon nachfolgten – Kepler beispielsweise (der zehn Jahre alt war, als Bacon geboren wurde), Galileo und sogar Newton –, hatten eine andere Auffassung von der Wissenschaft. Ihr Beitrag zu den Wissenschaften befaßte sich fast zur Gänze mit Fragen der Wahrheit, nicht mit Fragen der Macht. Sie kümmerten sich nicht um den Fortschrittsgedanken und glaubten nicht, daß ihre Spekulationen irgendwelche Verbesserungen der menschlichen Lebensbedingungen versprachen. Bacon war es, der die Wissenschaft aus dem Himmel auf die Erde herunterholte, auch die Mathematik, die er als demütige Magd der Erfindung begriff. Kurz, Bacon war der Architekt eines neuen Gedankengebäudes, aus dem Resignation und Dekadenz verbannt waren. Der Name dieses Gebäudes lautete Fortschritt und Macht.

Daß die Geschichte selbst sich unaufhaltsam in Richtung auf ein friedlicheres, intelligenteres und bequemeres Leben für die Menschheit hinbewege, war eine im achtzehnten Jahrhundert weit verbreitete Anschauung. David Hume und Adam Smith vertraten die Ansicht, es gebe einen selbsterzeugten Impuls wachsender Erwartungen, der zu einer sich stetig verbessernden Gesellschaft hinführen müsse. Bernard Mandeville argumentierte, die »privaten Laster« des Neids und Stolzes seien in Wahrheit »öffentliche Tugenden«, insofern sie Gewerbefleiß und Erfindung stimulierten, und Hume schrieb, die »Freuden des Luxus und der Profit des Kommerzes weckten die Menschen aus ihrer Trägheit« und führten zu Fortschritten in ihren diversen Unternehmungen. Wenn man darin Anklänge an das vernimmt, was in unserer eigenen Zeit als »Reaganism« bezeichnet worden ist, dann deshalb, weil das achtzehnte Jahrhundert unseren ehemaligen Präsidenten Ronald Reagan mit seinen Ideen versorgte, insbesondere mit jenen Argumenten, die dem Ehrgeiz und sogar dem Neid eine moralische Dimension verliehen. Niemand hat zugunsten der

Vorzüge einer am Eigeninteresse ausgerichteten Ökonomie ein radikaleres Plädoyer gehalten als Thomas Robert Malthus in seinem 1798 veröffentlichten *Versuch über das Bevölkerungsgesetz*. Malthus sprach sich dagegen aus, den Armen zu helfen, weil ein leichteres Leben dazu führen würde, daß die Armen mehr Kinder hätten, was wiederum zur Folge hätte, daß der einzelne mit weniger Ressourcen zurechtkommen müsse, wodurch am Ende alle schlechter dastünden. Dieser Logik zufolge wäre natürlich die beste Politik, die Armen verhungern zu lassen – eine Einstellung, die glücklicherweise im Westen nicht rigoros befolgt wurde.

Das Entscheidende ist hier aber nicht, daß die Vernunft sich nicht irren kann (auch wenn behauptet wurde, daß, falls sie irrt, sie doch auch imstande sei, ihre eigenen Irrtümer zu entdecken). Der entscheidende Punkt ist vielmehr, daß die Vernunft in jeglichem Bereich – in der Wirtschaft, in der Politik, im Recht und selbstverständlich auch in der Wissenschaft – als bestes Mittel eingesetzt werden sollte, um die zwangsläufige Bewegung der Geschichte in Richtung Fortschritt zu unterstützen. Montesquieu unternahm im seinem Buch *Vom Geist der Gesetze* den Versuch, den Vorgang zu beschreiben, in dem sich das Recht fortentwickelt. Adam Smith zeigte in *Der Wohlstand der Nationen*, wie wir ökonomisch vorankommen. Thomas Paine beschrieb, wie sich die Menschenrechte ausbreiten würden und müßten. Vico, Pope, Bentham, Jefferson und andere unternahmen ähnliche Bemühungen, um die beglückende Bewegung der Geschichte aufzudecken. (Trotz aller gegenwärtigen Diskussionen über Jeffersons zweideutige Einstellung gegenüber der Sklaverei stand für ihn doch außer Zweifel, daß die Zukunft davon frei sein werde.) Und natürlich war der Glaube verbreitet, daß die Zukunft der Wissenschaft immer größere Wahrheiten über die Natur aufdecken werde. Hier als Beispiel ein Auszug aus einem

Brief Benjamin Franklins an Joseph Priestley (der zusammen mit Karl Wilhelm Steele den Sauerstoff entdeckte). Der Brief stammt aus dem Februar 1780 und vermittelt einen Eindruck von dem für die Zeit so charakteristischen Optimismus:

> ... Ich freue mich immer, wenn ich höre, daß Sie sich weiterhin mit der experimentellen Erforschung der Natur befassen und dabei Erfolg haben. Der rasante Fortschritt, den die wahre Wissenschaft derzeiten macht, läßt mich zuweilen bedauern, daß ich zu früh geboren wurde. Unmöglich, sich die Höhe vorzustellen, in welche in tausend Jahren die Macht des Menschen über die Materie getrieben werden mag.[10]

Trotz all diesem Optimismus und allen Erfolgen, die der Gebrauch der Vernunft mit sich brachte, kam irgendwann um die Mitte des Jahrhunderts eine radikal andere Stimmung auf. Der erste dissonante Trompetenstoß stammte von Rousseau, der nicht einfach nur seine Uhr wegwarf. In einer ganzen Reihe von Romanen, philosophischen Traktaten, Aufsätzen und in seiner berühmten Autobiographie widersprach er allem, was die Vernunft mit sich brachte, den Fortschrittsgedanken eingeschlossen.

Bevor ich darauf zu sprechen komme, worin der Inhalt seines Widerspruchs besteht, muß gesagt werden, daß diejenigen, mit denen Rousseau sich auseinandersetzte, hinsichtlich des Nutzens der Vernunft und der Unausweichlichkeit des Fortschritts keineswegs Fanatiker waren. Manche folgten beispielsweise zwar der Logik von Malthus' Argument, waren aber abgestoßen von seiner Hartherzigkeit. Andere lehnten die Extreme ab – in einigen Fällen den Totalitarismus oder Utopismus –, in die die reine Vernunft zu münden schien. Montesquieu, Voltaire, Diderot, Condorcet und natürlich

Jefferson, Madison und Washington schulden wir Dank für ihr unaufgeregtes und abgewogenes Vernunftdenken, das, auf lange Sicht gesehen, uns den Weg zu den modernen liberalen Gesellschaften gewiesen hat.

Und doch wurde Rousseau zu ihrem Gegner, sowohl philosophisch wie persönlich. Diderot beurteilte ihn als falsch, grausam und scheinheilig. Hume, der ihn zunächst bewundert hatte, hielt ihn später für ein egoistisches Monster. Für Friedrich Melchior Grimm war Rousseau hassenswert, und Voltaire galt er als ein eitles und bösartiges Ungeheuer. Kant andererseits hielt Rousseaus seelische Empfindsamkeit für vollkommen, Percy Shelley nannte ihn ein sublimes Genie, und für Schiller war er eine christusähnliche Gestalt.[11] In diesem Meinungsspektrum spiegeln sich die beiden Seiten einer großen Auseinandersetzung, die im achtzehnten Jahrhundert begann, eine Auseinandersetzung, die, wie ich hinzufügen möchte, für unsere eigene Situation nicht ohne Belang ist.

Der Disput wird gewöhnlich als »Romantik gegen Rationalismus« bezeichnet. Wie bei allen derartigen Gegensatzpaaren ist auch dieses eine allzu starke Vereinfachung, und jeder, den man der einen Seite zuordnen würde, könnte womöglich für sich beanspruchen, eher auf der anderen zu stehen. Rousseau selbst, der Bannerträger der romantischen Bewegung, liefert in seinem *Gesellschaftsvertrag* eine sorgfältige Analyse der Quellen von Autorität und gesellschaftlichem Gehorsam, was heißt, daß er auf rationalistische Weise argumentiert. Überdies schrieb er für die *Encyclopédie* einen Artikel über »politische Ökonomie«; und sein *Émile*, ein Traktat über Erziehung, vertritt mit seiner Attacke gegen die Kirche, die zum Aberglauben ermutige und einen Wunderkult betreibe, die Sicht eines ganz gewöhnlichen Rationalisten.

Rousseau war, mit anderen Worten, ein Kind des Rationalismus. Sein Angriff begann 1749, als er sich bei der Akademie von Dijon mit einem Aufsatz über die Frage: »Hat die Wiederherstellung der Wissenschaften und der Künste zur Verfeinerung der Sitten beigetragen?« um einen Preis bewarb. Sein Aufsatz trug ihm nicht nur den Preis ein, sondern machte ihn vor allem berühmt. Die Kultur selbst, argumentierte er darin, sei eher von Übel denn gut. Über die angeblichen »Fortschritte« der Zivilisation machte er sich lustig. Er sprach von der Konfusion, die durch die Kunst des Buchdrucks entstanden sei, und davon, wie die Philosophie zum Verfall der Moral beigetragen habe. Die Reflexion sei an sich unnatürlich, und ein denkender Mensch sei ein depraviertes Tier. In seinem Roman *Héloise*, im *Émile* und in seinen autobiographischen *Bekenntnissen* (die allerdings erst nach seinem Tod publiziert wurden) setzte er seine Attacken gegen den Geist der Zeit fort. Rousseau nahm Partei für die Religion und Spiritualität und für die Bedeutung des Gefühlslebens. Die Vernunft, meinte er, müsse sich gegen Gott und die Unsterblichkeit wenden, aber das Gefühl spreche dafür. Materialismus und Atheismus gingen nach seiner Meinung Hand in Hand und waren für ihn eine Herabwürdigung des menschlichen Geistes.

Am Ende hatte Rousseau etwas geschaffen, was man den Kult der Natur nennen könnte; er hatte die Grenzen der Vernunft aufgezeigt und eindrucksvoll die Überlegenheit der poetischen Einsicht und der Intuition vertreten; er hatte das zeitgenössische Bewußtsein für die Einzigartigkeit der Kindheit geweckt, die Bedeutung des Individuums weit über das hinaus vergrößert, was die Renaissance dazu beigetragen hatte, und war, könnte man sagen, zum Vater der modernen introspektiven Literatur geworden.

Rousseaus Erben, unter denen Shelley einer der berühmtesten war, reiften im neunzehnten Jahrhundert heran und schenkten der Welt einige ihrer sublimsten, tiefsten und schönsten Dichtungen. Wordsworth, Keats, Blake, Coleridge, Byron, Schiller, Goethe, Heine, Hugo, Baudelaire und selbstverständlich Shelley selbst gehören zu denjenigen, die für uns die großen romantischen Dichter sind.

Aber Shelley war mehr als ein Dichter. Er schrieb auch *über* Dichtung, insbesondere einen längeren Aufsatz, der für das Geistesleben dieselbe Bedeutung hatte wie die amerikanische Unabhängigkeitserklärung für das politische. Er nannte seinen Aufsatz »In Defense of Poetry« (»Verteidigung der Poesie«) und legte darin dar, warum die Vernunft allein für den menschlichen Fortschritt nicht ausreiche. Wissenschaftliche und technische Fortschritte könnten ohne ethische Basis vor sich gehen. Bei gesellschaftlichem Fortschritt sei dies jedoch nicht der Fall. Wenn Wissenschaft und Technik den Anspruch erhöben, ethische Imperative vorzugeben, führe dies die Menschheit in die moralische Katastrophe. Als Beispiele zur Unterfütterung seines Arguments verwies Shelley auf den Terror im Gefolge der Französischen Revolution und auf Napoleons Diktatur.

Shelley schrieb seinen Aufsatz im Jahr 1821. Hätte er ihn 1944 verfaßt, hätte der Holocaust ihm noch gewichtigeres Anschauungsmaterial geliefert. Allein durch Liebe, Zärtlichkeit und Schönheit, so schrieb er, werde das Gemüt empfänglich für moralischen Anstand, und die Dichtung sei das Medium, das Liebe, Zärtlichkeit und Schönheit besser kultiviere als jedes andere. Die poetische Imagination, nicht die wissenschaftliche Leistung, sei der Motor des moralischen Fortschritts. Das große Instrument des moralisch Guten, schrieb er, sei die Einbildungskraft. Und die Poesie wirke direkt auf die Einbildungskraft ein. Folglich lasse sich das »Neue Jerusalem«, das sich die Rationalisten des achtzehnten Jahrhunderts erträumten, nicht allein durch Vernunft erreichen, und einer

Gesellschaft, die sich auf sie verlasse, werde die Geschichte ein zorniges Gesicht zuwenden. Fortschritt sei eine Aufgabe des Herzens, nicht des Intellekts.

Damit wurde der große Streit über die Quelle gesellschaftlichen Fortschritts zu einem entscheidenden Grundzug der Aufklärung. Es muß freilich sogleich angefügt werden, daß der Glaube an den moralischen und politischen Fortschritt – als unweigerlicher oder (zumindest) möglicher Entwicklung – noch weit in das neunzehnte Jahrhundert hinein fortbestand, und dies aus guten Gründen. Ebenso wahr ist (andererseits), daß die Pariser Schreckensherrschaft fast ohne weiteres Zutun einen Schatten auf jegliche Zukunftshoffnungen warf. Das von Carlyle leidenschaftlich gehaßte achtzehnte Jahrhundert gab uns die Guillotine, die erste mechanisierte Form der Hinrichtung; mehr oder weniger reinlich schlug sie 20 000 Köpfe ab. Wahr ist auch, daß die Mechanisierung der Wirtschaft sowohl zum Auseinanderbrechen wie zur inneren Zerstörung des kommunalen Lebens führte und etwa in England zu Gesetzen führte, die denjenigen die Todesstrafe verhieß, die Maschinen zerstörten.

Selbst die Behauptung, daß die bedeutendsten Intellektuellen der Aufklärung – Voltaire und Kant – nach unserem heutigen Sprachgebrauch Antisemiten waren, trifft zu. Kant hielt die Juden für ein »Volk von Betrügern«, und Voltaire nennt in seinem *Philosophischen Wörterbuch* die Juden verächtlich – vor allem deshalb, wie man hinzufügen könnte, weil sie die Leute waren, die die Voraussetzungen für das Christentum schufen. Man muß zur Kenntnis nehmen, daß selbst die eifrigsten Fürsprecher der Würde des einzelnen auch ganz primitive Ansichten hegen können. Man könnte in diesem Zusammenhang auch Jefferson nennen, der in seinen *Notizen zum Staate Virginia* erklärt, weshalb »Neger« den Weißen unterlegen seien und dies offenbar immer sein würden.

Obgleich es demnach Gründe für eine weniger optimistische Zukunftsauffassung gab, insbesondere aus heutiger Sicht, sprach doch viel für den Glauben an einen unaufhaltsamen Fortschritt. Zwischen 1815 und 1853 gab es in Europa keinen großen Krieg. Das amerikanische Experiment einer politischen Demokratie ging weiter. In Rußland endete die Leibeigenschaft, in den englischen Kolonien wurde die Sklaverei abgeschafft, und es dauerte nicht mehr lange, bis das auch in Amerika geschah. Der Status von Frauen wurde neu bestimmt, der Hexenglaube ging zurück, die schrecklichsten Strafformen verschwanden. In England und Amerika war Religionsfreiheit ein gesichertes Faktum. Die Grundannahmen unserer heutigen Auffassungen von Kindheit und Kindererziehung gewannen langsam Gestalt. Johann Pestalozzi, der Schweizer Erzieher, nahm die Rosseauschen Gedanken über Kinder ernst und setzte sie in die Praxis um. Sein Schüler Friedrich Fröbel, der Urheber der frühkindlichen Erziehung, erfand den Kindergarten und eröffnete 1837 seine erste Schule.

Zum Schutz der Kinder wurden Gesetze erlassen, die zu einem nicht geringen Teil auf Rousseaus Bild der Kindheit basierten; daß sie überhaupt notwendig waren, mag heute schwer begreiflich erscheinen. Ein Beispiel: Im Jahre 1761 wurde eine Engländerin namens Ann Martin verurteilt, weil sie Kindern, mit denen sie betteln ging, die Augen ausgestochen hatte. Man verurteilte sie zu nicht mehr als zwei Jahren im Newgate-Gefängnis, und vermutlich wäre sie überhaupt nicht vor Gericht gekommen, wenn es sich um ihre eigenen Kinder gehandelt hätte. Ihr Verbrechen scheint darin bestanden zu haben, das Eigentum von anderen zu schädigen. 1814 kam es dann aber zu einem Gesetz, das der Frau eine sehr viel längere Gefängnisstrafe eingetragen hätte; durch dieses Gesetz wurde übrigens die Entführung von Kindern erstmals in der englischen Geschichte zu einem Straftatbestand erklärt.

Erwähnt werden sollte auch, daß die Bedeutung der Entdeckung von Bakterien durch Anton van Leeuwenhoek im Jahre 1676 im Laufe des achtzehnten Jahrhunderts begriffen wurde und zur Verbesserung der Abwässer- und Müllbeseitigung führte. Und um vom Prosaischen zum Sublimen zu kommen: Immanuel Kants einflußreiches Werk *Die Kritik der Praktischen Vernunft* vertrat die Ansicht, daß eine intuitive Moral in der praktischen Vernunft verborgen sei. Wir müssen keine neue Moral entdecken, sondern brauchen nur jene zurückzugewinnen, die bereits zur Hand ist, was heißt, daß unser moralisches Universum uns vertrauter und näher und der Praxis zugänglicher ist, als man gewöhnlich meint.

Man könnte ein ganzes Buch – sogar mehrere – über die Gründe schreiben, weshalb der Fortschrittsglaube sowohl auf seiten der Rationalisten wie der Romantiker aufrechterhalten werden konnte, wenn auch bei beiden aus unterschiedlichen Gründen. Rationalisten fanden diese Gründe in den offenkundigen Fortschritten von Wissenschaft und Technik, in zunehmender politischer und religiöser Freiheit, im Niedergang der Monarchien, im Aufkommen von Republiken und in jenem »Beweis«, den die Darwinsche Evolutionstheorie der Fortschrittsdoktrin lieferte. Die Romantiker wiederum fanden bei aller Skepsis doch Ermutigung in Beispielen des moralischen Fortschritts, etwa im Rückgang der Sklaverei, in der Verbesserung der gesellschaftlichen Stellung der Frau, in der Verbreitung des Konzepts der Kindheit und in einer Neubewertung der Natur.

Der Fortschrittsgedanke ist demnach eines der großen Geschenke der Aufklärung. Das achtzehnte Jahrhundert hat ihn erfunden, ihn weiterentwickelt und sich zu seinem Fürsprecher gemacht und damit gewaltige Ressourcen an Vitalität,

Vertrauen und Hoffnung freigelegt. Es hat ihn aber auch kritisiert und in Zweifel gezogen und gewichtige Argumente hinsichtlich seiner Grenzen und Gefahren formuliert. Dieses Moment wird oftmals von denjenigen von uns übersehen, die behaupten, daß die Arbeit der Aufklärung beendet sei. Oder die argumentieren, der Vernunftglaube des achtzehnten Jahrhunderts habe uns in die Desaster des zwanzigsten geführt. Um das fürchterlichste Beispiel dieser Behauptung zu zitieren: Zygmunt Bauman argumentiert in seinem Buch *Modernity and the Holocaust (Dialektik der Ordnung)*, beim Holocaust habe es sich um eine Weiterung des Vernunftglaubens gehandelt. »In keiner Phase«, schreibt Bauman, »kollidierte die ›Endlösung‹ mit dem rationalistischen Credo effizienter, optimaler Zielverwirklichung. Im Gegenteil, *der Holocaust entsprang genuin rationalistischen Überlegungen und wurde von einer Bürokratie in Reinkultur produziert.*«[12] (Hervorhebung durch Bauman.) Von diesem Argument ist es zu demjenigen Rousseaus nicht weit. Eine von poetischer Einsicht und humanem Empfinden unbegleitete und ungemilderte Vernunft wird häßlich und gefährlich. Blake, Carlyle, Ruskin und William Morris stimmten dem zu. Was sie zu sagen hatten, ist Bestandteil des Geschenks der Aufklärung. Das ist zu bedenken, wenn wir Hilfe bei jenen suchen, die uns die moderne Welt gegeben haben.

KAPITEL DREI
Technologie

Nein, es trifft nicht so ganz zu, wenn man sagt, der Fortschritt sei ein Geschenk des achtzehnten Jahrhunderts. Genauer und (zufälligerweise auch) nützlicher ist die Aussage, daß das achtzehnte Jahrhundert, das auf diesen Gedanken verfiel, im weiteren Verlauf dann Zweifel daran in der Form gewichtiger Fragen äußerte: Was ist Fortschritt? Wie kommt er zustande? Wie wird er zuschanden? Wie steht es um die Beziehung zwischen technischem und moralischem Fortschritt?

Das Geschenk des achtzehnten Jahrhunderts findet man in der Intelligenz und Kraft der Fragen, die es hinsichtlich des Fortschritts aufwarf, ein Sachverhalt, den die besten Köpfe des folgenden Jahrhunderts sehr wohl verstanden. Im neunzehnten Jahrhundert setzte man sich mit diesen Fragen auseinander, und es kam zu umfassenden und leidenschaftlichen Antworten darauf, insbesondere hinsichtlich des Zusammenhangs zwischen technischem und moralischem Fortschritt. William Blake schrieb über die »düsteren satanischen Fabriken«, die den Menschen ihre Seele raubten. Er beharrte darauf, daß Passivität gegenüber dem vorgeblichen »Fortschritt« zu seelischer Sklaverei führen werde. Matthew Arnold warnte vor dem »Glauben an Maschinerien« als der größten Bedrohung der Menschheit. Ruskin, William Morris und Carlyle sprachen sich allesamt gegen die geistige Degradierung aus, die der industrielle Fortschritt mit sich brachte. Balzac, Flaubert und Zola zeigten in ihren Romanen die spirituelle Leere auf, die eine vom Fortschritt besessene Kultur erzeugte.

Eine klare Vorstellung davon, wie ernst und skeptisch europäische Intellektuelle den technischen Fortschritt betrachteten, gibt uns ein Brief, den Lord Byron im frühen neunzehnten Jahrhundert schrieb, bevor er im Londoner Oberhaus eine Rede hielt. Der Brief faßt diese Rede zusammen. Er sprach sich gegen eine Gesetzesvorlage aus, die jedem, der absichtlich eine Maschine zerstörte – was die sogenannten »Luddites« damals taten –, die Todesstrafe androhte. Byron versuchte zu zeigen, daß die Ausbreitung von Fabriken Arbeiter zur Nutz- und Hoffnungslosigkeit verdammte und daß ihre Lebensweise dadurch zerstört wurde. Er selbst war kein »Luddite« und begriff durchaus die Vorteile der Mechanisierung. Aber er erkannte, daß dieser Fortschritt kein reiner Segen war – Wirtschaftswachstum auf der einen Seite, aber dafür der Verlust an Selbstachtung und Vitalität ländlicher Gemeinden auf der anderen. (Das Gesetz wurde mit nur drei Gegenstimmen verabschiedet.)

Auszüge aus Byrons Brief an Lord Holland aus dem Jahr 1812 finden sich im Anhang dieses Buches. Ich empfehle ihn Ihrer Lektüre und mache überdies den Vorschlag, ihn mit der Art und Weise zu vergleichen, in der Al Gore von der Zukunft der Computertechnologie spricht. Oder Alvin Toffler. Oder George Gilder. Oder Nicholas Negroponte. Oder meinetwegen irgendein beliebiger Schulleiter, der meint, Computer würden endlich das schulische Bildungsproblem lösen. Rousseau hätte darüber gelacht, und ebenso Pestalozzi, der bedeutendste Erzieher des achtzehnten Jahrhunderts. Und Voltaire hätte sich mit seiner üblichen Galle darüber ausgelassen.

Natürlich gab es auch Leute, besonders in Amerika, die der Meinung waren, daß technischer Fortschritt den moralischen stärken werde; zu ihnen gehörte Emerson, dessen Enthusiasmus für die Zukunft zu seiner berühmten Bemerkung führte, daß das goldene Zeitalter vor uns, nicht hinter uns liege. Fasziniert von den technischen Errungenschaften des neunzehnten Jahrhunderts, stellte Mark Twain seinem Jahrhundert das Zeugnis aus, das ehrlichste und entschlossenste und bei weitem größte und würdigste aller Jahrhunderte zu sein, die die Welt je gesehen habe. Und einmal beglückwünschte er Walt Whitman dazu, in einem Zeitalter gelebt zu haben, welches der Welt die Wohltaten von Kohleteererzeugnissen schenkte. Alexis de Tocqueville, der viele der Dinge, die er in Amerika sah, mit Skepsis betrachtete, glaubte daran, daß die Technik vielleicht der »Pest der Arbeit« ein Ende machen werde, empfand aber doch eine gewisse Besorgnis angesichts der »Lust am Neuen«, die für den Geist Amerikas so bezeichnend war. Nicht wenige sahen ein goldenes Zeitalter in der Form »utopischer« Gemeinschaften voraus – etwa Robert Owen, der, nachdem er in Schottland eine revolutionäre Gemeinde auf den Weg gebracht hatte, nach Amerika kam, um im Jahr 1824 in New Harmony in Indiana ein weiteres Utopia zu gründen. Obwohl keines seiner oder ähnlicher Experimente von Dauer war, wurden in dem Bemühen, den technischen Fortschritt mit einer neuen Moral zu verbinden, Dutzende dieser Art unternommen.

Daß für viele Amerikaner des neunzehnten Jahrhunderts die Technologie eindeutig der Motor des geistig-seelischen Fortschritts war, steht außer Zweifel. Thoreau, der amerikanische Rousseau, war anderer Ansicht, aber seine Einwände blieben – wie er selbst – weitgehend unbeachtet. Unbemerkt blieb auch die Bedeutung von vielen von Mark Twains Romanen, insbesondere von *Ein Yankee am Hofe des Königs Artus* und von seinem Meisterwerk *Die Abenteuer des Huckleberry Finn*. Trotz aller Begeisterung, die Mark Twain für den Gigantismus der amerikanischen Industrie aufbrachte, ist sein Werk insgesamt doch eine Affirmation von vorindustriellen Wertvorstellungen. Persönliche Loyalität, regionale Tradition, die Kontinuität des Familienlebens, die Wichtigkeit der Erzählungen und Weisheit der Alten machen durchweg die Seele seiner Bücher aus. Die Geschichte, wie Huck und Jim sich auf einem Floß auf ihren Weg in die Freiheit machen, ist geradezu ein Hochruf auf die fortdauernde Geistesgesinnung des vortechnologischen Menschen. Bei den Amerikanern zeigte diese Perspektive allerdings wenig Wirkung. Die technische Innovation erfüllte die Luft mit den Verheißungen neuer Freiheiten und neuer gesellschaftlicher Organisationsformen.

Und etwas von diesem Geist ließ sich natürlich auch diesseits des Atlantiks finden, im revolutionären Denken von Karl Marx, einem echten Kind der Aufklärung und Anhänger des Glaubens, daß sich die Geschichte in Richtung Fortschritt bewegt. Auch wenn es einem wie Ironie erscheint, der Marxsche Fortschrittsglaube fand eine Stütze bei den Biologen und Geologen des neunzehnten Jahrhunderts, die den Gedanken der organischen Evolution propagierten und »bewiesen«. Marx war sich dessen sehr bewußt und lud sogar Darwin ein, eine Einführung für *Das Kapital* zu schreiben (was Darwin ablehnte). Ob sich die Geschichte nun tatsächlich auf den Triumph des Proletariats zubewegte oder nicht, jedenfalls ergab sich aus den Forschungen der Paläontologen klar und deutlich, daß sich das Leben vom Bakterium zum Menschen, vom Einfachen zum Komplizierten, vom Instinkt zum Bewußtsein fortentwickelt hatte. Auch wenn Darwins Evolutionstheorie keineswegs ganz und gar optimistisch war (mit Huxley gesprochen: »das Überleben der Tüchtigsten«), hatten doch im neunzehnten Jahrhundert viele den Eindruck, daß der Fortschritt so real war wie die Schwerkraft oder irgendein anderes Naturphänomen. Und was dieser Wirklichkeit besondere Überzeugungskraft gab, war die große Erfindung des neunzehnten Jahrhunderts: die Erfindung der Erfindung. Die Menschen lernten damals, *wie* man Dinge erfindet, und die Frage nach dem *Warum* verlor an Bedeutung. Der Gedanke, daß man etwas tun solle, wenn man es tun konnte, wurde im neunzehnten Jahrhundert geboren. Und zusammen damit entwickelte sich ein tiefsitzender Glaube an all die Grundsätze, dank derer eine Erfindung Erfolg hatte: Objektivität, Effizienz, Expertentum, Standardisierung, das Vermessen, eine Marktwirtschaft und, wie sich von selbst versteht, Vertrauen in den Fortschritt.

Die Folge war, daß das neunzehnte Jahrhundert eine gewaltige Fülle von verblüffenden und die herrschende Kultur umstürzenden Erfindungen hervorgebracht hat: Telegrafie, Fotografie, Rotationsdruck, Telefon, Schreibmaschine, Phonograph, Transatlantikkabel, elektrisches Licht, Film, Lokomotive, Raketen, Dampfschiff, Röntgenstrahlen, Revolver, Stethoskop, gar nicht zu reden von Dosennahrung, der Boulevardpresse und modernen Zeitschriften, von Werbeagenturen und der modernen Bürokratie und sogar (obwohl nicht ganz unbestritten) der Sicherheitsnadel.

Ich könnte noch die beiden nächsten Seiten mit weiteren Erfindungen des neunzehnten Jahrhunderts füllen, wozu übrigens auch der Computer gehörte. Im Jahr 1822 gab Charles Babbage bekannt, er habe eine Maschine erfunden, die einfache mathematische Berechnungen durchführen könne, und 1833 hatte er eine programmierbare Maschine entwickelt, die der Vorläufer des modernen Computers ist.

All diese Erfindungen waren ein Erbe der Aufklärung und ihres Gedankens, daß der Fortschritt durch die Anwendung der Vernunft befördert – oder ihm gar Ausdruck gegeben – werde. Aber auch die Fortschrittsskepsis des achtzehnten Jahrhunderts setzte sich im neunzehnten Jahrhundert fort, insbesondere der Zweifel daran, daß moralischer Fortschritt automatisch mit dem technischen Fortschritt einhergehe. Ich habe nicht die Absicht, hier das neunzehnte Jahrhundert Revue passieren zu lassen, aber es muß gesagt werden, daß es bei all seinen technischen Fortschritten doch nachweisbare Spuren der geistigen Textur der Aufklärung aufweist. Der Furor der Industrialisierung war allzu neu und in seiner Ausdehnung noch zu begrenzt, um die seelischen Bedürfnisse zu ändern oder die im achtzehnten Jahrhundert aufgeworfenen Fragen aus dem Gedächtnis zu löschen.

Untersucht man beispielsweise das Amerika des neunzehnten Jahrhunderts, dann wird das Stöhnen einer in die Krise geratenen Religion, einer erschütterten Mythologie und einer in Konfusion verfallenen Politik und Bildung fast hörbar. Aber dieses Stöhnen bedeutete noch nicht den Tod des Alten.

Im zwanzigsten Jahrhundert aber ist, wie wir wissen, etwas geschehen. Unter anderem ist auch die Idee gestorben, daß der Fortschritt real, human und unausbleiblich ist. Bereits 1932 hielt Lewis Mumford den Fortschritt für »die toteste aller toten Ideen ... für die eine Vorstellung, die durch die Erfahrung des zwanzigsten Jahrhunderts gründlich in Stücke geschlagen worden ist«[1]. Noch vor Mumford verkündete Dean William Ralph Inge im Jahre 1920, daß dieser Gedanke seine Überzeugungskraft für uns verloren habe. Weshalb diese Männer derart früh in diesem Jahrhundert so dachten, ist schwer auszumachen. Gaben Nietzsche und Freud ihnen einen Fingerzeig? War es das sinnlose Blutvergießen im Ersten Weltkrieg? Sahen sie die Tyrannei von Kommunismus und Faschismus voraus? Ich halte es nicht für sinnvoll, zu so später Stunde noch zu dokumentieren, was Mumford unsere Erfahrung mit dem zwanzigsten Jahrhundert genannt hat. Es genügt zu sagen, daß Diderot, Adam Smith und Jefferson, hätten sie erlebt, was wir erlebt haben, ganz unmöglich an ein freundliches Dahinfließen der Geschichte hätten glauben können.

Was also ist uns geblieben?

Zunächst einmal bleibt uns, daß Fortschritt weder etwas Natürliches noch etwas in die Struktur der Geschichte Eingeschriebenes ist; will sagen, er ist weder eine Sache der Natur noch eine der Geschichte. Er ist unsere Sache. Keiner glaubt noch, und vielleicht wird keiner je wieder glauben, daß sich die Geschichte von selbst unaufhaltsam auf ein goldenes Zeitalter zubewegt. Der Gedanke, daß *wir* unsere eigene Zukunft zu gestalten und die Geschichte unserem eigenen Willen zu unterwerfen haben, ist erschreckend und macht den Sinn von Nietzsches ominöser Bemerkung begreifbar, daß Gott tot sei. Wir sind allesamt zu Existentialisten geworden, die sich selbst jene Verantwortlichkeiten auferlegen, die einstmals von Gott und der Geschichte getragen wurden.

Vielleicht liegt es an dieser seelischen Last, daß wir am Fortschrittsgedanken festgehalten haben, freilich in einer Form, die kein Philosoph des achtzehnten oder Erbe der Aufklärung im frühen neunzehnten Jahrhundert je gutgeheißen hätte: an dem Gedanken, daß technologische Innovation ein *Synonym* für moralischen, gesellschaftlichen und seelischen Fortschritt sei. Es ist, als wäre die Frage, was uns zu besseren Menschen macht, zu schwer, zu komplex – sogar zu absurd –, als daß wir ihr noch nachgehen könnten. Wir haben sie gelöst, indem wir zu Reduktionisten geworden sind; wir überlassen die Angelegenheit unserer Maschinerie.

»Im nächsten Jahrtausend«, erzählt uns Nicholas Negroponte in seinem Buch *Total Digital*, »werden wir merken, daß wir ebenso viel oder sogar mehr mit Maschinen als mit Menschen reden werden. Was die Leute am meisten zu beunruhigen scheint, sind ihre Skrupel, zu unbelebten Objekten zu sprechen.«[2] Negroponte räumt ein, daß wir »Skrupel«

haben, aber er mag sie nicht. Er sieht eine Zeit voraus, in der wir eine Türklinke oder einen Toaster ansprechen, und sagt voraus, daß es uns nicht unangenehmer sein wird, als wenn wir etwas auf einen Anrufbeantworter sprechen. Dazu, wie es uns verändern könnte, wenn wir auf Türklinken einreden, fällt ihm nichts ein (und daß es keineswegs angenehm ist, auf einen Anrufbeantworter zu sprechen, kommt ihm nicht in den Sinn). Seine einzige Sorge ist, daß wir uns an unsere technologische Zukunft *anpassen*. An keiner Stelle setzt er sich mit der seelischen oder gesellschaftlichen Bedeutung von Anpassung auseinander. Die Leute können sich an alle möglichen Veränderungen anpassen – die Soldaten passen sich dem Töten an, Kinder daran, daß sie keine Väter haben, Frauen können sich daran anpassen, daß sie mißbraucht werden.

Ich bezweifle nicht, daß wir uns darauf einstellen können, mehr mit Maschinen als mit Menschen zu reden. Aber damit ist noch keine einzige Frage beantwortet. Es ist bloß der Anfang einer Frage; genau gesagt, von vielen Fragen. Strenggenommen sind es keine Fragen, wie sie die Denker der Aufklärung gestellt haben, die sich die Technologien nicht vorzustellen vermochten, die wir erfunden haben. Jefferson, Paine und Franklin waren natürlich Erfinder, und es macht Spaß, sich einmal durch den Kopf gehen zu lassen, was sie wohl zu der Vorstellung gesagt hätten, daß man mit Türklinken reden soll. Franklin, denke ich mir, hätte sich darüber amüsiert; Jefferson und Paine hätten es wohl eher für unnütz gehalten. In diesem Sinne denke ich mir die folgenden Fragen als eine Art »Gedankenexperiment«, bei dem wir uns vorstellen, daß uns Diderot, Adam Smith, Voltaire, Rousseau, Benjamin Franklin, Lord Byron und andere Gestalten der Aufklärung auf unserer Gedankenreise ins einundzwanzigste Jahrhundert begleiten. Sie können uns hinsichtlich unserer alten und neuen Techniken beraten und wir sollten ihnen dabei aufmerksam zuhören.

Die als erstes auf der Hand liegende Frage, die hinsichtlich jeglicher neuen Technologie zu stellen wäre – etwa in bezug auf interaktives Fernsehen, virtuelle Realität, das Internet, oder meinetwegen auch Türklinken und Toaster, die die menschliche Sprache »verstehen« –, wäre: *Was ist das Problem, für das diese Technologie die Lösung bietet?*

Diese Frage muß gestellt werden, weil es Technologien gibt, die erfunden und angewendet werden, um damit Probleme zu lösen, die kein normaler Mensch für wichtig halten würde. Selbstverständlich läßt sich jede Technologie so vermarkten, daß die Illusion des Bedeutenden geschaffen wird, aber ein intelligenter und wacher Mensch muß das ja nicht glauben. Leute an höherer Stelle, die mühelos in unser kollektives Ohr gelangen, betonen, wenn sie von der Datenautobahn sprechen, daß diese fünfhundert oder tausend Fernsehkanäle ermöglichen werde. Sind wir dann nicht zu der Frage verpflichtet, ob dies ein Problem ist, das die meisten von uns unbedingt rasch gelöst sehen wollen, dessen Lösung wir gar *brauchen*? Sind wir der Meinung, daß der Zugang zu vierzig oder fünfzig Programmen, den wir heutzutage haben, nicht genügt, nicht dafür ausreicht, um uns mit der nötigen Information und Unterhaltung zu versorgen? Oder nehmen wir als ein anderes Beispiel die Möglichkeit, Türen anzusprechen, so daß sie sich beim Klang unserer Stimme öffnen. Welches Problem wird damit gelöst? Ist das Türöffnen eine Belastung? Geht es darum, die Türen sicherer zu machen? Oder geht es nur darum, unseren technischen Genius zu feiern?

Man hat mir gesagt, daß Bill Gates, dessen fruchtbare Phantasie weder ihm noch uns je einen Augenblick der Ruhe läßt, von einer Technologie träumt, die es unnötig macht, eine Tonaufnahme herauszusuchen und in Gang zu setzen.

Man geht einfach zu der Maschine und sagt »Frank Sinatra« oder »Pavarotti« oder, man stelle sich vor, die »Spice Girls«, und schon hören wir sie. Darf man die Frage stellen, welches Problem damit gelöst wird? Die Antwort, sagt man mir, ist Geschwindigkeit. Wir sind Leute, die ihr Leben in Sekunden messen. Fünf Sekunden hier gespart, fünf dort, und wenn der Tag zu Ende ist, haben wir vielleicht eine Minute eingespart. Am Jahresende sind es fünf Stunden. Und wenn wir an der Schwelle des Todes stehen, gönnen wir uns vielleicht ein Lächeln, weil uns einfällt, daß wir anderthalb Monate gespart haben, aber nicht wissen, wofür?

Tatsächlich wurde genau diese Frage zu einem anderen Sachverhalt gestellt – nämlich, ob die Regierung der Vereinigten Staaten die Entwicklung von Überschallpassagierflugzeugen subventionieren solle oder nicht. Briten und Franzosen hatten bereits überschallschnelle Passagierflugzeuge gebaut, und in den Hallen des amerikanischen Kongresses und anderswo führte man eine ernsthafte Debatte über die Frage, ob auch die Amerikaner ein solches Flugzeug haben sollten. Folglich wurde die Frage gestellt: Was ist das Problem, wofür das Überschallflugzeug die Lösung wäre? Die Antwort war, wie sich herausstellte, daß man sechs Stunden braucht, um mit einer Boing-747 von New York nach Los Angeles zu gelangen, und eine Überschallmaschine nur drei benötigen würde. Die meisten Amerikaner waren glücklicherweise nicht der Ansicht, daß das Problem so gewichtig war, daß sich eine derart große Investition lohnen würde. Überdies fragten sich manche, was man mit den drei eingesparten Stunden wohl anfangen würde? Die Antwort lautet: Wahrscheinlich säßen wir vor dem Fernseher. Und daraus ergab sich nun der Vorschlag, die B 747 mit Fernsehgeräten auszurüsten und somit Milliarden an Dollars einzusparen.

Ich plädiere hier nicht gegen tausend Fernsehprogramme,

selbsttätige Türöffner oder amerikanische Überschallpassagierflugzeuge. Ich plädiere nur für den Gebrauch gelassener Vernunft gegenüber dem Furor technologischer Innovationen. Weil ich es für möglich halte, daß Sie mir nicht glauben, halte ich einen Moment inne und räume ein, daß ich im Ruf des Technikfeindes stehe, ja, daß ich als eine Art Neo-Maschinenstürmer gelte. Leute, die mich mit diesem Etikett versehen haben, wissen gewöhnlich nichts über die englischen Maschinenstürmer. Wäre es anders, würden sie mich nicht als Neo-Luddite bezeichnen, es sei denn, sie wollten mir damit ein Kompliment machen. Wie dem auch sei, ich halte Technikfeindschaft für eine Dummheit. Es wäre so, als hätte man etwas gegen das Essen. Wir brauchen die Technik zum Leben, so wie wir Nahrung zum Leben brauchen. Aber natürlich, wenn wir zuviel oder wertloses Zeug oder infizierte Nahrungsmittel essen, dann machen wir aus einem Lebensmittel das Gegenteil.

Dasselbe ließe sich von unserer Technologie sagen. Es gibt keinen einzigen Philosophen, der bestreiten würde, daß die Technologie eine Bereicherung oder auch eine Entwertung des Lebens bedeuten kann. Der gesunde Menschenverstand verlangt, daß wir die Frage stellen, welches von beidem zutrifft. Nur ein Dummkopf würde unbekümmert jede neue Technik willkommen heißen, ohne über diese Frage ernsthaft nachgedacht zu haben. Ich erlaube mir deshalb die Anregung, ganz besonders wachsam zu sein, wenn wir Bücher lesen, die im Hinblick auf künftige Technologien eine visionäre Jubelhaltung einnehmen. Selbst wenn derlei Prophezeiungen plausibel scheinen – vielmehr, gerade dann, wenn sie plausibel erscheinen –, sollten wir uns nicht von ihnen tyrannisieren lassen; was heißt, daß wir nicht immer in eben die Richtung gehen müssen, die diese oder jene Technologie uns weist. Wir haben eine Verantwortung gegenüber uns selbst und gegenüber unseren Institutionen, die größer ist als unsere Verantwortung gegenüber dem Potential von Technologien. Technologie ist, wie Paul Goodman einmal äußerte, ein Zweig der Moralphilosophie, nicht der Wissenschaft; das legt den Gedanken nahe, daß Ratschläge von Leuten, die mit wenig oder keiner philosophischen Perspektive daherkommen, im Zweifel unfruchtbar oder gar gefährlich sind.

Hat man erst einmal die Frage beantwortet, welches das Problem ist, für das eine bestimmte Technologie die Lösung wäre, dann ist es klug, gleich als nächstes zu fragen: *Wessen Problem ist es?*

Im Fall der Überschallflugzeuge war es weitgehend ein Problem von Filmstars, Rockmusikern und Vorstandsmitgliedern großer Wirtschaftsunternehmen. Es war kaum ein Problem, das die meisten Leute für lösenswert hielten, falls es sie viel oder überhaupt Geld kosten würde. Die meisten Technologien lösen *irgendein* Problem, aber es könnte sein, daß es nicht *jedermanns* oder auch nur der meisten Leute Problem ist. Wir müssen mit großer Umsicht vorgehen, wenn es zu bestimmen gilt, wer von einer Technologie profitiert und wer dafür bezahlen muß. Nicht immer sind es dieselben. Das heißt nicht, daß ich es ablehnen werde, für eine Technologie einzutreten, die für jemand anderen Vorteile hat, nur weil ich selbst kein Nutznießer sein werde. Vor nicht langer Zeit hatte ich bei einer öffentlichen Veranstaltung Gelegenheit, mich über die Möglichkeit lustig zu machen, daß Verbraucher Geld für Türklinken aufwenden würden, die beim Klang einer menschlichen Stimme in Aktion träten. Am Ende meines Vortrags kam eine Dame zu mir und erzählte mir mit leiser Stimme, so daß nur ich es hören konnte, von ihrem gelähmten Sohn. Für ihn wäre ein derartiger Türöffner ein Segen. Ja, natürlich. Daran hatte ich nicht gedacht. Es gibt Anwendungen für Technologien, auf die man nicht ohne weiteres kommt. Und doch sollten wir wissen, wer etwas davon hat und wer nicht.

Das führt zu einer dritten Frage, die mit der zweiten in Zusammenhang steht, aber doch etwas weiter geht: *Welche Leute und Institutionen werden durch eine neue technologische Lösung am stärksten geschädigt?*

Dies übrigens war die Frage, an der sich in den Jahren 1811 bis 1818 in England die Maschinenstürmer-Bewegung entzündete. Diese Leute, die wir Luddites nennen, waren Handwerker in der Textilindustrie zu einer Zeit, als die Mechanisierung begann und das Fabriksystem durchgesetzt wurde. Sie kannten genauestens die Vorteile, welche die Mechanisierung für die meisten Menschen mit sich bringen würde, aber mit derselben Klarheit sahen sie, daß sie den Ruin ihrer eigenen Lebensweise bedeuten würde. Sie wußten, daß ihre Kinder in den Fabriken praktisch als Arbeitssklaven eingesetzt werden würden. Sie widersetzten sich dem technischen Wandel mit dem allzu simplen und nutzlosen Mittel, die Maschinen in Stücke zu schlagen. Das taten sie, bis man sie ins Gefängnis warf oder die britische Armee sie erschoß.

Niemand weiß mit Sicherheit, woher das Wort »Luddite« stammt, aber es bezeichnet seither einen Menschen, der sich in irgendeiner Weise dem technischen Wandel entgegenstellt, und es ist gewöhnlich beleidigend gemeint. Weshalb das so ist, erscheint mir ein bißchen rätselhaft, denn nur ein Dummkopf weiß nicht, daß neue Technologien immer Gewinner und Verlierer produzieren, und wenn sich die Verlierer widersetzen, ist das nicht irrational. Bill Gates, der zu den Gewinnern gehört, weiß das, und da er nicht dumm ist, gibt er seiner Propaganda immer die Botschaft mit, daß die Computertechnologie niemandem schaden kann. So gehen Gewinner vor; sie möchten, daß die Verlierer auch noch dankbar sind, vor allem aber, daß sie nicht merken, daß sie

Verlierer sind. Nehmen wir als Beispiel für Verlierer die Lehrer, die dazu verführt werden, sich für Gewinner zu halten.

Gibt es jemanden, der nicht der Ansicht ist, daß wir mehr Lehrer brauchen und diejenigen besser bezahlen sollten, die wir haben? Und doch weigern sich die Schulbehörden, mehr Lehrer einzustellen und ihre Bezahlung zu verbessern. Sie klagen unablässig über die Knappheit ihrer Finanzmittel. Trotz dieses Widerstands und dieser Klagen ist es eine Tatsache, daß die Schulbehörden gegenwärtig dabei sind, Milliarden Dollar dafür auszugeben, die Schulen zu vernetzen, um sich an die Computertechnologie anzupassen, und dies aus Gründen, die keineswegs klar sind. Mit Sicherheit gibt es keinen schlüssigen Beweis dafür, daß irgendeine Anwendungsform der Computertechnologie für Kinder tun könnte, was gute und gut bezahlte Lehrer für sie tun können.[3] Wo aber bleibt der Aufschrei der Lehrer? Sie sind die Verlierer bei diesem Geschäft, und zwar eindeutig. Hier ein Artikel der *Washington Post*, der einer Beleidigung aller Lehrer gleichkommt:

> Wie Gouverneur Parris N. Glendening gestern mitteilte, hat Maryland vor, im Zuge einer Investition in Höhe von insgesamt 53 Millionen Dollar in diesem Jahr jede öffentliche Schule an das Internet anzuschließen, um den Schülern mittels Computer besseren Zugang zu Informationen zu geben. Obwohl Untersuchungen des Einsatzes von Computern in Schulen auf nationaler Ebene zu uneinheitlichen Bewertungen gekommen sind …, ist in dem Plan vorgesehen, daß jede der 1 262 öffentlichen Schulen in Maryland noch vor dem Winter über mindestens zwei an das Internet angeschlossene Computerterminals verfügen und daß innerhalb der nächsten fünf Jahre jedes Klassenzimmer fünf derartige Terminals haben wird.

Gouverneur Glendening, der 1998 wiedergewählt wurde, nannte dies eine mutige Initiative und hoffte, daß private Unternehmen weitere Zehntausende Dollar spenden würden, so daß die Gesamtaufwendungen annähernd 100 Millionen Dollar betragen würden. Seine Begründung lautete folgendermaßen: »Der Zugang zu Informationen ist der erste, lebenswichtige Schritt, um die Welt, in der wir leben, zu verstehen und am Ende auch zu verbessern.« Lassen wir den Umstand außer acht, daß dies im besten Falle eine problematische Behauptung und im schlimmsten blühender Blödsinn ist. Lassen wir auch beiseite, daß selbst dann, wenn der Gouverneur mit seiner Behauptung recht hätte, die amerikanischen Schüler mit Information bereits überversorgt sind und keine Investition von 100 Millionen Dollar benötigen, um gut informierte Bürger zu werden.

Kann irgend jemand bezweifeln, daß die folgende hypothetische Aussage (ich habe sie mir gerade ausgedacht) für Lehrer und Schüler eine bessere Nachricht und vernünftiger wäre: »Der Bundesstaat Maryland beabsichtigt, 100 Millionen Dollar auszugeben, um die Zahl der Lehrer im Staat zu erhöhen, die vorhandenen besser zu bezahlen und ihre Stundenzahl zu verringern. Gouverneur Glendening sagte dazu: ›Das ist ein entscheidender Schritt, um sicherzustellen, daß unsere Schüler mehr Zuwendung erfahren und eine bessere und kreativere Bildung erhalten.‹«

Man sollte eigentlich denken, daß die meisten Lehrer eine solche Investition bejahen würden, aber wir hören in dieser Hinsicht nur sehr wenig von ihnen. Im Gegenteil, viele Lehrer sind begeistert von dem Gedanken, daß 100 Millionen Dollar in Computerterminals investiert werden. Bill Gates dürfte an solchen Dummheiten seine Freude haben.

Aber nehmen wir einmal an, wir hätten eine technische Lösung für ein Problem gefunden, das die meisten Leute wirklich haben, wüßten auch halbwegs, wer dafür bezahlt, und wären uns derer bewußt, die möglicherweise darunter zu leiden hätten. Nehmen wir weiterhin an, es gäbe den Willen und sogar eine gewisse Begeisterung für das Projekt. Dann müßten wir uns immer noch die folgende Frage stellen: *Welche neuen Probleme könnten daraus entstehen, daß wir dieses Problem gelöst haben?* Das Auto hat für die meisten Leute ein paar sehr wichtige Probleme gelöst, aber dabei unsere Luft verpestet, unsere Städte im Verkehr erstickt und zur Zerstörung der Schönheit unserer Landschaften beigetragen. Die Antibiotika haben gewiß für nahezu alle Menschen wichtige Probleme gelöst, aber dies hat zur Folge gehabt, daß dadurch unser Immunsystem geschwächt wurde. Das Fernsehen hat eine Reihe wichtiger Probleme gelöst, aber dabei die Art des politischen Diskurses verändert, zu einem ernsten Rückgang der literarischen Bildung geführt und sehr wahrscheinlich den traditionellen Prozeß der Sozialisation von Kindern unmöglich gemacht.

Es ist zweifelhaft, ob sich eine einzige Technologie finden ließe, die nicht im Zuge der Lösung eines *alten* Problems neue Probleme geschaffen hat. Selbstverständlich ist es manchmal äußerst schwer, im vorhinein zu wissen, welche neuen Probleme sich aus einer technologischen Problemlösung ergeben werden. Benediktinermönche erfanden im dreizehnten Jahrhundert die mechanische Uhr, um ihre kanonischen Gebete genauer einhalten zu können, die sie siebenmal am Tag sprechen mußten. Hätten sie gewußt, daß die mechanische Uhr dereinst von Geschäftsleuten dafür benutzt werden würde, um einen standardisierten Arbeitstag und dann standardisierte Produkte einzuführen, daß also ihre Uhr als Instrument zum Geldverdienen statt zum Gottesdienst eingesetzt werden würde, hätten die Mönche womöglich entschieden, daß ihre Sonnen- und Wasseruhren eigentlich doch ausreichten. Hätte

Gutenberg vorausgesehen, daß die Druckerpresse mit beweglichen Lettern zur Erschütterung des Heiligen Stuhls führen würde, hätte er mit Sicherheit seine alte Weinkelter zum Wein- statt zum Büchermachen verwendet. Im dreizehnten Jahrhundert war es vielleicht nicht so wichtig, wenn es den Menschen an technologischer Vision fehlte; vielleicht nicht einmal im fünfzehnten Jahrhundert. Im zwanzigsten Jahrhundert können wir es uns jedenfalls nicht mehr leisten, mit geschlossenen Augen in die Zukunft zu gehen.

Es fällt mir sehr schwer, mir vorzustellen, daß Franklin, Jefferson, Voltaire oder Tocqueville (ja, auch Tocqueville) die Frage ignorieren würden, was uns an Unerquicklichem bevorstehen könnte, wenn wir ein altes Problem lösen. Nach meiner Meinung reicht es nicht, wenn man sagt, daß jeder technologische Wandel zu unvorhersehbaren Folgen führt. Das ist eine Trivialität. Wie steht es aber mit den *vorhersehbaren* Folgen? Kämen sie nicht in den Blick, wenn man eine ernsthafte Auseinandersetzung über die Geschichte des technischen Wandels und über die Arten gesellschaftlicher und wirtschaftlicher Schäden führte, auf die neue Technologien hinsteuern? Wäre es 1947 nicht möglich gewesen, die negativen Konsequenzen des Fernsehens für unsere Politik und unsere Kinder vorauszusehen? Und wenn solche Konsequenzen uns klar vor Augen stünden und einigermaßen beunruhigend erschienen, wäre es nicht möglich gewesen, uns durch eine entsprechende Sozialpolitik, durch politisches Handeln oder durch Erziehung auf sie vorzubereiten und ihre Wirkung zu mildern? Oder, um es anders zu sagen: War es wirklich unvermeidlich, daß im Jahre 1995 amerikanische Kinder 5 000 Stunden vor dem Fernseher zugebracht haben, bevor sie auch nur in die erste Klasse eingeschult wurden, und 19 000 Stunden am Ende der weiterführenden Schule, und daß sie mit zwanzig Jahren 600 000 Werbespots gesehen haben?

Es hilft uns, wenn wir uns daran erinnern, daß es unter den Denkern der Aufklärung keine technologischen Deterministen gegeben hat. Es gab Optimisten und es gab Pessimisten, aber keinen, der ohne Vertrauen in unsere Fähigkeit war, mit Vernunft das Verhältnis zu unseren eigenen Schöpfungen zu regulieren. Was sie, denke ich mir, noch zu einer weiteren Frage geführt hätte: *Welche Art Leute und Institutionen könnten in der Folge technologischen Wandels zu besonderer wirtschaftlicher und politischer Macht gelangen?* Man muß diese Frage stellen, weil gewichtige technologische Veränderungen immer eine Umverteilung von Macht zur Folge haben. Eine solche Frage stellte Adam Smith 1776 in seinem Schlüsselwerk *Der Wohlstand der Nationen*. In diesem Buch lieferte er eine Theorie, die der Richtung, in der sich Gewerbe und Industrie bewegten, konzeptionelle Bedeutung und Glaubwürdigkeit beimaß. Konkret gesagt, rechtfertigte er die Transformation von kleinräumigen, an Personen ausgerichteten Handwerksbetrieben zur großangelegten, unpersönlichen und mechanisierten Produktion.

Brauchen wir eine neue Theorie, um die Bewegung von der industriellen zur »Informations«-Ökonomie zu rechtfertigen? Wir wissen, daß neue Technologien alte Arbeitsplätze obsolet machen, aber auch neue schaffen. Wahrscheinlich aber wird die Zahl der überflüssig gewordenen Stellen bei weitem größer sein als die der neuen. Könnte es dazu kommen, daß mit Hilfe der Computertechnologie zehn Prozent der Bevölkerung all die Arbeit leisten, die eine Gesellschaft benötigt? Wenn es so (oder so ähnlich) ist, was geschieht dann mit dem Rest der Bevölkerung? Adam Smith hätte auf diese Frage keine Antwort gehabt, aber wir müssen sie finden. Natürlich muß die Frage überhaupt erst einmal gestellt werden, und ich fürchte, daß wir nicht einmal von unseren intelligentesten Unternehmern erwarten können, daß sie sie von sich aus stellen werden. Schließlich sind sie geblendet von den Möglichkeiten, die sich aus der Nutzung neuer Technologien ergeben, und ganz mit Strategien beschäftigt, um ihre Profite zu maximieren. Die Folge ist, daß sie an weitere kulturelle Folgewirkungen kaum einen Gedanken verschwenden. Wir dürfen nicht vergessen, daß unsere bedeutendsten Radikalen immer unsere Unternehmer waren. Morse, Bell, Edison, Sarnoff, Disney – diese Leute schufen das zwanzigste Jahrhundert, so wie Bill Gates und andere dabei sind, das einundzwanzigste zu schaffen. Ich weiß nicht, ob sich viel tun läßt, um die kulturellen Umbrüche abzufedern, die das Unternehmertum herbeiführen wird. Aber die Bürger sollten wissen, was geschieht, und sie sollten diese Leute im Auge behalten.

In ihrem Buch *Release 2.0. Die Internetgesellschaft. Spielregeln für unsere digitale Zukunft* versucht Esther Dyson diejenigen zu beruhigen, die sich über die neue elektronische Welt allzu viele Sorgen machen; die menschliche Natur bleibe dieselbe. Natürlich. Wenn wir unter »menschlicher Natur« unsere genetische Struktur oder unsere biologischen Bedürfnisse oder unsere grundlegenden Emotionen verstehen, wird niemand behaupten, daß die Technologie die menschliche Natur verändern wird (jedenfalls nicht sehr). Aber um die menschliche Natur geht es hier nicht. Es geht um die Veränderungen unserer psychischen Gewohnheiten, unserer sozialen Beziehungen und ganz gewiß unserer politischen Institutionen, besonders hinsichtlich der Wahlen. Nichts ist so offenkundig wie die Tatsache, daß eine neue Technologie den politischen Diskurs verändert. Sie tut dies, indem sie bestimmte Arten, den Intellekt einzusetzen, ermutigt, bestimmte Definitionen von Intelligenz begünstigt und eine bestimmte Art von Inhalten verlangt.

Ronald Reagan beispielsweise hätte in einem Zeitalter

ohne Fernsehen niemals Präsident sein können. Er ist ein Mann, der sich kaum je einmal präzise ausdrückte und nie eloquent sprach (vielleicht die Gelegenheiten ausgenommen, wenn er eine von jemand anderem geschriebene Rede vorlas). Und doch wurde er der Große Kommunikator genannt. Warum? Weil er für das Fernsehen wie gemacht war. Das Bild, das per TV von ihm vermittelt wurde, gab einem ein Gefühl von Aufrichtigkeit, Vertrautheit und Fürsorglichkeit. Ob die Bürger dem zustimmten, was er sagte, oder es verstanden, spielte keine große Rolle.

Damit soll nicht gesagt sein, daß er nicht Präsident hätte werden sollen oder daß er seine Arbeit nicht gut gemacht hätte. Ich will sagen, daß das Fernsehen dem einen Macht gibt, während es andere davon fernhält. Nicht die menschliche Natur ist es, was uns Sorgen macht, sondern vielmehr, welcher Teil unseres Menschseins von der Technologie verstärkt wird. Ich habe mich oft gefragt, wie wohl Abraham Lincoln auf dem Fernsehschirm gewirkt hätte. Weil in den vierziger Jahren des neunzehnten Jahrhunderts die Fotografie erfunden worden war, wurde er der erste Präsident, der ständigen Kommentaren über sein Aussehen ausgesetzt war (viele sagten, es sei häßlich und wenig gewinnend gewesen). Geht man zu weit, wenn man behauptet, die Amerikaner müßten ewig dankbar dafür sein, daß es noch kein Fernsehen gab, als sich Lincoln um die Präsidentschaft bewarb? Vielleicht darf man sagen, daß, hätte es damals das Fernsehen gegeben, jemand wie Lincoln keine Chance gehabt hätte, Präsident zu werden.

Entscheidend ist, daß wir darüber nachdenken, ob (oder in welchem Grade) die durch ein neues Medium erzeugte Verschiebung für diejenigen Qualitäten von Bedeutung ist, die wir von einem Politiker verlangen. Der siebenundzwanzigste Präsident der Vereinigten Staaten – William Howard Taft – war dick, sehr dick, ein Dreizentner-Mann. Wir dürfen wohl davon ausgehen, daß heutzutage, da die durch das Fernsehen dominierte Bilderwelt unsere Wahrnehmung beherrscht, dieser körperliche Zustand ihn zu einem ungeeigneten Kandidaten gemacht hätte. Wir können uns fragen, ob Franklin D. Roosevelt, der mitten in seinem Leben infolge einer Kinderlähmung so behindert wurde, daß er nicht ohne fremde Hilfe stehen konnte, im Fernsehzeitalter ein annehmbarer Kandidat gewesen wäre. Bei einem Kandidaten aus jüngerer Zeit, Robert Dole, ist die Frage erlaubt, ob sein Unvermögen, sich im Fernsehen als liebenswürdiger Mann darzustellen, eine Rolle bei seiner Niederlage gespielt hat.

Karl Marx, der besser als die meisten die verändernde Macht der Medien verstanden hat, könnte uns hier ein Ratgeber sein. In seinen *Grundrissen der Kritik der politischen Ökonomie* stellte er die rhetorische Frage: »Ist Achilles möglich mit Pulver und Blei? Oder überhaupt die ›Iliade‹ mit der Druckerpresse und gar Druckmaschine? Hört das Singen und Sagen und die Muse mit dem Preßbengel nicht notwendig auf, also verschwinden nicht notwendige Bedingungen der epischen Poesie?«[4] Die Druckerpresse, sagt Marx hier, war nicht einfach nur eine Maschine (so wenig wie Fernsehen und Computer es sind), sondern sie hat eine Diskursstruktur geschaffen, die bestimmte Arten von Inhalten und Persönlichkeiten und, unvermeidlicherweise, eine bestimmte Art Publikum ausschließt, während sie auf anderen wiederum besteht. Marx hat den Sachverhalt nicht in seiner ganzen Breite und Tiefe ausgelotet, aber wir müssen das mit allem Ernst tun.

In dieser Hinsicht stellt sich noch eine weitere Frage. *Welche sprachlichen Veränderungen werden durch neue Technologien erzwungen und was wird durch derlei Veränderungen gewonnen und was verloren?*

Denken wir zum Beispiel daran, wie die Wörter »Gemeinschaft« und »Gespräch« heutzutage von denjenigen verwendet werden, die vom Internet Gebrauch machen. Nach meinem Eindruck verwendet man jetzt »Gemeinschaft« einfach im Sinne von Leuten mit ähnlichen Interessen, was eine erhebliche Veränderung gegenüber der älteren Bedeutung darstellt: Eine Gemeinschaft besteht aus Leuten, die vielleicht nicht dieselben Interessen haben, aber um der sozialen Harmonie willen ihre Differenzen miteinander aushandeln und klären müssen. Tocqueville sprach vom »gegenseitigen Entgegenkommen«, um zu skizzieren, was den Kern des Lebens in einer Gemeinschaft ausmacht. Was hat das mit der »Gemeinschaft« der Internetbenutzer zu tun? Was das »Gespräch« anbetrifft, sind doch zwei (oder mehr) Leute, die einander Botschaften per E-Mail schicken, mit etwas ganz anderem beschäftigt als dem, was man gewöhnlich ein Gespräch nennt. Botschaften, denen die Präsenz der menschlichen Stimme und menschlicher Gesichter fehlt, ein »Gespräch« zu nennen, kommt mir absonderlich vor.

Bedenken wir, wie das Fernsehen die Bedeutung des Ausdrucks »politische Debatte« verändert hat; oder das Wort »öffentlich«, oder den Ausdruck »partizipatorische Demokratie«. Lawrence Grossman behauptet in seinem Buch *The Electronic Republic*, neue Technologien würden die repräsentative Demokratie obsolet machen, weil sie die Möglichkeit eröffneten, zu jeder Frage sofort ein Plebiszit einzuholen. Auf diese Weise würden die amerikanischen Wähler direkt darüber entscheiden, ob wir uns der NAFTA anschließen oder Truppen nach Bosnien schicken oder den Präsidenten anklagen. Der Senat und das Repräsentantenhaus würden weitgehend überflüssig. Dies, sagt Grossman, sei partizipatorische Demokratie, wie es sie im fünften vorchristlichen Jahrhundert in Athen gegeben habe. Ich bin nicht dagegen, einen Ausdruck aus einer anderen Medienumwelt zu verwenden, um eine neue Entwicklung auf den Begriff zu bringen. Wir tun das ständig, aber es hat seine Risiken. Einen Eisenbahnzug ein »eisernes Pferd« zu nennen, wie wir es einmal getan haben, mag anschaulich sein, aber es verschleiert die Unterschiede zwischen einem Zug und einem Fuhrwerk.

Wenn man den Ausdruck »elektronische Bürgerversammlung« verwendet, wird auf ähnliche Weise der Unterschied zwischen einer tatsächlichen Versammlung von Bürgern, wie sie im achtzehnten Jahrhundert stattfand, und einem sorgfältig arrangierten und übers Fernsehen ausgestrahlten Pseudoereignis verwischt. Es mag seinen Sinn haben, den Begriff »Fernstudium« für Studenten und einen Lehrer zu gebrauchen, die einander E-Mail-Botschaften zuschicken, aber es verbirgt die Tatsache, daß das Lesen eines Buchs das denkbar beste Beispiel von Fernstudium ist, denn die Lektüre ist nicht nur ein Triumph über die Grenzen von Raum und Gesellschaft, sondern auch über die Zeit.

Was die partizipatorische Demokratie anbetrifft, dürfte es uns schwerfallen, irgendeine Ähnlichkeit zwischen einem Vorgang zu entdecken, bei dem 5 000 Männer gleichen Standes in Athen Politik machen, und demjenigen, wenn 250 Millionen ganz unterschiedliche Amerikaner jede Woche Plebiszite veranstalten. Besonders interessant, scheint mir, ist die Auswirkung, die die Technologie auf die Bedeutungsveränderung von Wörtern wie »Wahrheit«, »Gesetz«, »Intelligenz« und »Tatsache« gehabt hat.

Vielleicht fällt Ihnen auf, daß diese Fragen auf unterschiedlichen Abstraktionsebenen angesiedelt sind und, wenn man sie ernst nimmt, unterschiedliche Reaktionsweisen erfordern würden. Manche dieser Fragen fordern zur Teilnahme an politischen Aktivitäten heraus und können nur als Themen der Politik behandelt werden; beispielsweise das Vorgehen der Federal Communications Commission, die den vier großen Sendern gegen die Zusage, daß sie das HDTV-Verfahren einführen, den kostenlosen Zugang zum digitalen Breitband einräumte. Das ist eine politische Angelegenheit und sollte die Bürger eigentlich zum Nachdenken bringen, welches Problem dadurch gelöst wurde, wer der Gewinner und wer der Verlierer dieses Arrangements ist. Die Frage, für welche Technologien unsere Schulen unser Geld ausgeben, sollte, wie schon gesagt, ein paar Minuten (will sagen, fünfzig Stunden) der Zeit der Steuerzahler wert sein. Die Verdrängung von Menschen durch Computer, die Umwelteinflüsse von Technologien, die uneingeschränkte Bombardierung mit TV-Werbespots sind allesamt öffentliche Angelegenheiten, die ins Zentrum von Diskussionen zwischen aufgeklärten Bürgern gehören.

Anhaltspunkte, an denen sich der einzelne bei seinen Entscheidungen orientieren kann, sind aber in einige dieser Fragen bereits eingebettet. Vermutlich eigne ich mich nicht zum Vorzeigebürger des digitalen Zeitalters. Viele benutzen, wenn sie meine Reaktion auf das digitale Zeitalter beschreiben, sogar das Wort »Dinosaurier«. Ich versuche sie dann daran zu erinnern, daß die Dinosaurier hundert Millionen Jahre überlebt haben, und zwar, könnte ich mir vorstellen, vor allem deshalb, weil an ihnen jeder Wandel abgeprallt ist. Jedenfalls empfinde ich es als nützlich, bei jeder Technologie, die als unentbehrlich vermarktet wird, die Frage zu stellen: Welches Problem wird dadurch für *mich* gelöst? Werden ihre Vorteile größer sein als ihre Nachteile? Wird sie meine Angewohnheiten und meine Sprache verändern, zum Guten oder zum Schlechten? Meine Antworten darauf sind womöglich anders als die Ihren, fast mit Sicherheit sogar. Ich schreibe meine Bücher mit Füllhalter und auf Papier, weil ich es seit eh und je so gemacht habe und es mir gefällt. Ich besitze keinen Computer. Das Internet kommt mir als reine Ablenkung vor. Bei meinem Telefon gibt es weder einen Anrufbeantworter noch die Anklopffunktion, weil ich beides für unhöflich halte. Ich komme zwar an ein Faxgerät heran, aber ich versuche, nur in Maßen davon Gebrauch zu machen. Für den Großteil meiner schriftlichen Mitteilungen reicht die Schneckenpost durchaus aus, und ich mag dieses Gefühl des Dringlichen nicht, das Faxe unweigerlich vermitteln. Mein Auto hat zwar eine automatische Geschwindigkeitsregelung, aber ich schalte sie nie ein, weil ich kein Problem darin sehe, meinen Fuß auf dem Gaspedal zu lassen.

Sie wissen, was ich meine. Ich benutze eine Technologie, wenn ich für mich einen Vorteil darin sehe. Ich weigere mich, mich *von ihr* benutzen zu lassen. Gelegentlich habe ich moralische Einwände. Aber zumeist sind sie praktischer Natur, und die Vernunft befiehlt mir, die Folgen unter diesem Gesichtspunkt abzuwägen. Die Vernunft bringt mich auch dazu, andere dazu zu bewegen, dasselbe zu tun. Ein Beispiel: Als ich an der *New York University* zu unterrichten begann, waren die dort verfügbaren Hilfsmittel zum Denken und Unterrichten noch primitiv. Die Fakultätsmitglieder und Studenten konnten reden, lesen und schreiben. Wenn sie schrieben, geschah es auf die gleiche Weise, wie ich dieses Kapitel schreibe – mit einem Füller auf einem Block Papier. Einige verwendeten eine Schreibmaschine, aber verlangt wurde das nicht. Die Gespräche drehten sich fast immer um Ideen, selten um Kommunikationstechnologien. Was läßt sich denn schon über einen Füller sagen, ausgenommen, daß man keine Tinte mehr hat? Ich entsinne mich an ein Gespräch darüber, ob es besser sei, einen gelben als einen weißen Block zu haben. Aber es dauerte nicht sehr lang und ging unentschieden aus. Keiner hatte je etwas von Schreibprogrammen, E-Mail, dem Internet oder Voice-Mail gehört. Gelegentlich zeigte ein Lehrer einen Film, aber für den Betrieb des Projektors benötigte man einen Techniker, und der Film riß jedesmal.

Inzwischen verfügt die NYU über einen Großteil der Ausstattung, die unter den Begriff »High-Tech« fällt. Ein Dinosaurier des achtzehnten Jahrhunderts darf nun die Frage stellen: »Hat sich die Lage verbessert?« Die Veränderungen, welche die neuen Technologien für die »harten« Wissenschaften mit sich gebracht haben, wenn es denn welche gab, kann ich nicht beurteilen. Es heißt, sie seien bemerkenswert, aber ich verstehe davon nichts. Was die Geistes- und Sozialwissenschaften betrifft, lauten meine Beobachtungen folgendermaßen: Die Bücher, die die Professoren schreiben, sind nicht besser als früher; ihre Ideen sind ein bißchen weniger interessant, ihre Gespräche eindeutig weniger faszinierend, und für ihre Lehre gilt in etwa dasselbe. Was die Studenten angeht, schreiben sie schlechter als früher, und das Überarbeiten eines Texts ist ein Konzept, das ihnen fremd ist. Mit dem, was sie sagen, steht es in etwa genauso, nur daß es mit der grammatikalischen Korrektheit vielleicht ein bißchen bergab gegangen ist. Man sagt mir, daß ihnen mehr Informationen zugänglich sind, aber fragt man sie danach, wann die amerikanische Unabhängigkeit erklärt wurde, müssen die meisten passen, und nicht mal einer von zehn kann einem sagen, welcher Planet der drittnächste zur Sonne ist. Alles in allem liegt der Fortschritt im Denken und Unterrichten in etwa bei Null, vielleicht mit einem Verlust von zwei bis drei Metern.

Es macht mir alles andere als Spaß, über diese Beobachtungen zu berichten, weil meine Universität gewaltige Geldbeträge für die High-Tech-Ausrüstung ausgibt. Seltsamerweise scheint es vielen Professoren lieber zu sein, daß Geld für Technologie als für Gehaltserhöhungen ausgegeben wird. Weshalb das so ist, weiß ich nicht, aber eine Möglichkeit wäre: Immer gibt es einige Professoren, denen die Ideen ausgegangen sind oder die von Anfang an keine hatten, und wenn sie ihre Zeit damit verbringen, darüber zu reden, wie ihre Computer funktionieren, ist das schwerer festzustellen. Ich will nicht unfreundlich sein, aber ein anderer Grund fällt mir nicht ein.

KAPITEL VIER
Sprache

Einer meiner Studenten, der so ungefähr wußte, worum es in diesem Kapitel gehen würde, machte mir den Vorschlag, ihm den Titel *Diderot, nicht Derrida* zu geben. Ich fand den Vorschlag verlockend, vor allem, weil ich mir ziemlich sicher bin, daß die Professoren von ihren Studenten verlangen, daß sie die falschen Franzosen lesen. Wie Sie sehen, habe ich ihn dann aber doch abgelehnt, und zwar aus zwei Gründen. Ein bißchen zu kokett, war der eine. Wichtiger war, daß ich hier *über* keinen von beiden schreibe. Hätte ich diesen Titel verwendet, hätte ich ihre Namen nur als Metaphern für zwei unterschiedliche Haltungen gegenüber der Sprache eingesetzt. Aber wenn man Namen nennt, bekommt das etwas Spezifisches, das der metaphorischen Bedeutung entgegenarbeitet. Diderot ist nur einer von Dutzenden Autoren der Aufklärung, deren Haltung gegenüber der Sprache ich mit der »postmodernen« Auffassung konfrontieren möchte, für die symbolhaft Derrida steht. (Natürlich ist auch Derrida nur einer von vielen, die man mit dem postmodernen Denken assoziiert, weshalb es besser ist, sich nicht für einen irreführenden Versuch mit der Alliteration zu entscheiden.)

Wie dem auch sei, wenn ich damit fertig bin, wird hoffentlich klar geworden sein, weshalb die aufklärerische Sicht der Sprache der postmodernen vorzuziehen ist, und insbesondere, weshalb es viel nützlicher und gesünder ist, sie in die Zukunft mitzunehmen.

Das Zeitalter, das man »die Aufklärung«[1] nennt, wird auch »das Zeitalter der Prosa« genannt. Damit ist nicht gemeint, daß die Prosa eine Erfindung der Aufklärung war. Das, was wir als persönlich gefärbte Darlegung eines Themas ansprechen würden, geht dem achtzehnten Jahrhundert zweihundert Jahre voraus. Einige Wissenschaftler schreiben die erste »Zeitung« – und damit ein frühes Beispiel einer solchen Prosa – dem Werk des Italieners Pietro Aretino zu, der 1451 geboren wurde, nur wenige Jahre vor der Erfindung des Buchdrucks mit beweglichen Lettern. Früher als andere erkannte Aretino den Wert der Druckerpresse als Instrument, um etwas publik zu machen, und produzierte eine ganze Serie antiklerikaler Obszönitäten, beleidigender Geschichten, öffentlicher Anklagen und persönlicher Meinungsäußerungen, die allesamt Teil unserer journalistischen Tradition wurden und auch heute noch florieren. Die meisten Wissenschaftler verweisen jedoch auf das Werk Michel de Montaignes als erstes (und wenn das nicht, dann doch bestes) Beispiel für den persönlichen Essay. Im Jahre 1533 geboren, erfand Montaigne einen Stil, eine Herangehensweise und eine persönliche Ausstrahlung als Autor, dank derer ein einzigartiges Individuum mit Selbstsicherheit und Direktheit sowohl die ihm unbekannten Lebenden wie die Nachwelt anzusprechen vermochte. In Konkurrenz zu Montaigne steht als einer der frühesten und einflußreichsten Prosaschreiber der 1561 geborene Engländer Francis Bacon, der die Form des Essays mit großer Wirkung benutzte, um für die Wichtigkeit der Naturwissenschaften Propaganda zu machen.

Es gibt noch andere solche Prosabeispiele, besonders aus dem siebzehnten Jahrhundert, darunter John Miltons unvergänglicher Essay *Areopagitica* (bei dem es sich ursprünglich um eine Parlamentsrede handelte). Erst im achtzehnten Jahrhundert jedoch kommt es dazu, daß ein Zusammenwirken mehrerer Entwicklungen Ausbreitung und Verfeinerung eines Darlegungsstils vorantrieb, der zu einer gängigen literarischen Form wurde. Zu diesen Entwicklungen gehörten die Entwicklung der Naturwissenschaften, die Standardisierung von Landessprachen (die auf die Entstehung von Nationalstaaten folgte), die weite Verbreitung des Drucks und das damit einhergehende Anwachsen der Lesefähigkeit, die schwindende Dominanz des Lateinischen sowie die verminderte Autorität der Kirche und ihrer rhetorischen Traditionen.

Auch wenn das hier nicht mein Thema ist, sei doch gesagt, daß der moderne Roman weitgehend eine Schöpfung der Aufklärung ist. Damit ist nicht das bloße Geschichtenerzählen in schriftlicher Form gemeint, eine Kunst, die zumindest bis zum *Alten Testament* und zum babylonischen *Gilgamesch* zurückgeht und im Mittelalter in Romanzen, Balladen und Allegorien Ausdruck fand. Ich spreche von fiktiven, ausgeklügelt erdachten Prosaerzählungen, die sich mit dem Leben glaubwürdiger Charaktere befassen; also beispielsweise *Robinson Crusoe*, mit dessen Niederschrift Daniel Defoe im Jahr 1719 begann. Wollte man aber darüber streiten, welches der erste moderne Roman in englischer Sprache war, käme jeder der folgenden dafür in Frage: Samuel Richardsons *Pamela*, Henry Fieldings *Tom Jones*, Laurence Sternes *Tristram Shandy* oder auch Oliver Goldsmiths *Der Pfarrer von Wakefield*, der meistgelesene Roman des achtzehnten Jahrhunderts.

Die Entstehung fiktiver erzählender Prosa ist ein gewichtiger Vorgang der Literaturgeschichte. Mich beschäftigt hier aber mehr eine andere literarische Form, die ebenso wichtig oder sogar noch wichtiger war – das, was man vielleicht als Meinungsprosa bezeichnen könnte. Nicht anders als beim Roman ist es auch hier ein bißchen willkürlich, das erste Beispiel einer solchen Darlegung im achtzehnten Jahrhundert auszuwählen. Die Franzosen und die Deutschen können hier durchaus berechtigte Ansprüche erheben, aber ich entscheide mich, zumindest als Datum, das in Erinnerung zu behalten lohnt, für den März 1711, als die erste Ausgabe von Addisons und Steeles Zeitschrift *The Spectator* veröffentlicht wurde. Schon früher gab es ähnliche Publikationen, darunter Steeles eigenen *The Tatler*, aber in der Zahl der Leser blieb der *Spectator* unübertroffen; Addison schätzte, daß jeder vierte Londoner ihn las. Kurz danach folgte ein ganzer Strom von Darlegungen, die bis zum heutigen Tag in Themenbreite, Tiefe, Stil und Nützlichkeit unübertroffen sind. Sofort fallen einem Jonathan Swift mit seinen 1712 verfaßten *Vorschläge zur Korrektur der englischen Sprache* und Bernard Mandevilles 1720 geschriebene *Freie Gedanken zur Religion* ein. Danach kam es zu einer regelrechten Flut: Defoe, Bolingbroke, Chesterfield, Berkeley, William Penn, Franklin, Voltaire, Hume, Samuel Johnson, Diderot, Montesquieu, Madison, D'Alambert, Condillac, Kant, Burke, Rousseau, Adam Smith, Paine, Jefferson, Bentham – die alle, so wie Dutzende anderer auch, die essayistische Darlegung benutzten, um ihren Gedanken eine Form zu geben.

Vielleicht fällt Ihnen auf, daß ich – mit Ausnahme von Franklin und, darüber könnte man streiten, Jefferson – in meine Liste keinen »Naturphilosophen«, das heißt Naturwissenschaftler, aufgenommen habe. (Das Wort »Naturwissenschaftler« kam erst in der Mitte des neunzehnten Jahrhunderts auf.) Aber die experimentellen Wissenschaften waren weitgehend eine Erfindung der Aufklärung, und die darlegende Prosa, in der Landessprache verfaßt, war die dafür geeignetste literarische Form. Der 1657 gestorbene William Harvey, der Entdecker des Blutkreislaufs, gehörte zu den letzten großen Naturwissenschaftlern, die noch lateinisch schrieben. Nahezu alle seiner Nachfolger entschieden sich, zumindest von einem bestimmten Zeitpunkt an, dafür, in ihrer Muttersprache zu schreiben. Dazu gehören unter anderen Newton, Vico, Hales, Pemberton, Linné, Priestley, Leibniz, Watson und Lavoisier.

Der Zusammenhang zwischen dem Aufstieg der experimentellen Wissenschaften – in Medizin, Chemie, Physiologie und Physik – und dem der darlegenden Prosa ist, wie angedeutet, kein Zufall. Die wissenschaftliche Revolution des achtzehnten Jahrhunderts war ebensosehr eine sprachliche. Man könnte sogar so weit gehen zu sagen, daß die Aufklärungsphilosophen, ob Naturphilosophen oder nicht, eine Methode des Sprachgebrauchs entdeckten, die für eine wahrere Darstellung der Realität sorgte, als man sie zuvor gekannt hatte. Und dies geschah dadurch, daß man eine »wahre Aussage« als eine definierte, die sich verifizieren ließ. Aussagesätze sind das Kernstück einer erklärenden Darlegung, genauso wie die Annahme, daß es eine intelligible Welt der Nicht-Wörter gibt: will sagen, eine »Realität«. Des weiteren arbeitete die Darlegung unter der Annahme, daß Aussagen (die Welt der Wörter) die Realität (die Welt der Nicht-Wörter) beschreiben können, und daß, wenn dies mit Klarheit, Logik und geistiger Strenge geschieht, es möglich ist, die Struktur der Realität mit ausreichender Genauigkeit aufzudecken, um zu verstehen, wie sie funktioniert. Diese Annahmen brachten in den Naturwissenschaften spektakuläre Ergebnisse hervor und tun es natürlich noch immer.

Diese Sicht von der Macht der Sprache, die Realität zu erfassen, die zuweilen als »britischer Empirismus« bezeichnet wird, hat ihre Wurzeln im Denken von John Locke und Thomas Hobbes, die sich beide der Sprache und den Lehren der neuen physikalischen Wissenschaften verschrieben hatten und darauf vertrauten, daß ein Weg gefunden war, die Wirklichkeit intelligibel und mit dem normalen Menschenverstand vereinbar zu machen. Nicht alle Philosophen der Aufklärung stimmten dem zu, vor allem nicht George Berkeley und David Hume, die sich beide mit der Frage auseinandersetzten, in welcher Beziehung Wörter und andere Symbole zur Dingwelt stehen. Berkeley ist notorisch bekannt für die Schlußfolgerung, daß Materie für sich genommen nicht real sei und daß nichts außer der Tätigkeit des Geistes existiere. Hume ist allen, die einmal an einem Grundkurs in Philosophie teilgenommen haben, als jemand bekannt, der gezeigt hat, daß die Induktion eine Illusion ist und ihre Überzeugungskraft nicht einem logischen Imperativ, sondern nur der psychischen Intuition verdankt. Er lehrte, alle apriorischen Wahrheiten entsprängen allein unserer Angewohnheit, mit Wörtern umzugehen, und gäben uns keinerlei Informationen über die Welt. Aussagen, so sein Argument, seien entweder gewiß und uninformativ oder informativ und ungewiß.[2]

Die Sätze, mit denen ich gerade Berkeley und Hume skizziert habe, sind natürlich beschämende Vereinfachungen, und dies um so mehr, als Berkeley und Hume zum Teil der Klarheit und Eleganz ihres Schreibens wegen berühmt sind. Ich habe das nur gesagt, um darauf hinzuweisen, daß die Epistemologie der Naturwissenschaften des achtzehnten Jahrhunderts nicht ohne ernsthafte Überprüfung seitens der Philosophen dieses Jahrhunderts davonkam. Hume glaubte beispielsweise wie viele seiner Zeitgenossen, die Deduktion sei die einzig gültige Denkform, was ihn unweigerlich zu der verblüffenden Schlußfolgerung führte, daß Schlüsse hinsichtlich Ursache und Wirkung bloße »Phantasien« seien. Die Naturwissenschaftler der Zeit ließen die philosophische Kritik ihrer Annahmen nicht unbeachtet, setzten ihre bemerkenswerte Arbeit aber fort. Man fühlt sich an Zenons berühmtes Paradox – an seinen talmudischen »Beweis« – erinnert, daß ein auf einen Baum abgeschossener Pfeil sein Ziel im Prinzip nie erreichen wird (mein Beispiel, nicht Zenons). Die deduktive Logik ist auf Zenons Seite. Die Realität steht gegen ihn. Was besagen soll, daß die induktive Wissenschaft zwar den Test deduktiver Strenge nicht bestehen mag, dies aber der einzige Test ist, bei dem sie durchfällt.

Hinzugefügt werden muß, daß Newton, Hales, Cavendish, Lavoisier, Priestley und andere glaubten, die von ihnen aufgedeckten »Wahrheiten« seien allgemein gültig, so daß (um es auf moderne Weise zu sagen) ihre Wahrheiten Rasse, Geschlecht, Nationalität und sogar die Zeit transzendierten. In dieser Meinung gestützt wurden sie durch ihren Gebrauch der Mathematik, deren Struktur genauer mit der Struktur der Wirklichkeit übereinstimmte. Gesagt werden muß auch, daß die bekanntesten Philosophen der Aufklärung der Auffassung waren (und darin Wittgenstein um zwei Jahrhunderte vorwegnahmen), daß philosophische Unschärfe und Zweideutigkeit aus unklarem Sprachgebrauch entstand, und daß, wenn derlei Unklarheiten erst einmal aus dem Weg geräumt wären, die Philosophie sich endlich verifizierbaren Fragen hinsichtlich des gesellschaftlichen Lebens der Menschen zuwenden könne. Sie erwarteten, daß es einen Newton der Sozialwissenschaften geben werde, jemanden, der der Sprache der Metaphysik abschwören und grundlegende und beantwortbare Fragen zur *conditio humana* stellen würde. Und damit käme es dann zu einer wahrhaften Verschmelzung von Philosophie und Naturwissenschaften. Diese Hoffnung führte zu dem Gedanken, daß das, was wir heute Psychologie, Soziologie und Anthropologie nennen, zu naturwissenschaftlichen Fächern würden. Tatsächlich gab es eine ganze Reihe von Kandidaten für den Titel eines Newton der Wissenschaften vom Menschen. Claude-Henri de Saint-Simon gehörte zu ihnen und Auguste Comte, die beide der Auffassung waren, die Naturwissenschaften stellten eine Methode bereit, um die Geheimnisse des menschlichen Herzens und der Struktur des gesellschaftlichen Lebens zu erschließen. Sie meinten, die Gesellschaft ließe sich auf rationale und humane Weise nach den Prinzipien neu ordnen, welche die Sozialwissenschaften entdecken würden.

Wir wissen, daß sich ihre Hoffnung nicht erfüllt hat, aber wir dürfen nicht darüber hinweggehen, daß ihr Ursprung im Vertrauen der Aufklärung in die Kraft einer luziden Sprache lag. Und dieses Vertrauen war es, was den Gesellschafts- und Moralphilosophen das Rüstzeug und den Mut gab, ein breites Spektrum von geheiligten Ansichten als falsch, nicht verifizierbar, als Aberglauben und Unsinn zu überführen.

Ich meine damit jene Autoren – viele von ihnen habe ich bereits erwähnt –, deren Essays nicht nur definiert haben, was wir unter darlegender Prosa verstehen, sondern zugleich damit auch eine Definition dessen lieferten, was unter klarem Denken zu verstehen ist. Diderot, Voltaire, Swift, Johnson, Rousseau, Madison, Tocqueville und Jefferson sind für die informative Prosa, was Defoe, Richardson, Fielding, Sterne und Goldsmith für den Roman sind. Zu den besten von ihnen gehörte Thomas Paine, die Feder der amerikanischen Revolution, der die Form des Essays dazu benutzte, die »Gefühle der Menschen von der Abhängigkeit zur Unabhängigkeit und von der monarchischen zur republikanischen Regierungsform« zu verändern.[3] Sein meistgelesenes Buch, *Common Sense, Written by an Englishman (Gesunder Menschenverstand, geschrieben von einem Engländer)*, wurde am 10. Januar 1776 veröffentlicht und war bis zum März 100 000mal verkauft worden. Niemand weiß, wie viele Exemplare von diesem Buch insgesamt gedruckt worden sind, aber eine vertretbare Schätzung kommt auf 500 000. Da die damalige amerikanische Bevölkerung nicht mehr als drei Millionen

Menschen betrug, ist anzunehmen, daß jeder sechste Amerikaner ein Exemplar gekauft und womöglich die Hälfte der Bevölkerung das Buch gelesen hat. Einige von Paines anderen Büchern wurden nicht so gut aufgenommen, vor allem nicht *Das Zeitalter der Vernunft*, dessen Manuskript Paine im Dezember 1793 einem Freund schickte, als er auf dem Weg in ein französisches Gefängnis war. Das Buch ist ein Angriff auf die organisierte Religion, insbesondere auf die Bibel.

Ich erwähne Paine und sein Werk aus mehreren Gründen, die allesamt ins Licht rücken, was wir vom »Zeitalter der Prosa« lernen können. Der erste ist, daß bei Paine, obwohl er arm war und nur über eine geringe Schulbildung verfügte, niemand je, wie etwa bei Shakespeare, die Frage aufgeworfen hat, ob er tatsächlich selbst der Autor der ihm zugeschriebenen Werke gewesen ist. Zwar trifft zu, daß wir über Paines Leben mehr wissen als über das Shakespeares (wenn auch sehr wenig über Paines frühe Lebensphase), aber ebenso wahr ist es, daß Paine weniger Schulbildung besaß als dieser und aus der Arbeiterschicht stammte, bevor er in Amerika eintraf. Trotz dieser Benachteiligungen verfaßte Paine politisch-philosophische und polemische Texte, die in ihrer Klarheit und Vitalität (wenn auch nicht in ihrer Quantität) denen Voltaires, Rousseaus und der zeitgenössischen englischen Philosophen, Edmund Burke eingeschlossen, nicht nachstehen. Und trotzdem stellte keiner die Frage, wie es möglich war, daß ein aus Englands ärmster Schicht stammender Korsettmacher ohne Schulbildung eine derart erstaunliche Prosa schrieb? Von Zeit zu Zeit verwiesen Paines Gegner auf seine mangelnde Bildung (und er hatte dieses Mangels wegen ein Minderwertigkeitsgefühl), aber nie wurde in Zweifel gezogen, daß eine solche Macht des schriftlichen Ausdrucks von einem gemeinen Mann herrühren könnte.

Natürlich war Paine kein Berufsphilosoph. In England war

er Korsettmacher gewesen und dann in Amerika Drucker. Um politische Philosophie schreiben zu können, mußte weder Paine noch sonst jemand ein geheimnisumwobenes, spezialisiertes Vokabular beherrschen. Um philosophische Gedanken zu äußern, galt die Sprache eines ganz normalen Menschen als völlig ausreichend. Es gab sogar ein gewisses Vorurteil gegen Leute, die sich für professionelle Autoren hielten, die, mit anderen Worten, keine andere Möglichkeit hatten, sich ihren Lebensunterhalt zu verdienen. Rousseau meint beispielsweise im *Émile*, die Profession eines Autors sei ein unnötiges (und sogar schädliches) Gewerbe, und sich selbst identifiziert er an mehreren Stellen beruflich als Notenkopisten. Spinoza war bis zu seinem Tod im Jahr 1677 ein Linsenschleifer. Jonathan Swift war ein Kleriker, Jefferson Anwalt und Großgrundbesitzer, Lavoisier war Naturwissenschaftler, Burke Politiker. Geht man die Namensliste berühmter Prosaschriftsteller der Aufklärung durch, findet man nur wenige, die ihrem Selbstverständnis nach professionelle Autoren waren; weniger noch, die sich als Philosophen verstanden, und noch weniger, die aus dem einen oder anderen ihren Lebensunterhalt bezogen. Sie waren Intellektuelle, die der Öffentlichkeit – und nicht nur einander – etwas zu sagen und die eine Form dafür gefunden hatten. Und deshalb hatte ihr Schreiben ernsthafte Konsequenzen.

Paine fand bekanntlich die Worte, die die Amerikaner zu Revolutionären machten (wie Jefferson die Worte fand, die Amerika zu einem Land machten). Danach wandte Paine sich Frankreich zu und fand in *Die Rechte des Menschen* Worte zur Rechtfertigung der Französischen Revolution. Zum Dank dafür, vor allem aber, weil er so klar seine Ansichten äußerte, wurde er irgendwann von einer undankbaren Nation in die Bastille geschickt. Als *Das Zeitalter der Vernunft* veröffentlicht wurde, sprach die amerikanische Öffentlichkeit den Bannfluch über ihn aus. Hier ein kurzes Beispiel von Hunderten, das erklärt, weshalb:

> Wenn man mir nun auch noch erzählt, eine Frau, die man Jungfrau Maria nennt, habe gesagt oder bekannt gemacht, daß sie ohne Beiwohnung eines Mannes ein Kind bekommen habe, und daß ihr angelobter Ehemann, Josef, sage, ein Engel habe ihm das gesagt, dann habe ich das Recht, ihnen zu glauben oder nicht zu glauben; derartige Umstände verlangten einen sehr viel härteren Beweis als ihr bloßes Wort; aber nicht mal dieses haben wir – denn weder Josef noch Maria haben irgend etwas dergleichen selbst aufgeschrieben; es wird nur von anderen berichtet, daß sie es *gesagt hätten* – es ist ein zweifaches Hörensagen, und ich will meinen Glauben nicht auf diese Art Beweis stützen.[4]

In diesem Passus ist so ziemlich alles beisammen, was wir unter Prosa der Aufklärung verstehen – Bestimmtheit, Mut, Skepsis, Klarheit. Ist es verwunderlich, daß sich die Gläubigen von ihm abwandten und ihn schließlich von der Ehrenliste der Gründerväter strichen? Sogar ein paar von denen, die auf dieser Liste standen, distanzierten sich von Paine – Washington, Monroe und in gewissem Maß auch Jefferson. Dabei war Jefferson in diesen Dingen vermutlich genau derselben Meinung wie Paine. Aber Vernunft und Klarheit haben schließlich auch ihre Grenzen.

Hinzuzufügen wäre, daß früher oder später Voltaire und Rousseau, wie andere auch, vor dem Zorn flüchten mußten, den sie mit ihren Schriften entfacht hatten. Kann sich irgend jemand vorstellen, daß eine heutzutage verfaßte philosophische Abhandlung die Öffentlichkeit oder auch nur staatliche Amtsträger derart in Rage bringen würde, daß ihr Autor aus dem Land fliehen müßte? Das ist schwer vorstellbar, und zwar nicht nur, weil wir, jedenfalls im Westen, unangenehme Autoren nicht hinter Gitter bringen, sondern auch deshalb, weil die Interessen und die Sprache von Berufsphilosophen viel zu spezialisiert und unzugänglich sind. Wen kümmert schon, was sie schreiben? Wer versteht es?

Das Entscheidende hier ist, daß die Essayisten der Aufklärung populär waren; sie waren sogar berühmt oder, in einigen Fällen, notorisch. Sie bedienten sich einer literarischen Form, die es ihnen erlaubte, sich mit öffentlichen Fragen zu befassen. Ihre Sprache und ihre Gedanken waren in erkenntnistheoretischen Annahmen über das Verhältnis zwischen Wörtern und Dingen verwurzelt, die zu wissenschaftlichen, politischen und gesellschaftlichen Fortschritten führten. Ihre Aufgabe sahen sie darin, zu befreien, Licht zu bringen, den Bürgern die Last des Vorurteils, des Aberglaubens und der Unwissenheit abzunehmen – nicht, sich die Freuden einer lebenslangen Professur zusichern zu lassen. Und sie kamen aus den unterschiedlichsten Bereichen. In Europa waren es Naturforscher, Doktoren und Männer der Kirche. In Amerika, wo die Ideen der Aufklärung in großem Stil in die Praxis umgesetzt wurden, waren die meisten von ihnen Rechtsanwälte. Die Autoren der Unabhängigkeitserklärung und der Northwest Ordinance waren Anwälte. Die amerikanische Verfassung wurde von Anwälten entworfen. George Mason, der die Virginia Bill of Rights verfaßte, war ein Anwalt. Nichts anderes galt für Hamilton, John Jay und John Adams. Tatsächlich waren während der ersten vierzig Jahre von Amerikas staatlicher Existenz alle Präsidenten (mit Ausnahme von Washington), Vizepräsidenten und Minister Anwälte. Müßte man demnach nicht sagen, daß der Niedergang des Anwalts als akademischer Beruf bereits für sich genommen ein Maß für die Differenz zwischen der Aufklärung und unserem eigenen Zeitalter ist? Vielleicht übergehen wir das besser.

Die für die Prosa der Aufklärung charakteristischen Annahmen über die Beziehung zwischen Sprache und Wahrheit sowie die Kriterien, mittels derer Irrtum und Unsinn enthüllt werden können, wurden in das neunzehnte Jahrhundert übernommen. Tocqueville, Thoreau und John Stuart Mill verfaßten Essays, die so lange mit Gewinn gelesen werden, wie es Menschen gibt, denen diese Annahmen und Kriterien am Herzen liegen. Meine persönlichen Favoriten sind die Rede, die das Kongreßmitglied Abraham Lincoln 1848 über die Gründe für seine Ablehnung des Krieges zwischen den Vereinigten Staaten und Mexiko hielt, Emile Zolas langer Essay »J'accuse« über die Dreyfus-Affäre von 1898 und Mark Twains »The Literary Offences of Fenimore Cooper« (Die literarischen Verstöße Fenimore Coopers) von 1895.

Zu behaupten, daß eine von Klarheit, Aufrichtigkeit und Überzeugungskraft geprägte Prosa im zwanzigsten Jahrhundert zu verfallen begann, wäre Unsinn. In Wirklichkeit gab es im zwanzigsten Jahrhundert davon mehr als in den voraufgegangenen beiden Jahrhunderten. Zum einen hatte sich das Schreiben von Essays als Standardform für die Äußerung von Ideen durchgesetzt. Zum anderen wurde mehr von mehr Leuten in mehr Medien geschrieben. Im zwanzigsten Jahrhundert gab es mehr Wissenschaftler, mehr Sozialkritiker, mehr Journalisten als in allen früheren Jahrhunderten zusammengenommen. Überdies haben die meisten Leute, und zwar Autoren wie Leser, keineswegs die Annahmen und Kriterien der Aufklärung aufgegeben. Damit soll aber nicht gesagt sein, daß es im zwanzigsten Jahrhundert nicht auch zu einer grundsätzlichen Infragestellung der aufklärerischen Grundideen gekommen ist. Ich habe mir vorgenommen zu beschreiben, worum es sich bei dieser Infragestellung handelt, und zu erklären, weshalb sie, wenn sie auf die Spitze getrieben wird, dem klaren Denken im Wege steht. Mit anderen Worten, ich will mich mit der »Postmoderne« auseinandersetzen.

Zunächst einmal ist zu sagen, daß die Sichtweise, die man im allgemeinen als »postmodern« bezeichnet, ein riesiges Terrain kultureller Ausdrucksformen umfaßt, darunter die Architektur, die bildende Kunst, Film, Tanz und Musik und auch die Sprache. Im weitesten Sinne argumentiert sie, daß es zu irgendeinem Zeitpunkt in der jüngsten Geschichte (wann genau, wird nicht recht klar) zu einer auffallenden und irreversiblen Veränderung in der Art und Weise gekommen ist, in der Künstler, Philosophen, Gesellschaftskritiker und sogar Naturwissenschaftler über die Welt denken. Und dieser Wandel erhält den Namen Postmoderne (gelegentlich auch Poststrukturalismus), weil er einige der gewichtigeren Annahmen über die Welt und wie wir sie kodifizieren können, in Frage stellt; mit anderen Worten, Annahmen und Ideen, die wir von der Aufklärung geerbt haben.

Bei meinem Versuch, einigermaßen präzise zu verstehen, was uns die Vertreter der Postmoderne zu lehren versuchen, war es mir beinahe unmöglich, auch nur zwei Leute zu finden, die darüber, um was es sich handelt, einer Meinung sind. Manche sagen, die Postmoderne sei eine Attacke auf den Marxismus, andere, sie sei eine Weiterung davon; manche sagen, sie greife das Freudsche Denken an, für andere ist sie dessen Verfeinerung und Fortentwicklung. Manche halten sie für radikal neu, manche für konservativ. Mit Erstaunen habe ich einen Aufsatz entdeckt, in dem ich als Musterfall eines Postmodernen (und zwar seit langem) angeführt werde, eine Bezeichnung, die mir mit einem Schlag klarmachte, wie sich Molières eponyme Figur in seinem *Der Bürger als Edelmann* gefühlt haben muß, als er entdeckte, daß er sein ganzes Leben lang Prosa gesprochen hatte.

Der Umstand, daß man sich auf keine präzise Definition von Postmoderne einigen kann, besagt nicht viel. Ich habe den Verdacht, daß man im Jahr 1800 auch keine große Einigkeit darüber hätte erzielen können, was »Aufklärung« bedeutet. Ich kann aber vermeiden, in riesige Verwicklungen zu geraten, wenn ich mich hier nur auf zwei Aspekte beschränke, die mir Momente einer »postmodernen« Sicht zu sein scheinen: Der eine betrifft die Rolle der Sprache in den Angelegenheiten des Menschen, womit ich mich hier auseinandersetze. Bei dem anderen kommt die Frage der »Erzählung« ins Spiel, der ich mich in einem späteren Kapitel zuwenden werde.

Zum Thema der Sprache sei sogleich gesagt, daß, falls es in unserer Haltung zur Sprache zu einem dramatischen Bruch gekommen ist, dieser nicht von modernen französischen Autoren wie Jacques Derrida, Michel Foucault, Jacques Lacan oder Jean Baudrillard erzeugt, verkündet oder propagiert worden ist. Lange bevor uns diese Namen vertraut wurden, stand die Problematik der Beziehung von Sprache und Wirklichkeit bereits im Brennpunkt des Interesses von Wissenschaftlern des zwanzigsten Jahrhunderts, insbesondere von Physikern wie etwa Einstein, Bohr, Eddington und Heisenberg. Von Philipp Frank, einem von Einsteins frühen Biographen, stammt die Äußerung, die Relativitätstheorie sei ebensosehr eine Revolution der Sprache wie der Physik gewesen. Einstein hatte schwer mit den Kräften der konventionellen Bedeutungen von Wörtern zu ringen, beispielsweise von »Zeit«, »Raum« und »Gleichzeitigkeit«. Wie Humpty Dumpty in *Alice im Wunderland* wußte er, daß es entscheidend ist, wer über Bedeutung bestimmt, und mit seiner Theorie der Relativität nahm er das in die Hand – und schenkte uns das Konzept, daß Zeit, Masse und Länge keine absoluten Größen sind, sondern in Relation zu Geschwindigkeit und Ort stehen. Einstein und seine Kollegen waren nicht der

Meinung, daß Worten »essentielle« Bedeutungen zukämen. Sie begriffen, daß Sprache eine gesellschaftliche Konvention und sowohl ihrer Struktur wie ihrem Gehalt nach nicht zwangsläufig dafür geeignet ist, das Wesen der Realität zu verstehen. In seinem Buch *Die Bedeutung der Relativität* schrieb Einstein: »Die einzige Rechtfertigung für unsere Begriffe und Begriffssysteme liegt darin, daß sie uns dazu dienen, die Gesamtheit unserer Erfahrungen zu repräsentieren; darüber hinaus haben sie keine Legitimität.«[5] Ja, der Gedanke, daß wir gewissermaßen Gefangene im Haus der Sprache sind, ist in Heisenbergs berühmter Bemerkung, daß wir die Natur nicht sehen, wie sie ist, sondern nur als Konsequenz der Fragen, die wir an sie stellen, bereits konzise formuliert. Wir könnten noch J. B. S. Haldanes ebenso erhellende Äußerung anfügen, daß das Universum nicht nur seltsamer ist, als wir denken, sondern seltsamer, als wir denken *können*.

Um es möglichst einfach auszudrücken: Die Physiker des frühen zwanzigsten Jahrhunderts hatten durchaus begriffen, daß die Sprache *ein wichtiger Faktor beim Zustandekommen unserer Wahrnehmungen und Urteile, unseres Wissens und unserer Institutionen* ist. Zu etwa derselben Zeit vertraten und demonstrierten diese Sicht auch Anthropologen. Von Bronislaw Malinowski bis Clyde Kluckhorn, Weston LaBarre, Edward Sapir und Benjamin Lee Whorf wurde die Rolle der Sprache bei der Konstruktion der Wirklichkeit (wie es die Vertreter der Postmoderne nennen würden) genau verstanden und spielte eine zentrale Rolle für ihr Verständnis ihrer eigenen Forschung. In Whorfs Werk ging es um *nichts anderes*. Und etwas, was dem sehr nahe käme, ließe sich von vielen Philosophen des frühen zwanzigsten Jahrhunderts sagen, Charles Saunders Pierce, Anatol Rapaport, John Dewey und Alfred Korzybski eingeschlossen; letzterer verbrachte sein ganzes Leben damit, zu erklären, weshalb die Sprache nie als etwas verstanden werden könne, womit sich die Totalität der Welt der Nicht-Wörter beschreiben ließe.

In den Anfängen des zwanzigsten Jahrhunderts drang in nahezu jeden Wissenschaftsbereich – die Psychologie, Sprachwissenschaft, Soziologie und Medizin eingeschlossen – die Problematisierung der Beziehung zwischen Sprache und Realität ein. Sehr wahrscheinlich habe ich mir den Titel, ein »Postmoderner« zu sein, damit eingehandelt, daß ich darauf hinwies, wie Leute, die sich mit »Medienwissenschaften« beschäftigten, sich dieses Gedankens bemächtigten, insbesondere Marshall McLuhan, dessen berühmter Slogan »das Medium ist die Botschaft« wohl die knappste Zusammenfassung dieses Gedankens ist, die wir je bekommen werden.

Vielleicht habe ich es auf die Spitze getrieben, als ich von diesem Sachverhalt als der »Einstein-Heisenberg-Korzybski-Dewey-Sapir-Whorf-Wittgenstein-McLuhan-et al.-Hypothese« sprach. Für Leser, die sich besonders für das »et al.« interessieren, habe ich in Anhang II eine Reihe Zitate früherer Denker aufgenommen, die sich mehr oder weniger zu der Auffassung bekannten, daß Sprache (wie Wittgenstein es einmal gesagt hat) nicht nur das Vehikel des Ausdrucks, sondern auch der Fahrer ist. Worauf es hinausläuft, ist die Tatsache, daß wir die nackte Realität nicht erfahren noch erfahren können. Wir begegnen ihr mittels eines Codesystems (Sprache, Mathematik, Medien). Die Codes selbst haben eine Gestalt, eine Geschichte und eine Tendenz, die sich allesamt zwischen uns und das stellen, was wir dort sehen und was es für uns dort zu sehen gibt. Wenn McLuhan sagt: »Das Medium ist die Botschaft«, oder Tollison sagt: »Wir sehen die Dinge nicht so, wie sie sind, sondern so, wie *wir* sind«, oder wenn Korzybski sagt: »Was immer man behauptet, was und wie etwas sei, so ist es nicht«, dann wollen sie uns auf die Rolle aufmerksam machen, die unsere Codes bei der Interpretation der Realität spielen. Sie wollen uns von unserer sprachlichen Naivität abbringen und drängen uns, in Rechnung zu stellen, *wie* unsere Codes funktionieren und ihre Autorität durchsetzen.

Ein von Korzybski oft gebrauchtes Beispiel, um die unsichtbare »Tendenz« von Sprache zu verdeutlichen, betrifft die Verwendung des Verbs »sein«. Wenn wir »John ist dumm« oder »Helen ist klug« sagen, reden wir so, als wären »Dummheit« und »Klugheit« Eigenschaften von John und Helen, während es in Wirklichkeit Wörter sind, die wir gebrauchen, um *unsere eigenen* Empfindungen auszudrücken. Der Satz »John ist dumm« ist eine Kurzfassung von etwa dem folgenden: »Wenn ich Johns Verhalten in diversen Zusammenhängen wahrnehme, bin ich enttäuscht oder traurig oder frustriert oder verärgert.« Wir sprechen dabei mehr von uns selbst als von John. Aber infolge einer Art sprachlicher Alchimie ist das »Ich« verschwunden. Unsere Grammatik hat uns dazu gezwungen, unsere Empfindungen zu »objektivieren« und auf etwas außerhalb unserer Haut zu projizieren. »Dummheit« ist, um es anders zu sagen, eine grammatische Kategorie. In der »Natur« kommt sie nicht vor. Und doch stellen wir uns vor, daß es anders sei, weil uns unsere Sprache dazu verleitet.

Wenn es Sprachen gibt (und es gibt solche Sprachen), die in ihrer Grammatik kein solches »projektives *ist*« haben, wird in ihnen dieser »Fehler« nicht passieren. Aber es wird zu anderen »Fehlern« kommen, weil die Grammatik jeder Sprache einen einzigartigen Weg der Realitätswahrnehmung darstellt. Wir leben in der Tat in einem Haus aus Sprache. Wir bemühen uns einzuschätzen, was sich außerhalb dieses Hauses befindet, aber das geschieht von einer mehr oder weniger festgelegten Position aus, die sich im Innern des Hauses befindet. Das Haus hat jedoch eine »absonderliche« Form (und keiner weiß genau, wie eine »normale« Form aussähe). Es verfügt nur über eine begrenzte Anzahl Fenster. Die Fenster sind getönt und befinden sich an eigenartigen Stellen. Sehen können wir nur, was die Bauweise des Hauses uns zu sehen gestattet.

Wenn ich aufgrund dieser Argumentation als »postmodern« eingestuft werde, kann ich es nicht ändern. Jetzt aber muß ich noch ein paar Gedanken anfügen, die mich entweder an die Ränder des Klubs verweisen oder mich ganz daraus vertreiben werden. Der erste lautet, daß vieles von dem, was ich gerade über das Verhältnis von Sprache und Wirklichkeit gesagt habe, den Denkern der Aufklärung bereits bestens bekannt war; es war sogar schon lange vor der Aufklärung bekannt. Bei Platon heißt es: »Das innere Gespräch der Seele mit sich selbst ... ist der Gedanke.« In Shakespeares *Sturm* sagt Caliban zu Prospero: »Ihr lehrtet Sprache mir, und mein Gewinn / ist, daß ich weiß zu fluchen. Hol' die Pest euch / Fürs Lehren eurer Sprache!« (Shakespeare schrieb auch (in *Romeo und Julia*): »Was uns Rose heißt, / wie es auch hieße, / würde lieblich duften«, was zutrifft. Ebenso stimmt es aber auch, daß eine Rose mit irgendeinem anderen Namen – beispielsweise »Würzkraut« – ganz anders riechen würde, wie jeder Werbemann weiß.) In Thomas Hobbes' *Leviathan* steht: »Verstehen ist nichts anderes als ein durch Sprache verursachtes Begreifen.« Und wenn wir näher an das achtzehnte Jahrhundert heranrücken, stoßen wir auf John Locke, der in seinem Essay *Über das menschliche Verstehen* geschrieben hat: »Wissen ... hat einen engeren Zusammenhang mit Wörtern, als man gewöhnlich vermutet.«

Die Philosophen der Aufklärung vermuteten eine Menge. Es wäre eine wirkliche Aufgabe, wollte man einen Autor dieser Zeit ausfindig machen, der nichts über die Verbindungen zwischen Sprache und Denken und zwischen Denken und Realität zu sagen hatte. Von Kant, Hume und Berkeley könnte man sagen, daß sie über kaum etwas anderes schrieben. Johann Georg Hamann meinte entdeckt zu haben, daß Sprechen und Denken nicht zwei Vorgänge sind, sondern einer, und daß jene, die vermeintlich Kategorien der Realität untersuchen, in Wirklichkeit nur menschliche Ausdrucksmittel erforschen; das heißt, das Medium ist die Botschaft. Neben manchem anderen war Diderot auch ein Grammatiker, der sprachwissenschaftliche Essays verfaßte und genau wußte, wie die Alchimie von Sprachen funktioniert. Swift schrieb eine Menge über Sprache; in *Gullivers Reisen* sind die Fallen und Eigentümlichkeiten von Sprache sogar ein beherrschendes Thema. Der Marquis de Condorcet, der ein studierter Mathematiker war und der Ausdrucksfähigkeit der normalen Sprache skeptisch gegenüberstand, glaubte, der Gebrauch mathematischer Wahrscheinlichkeiten werde zu rationalem Fortschritt führen. D'Alambert, ein *homme de lettres*, aber zugleich auch Frankreichs bedeutendster Mathematiker, schrieb voller Nachdenklichkeit über die Unterschiede zwischen diesen beiden »Codes«. Selbst Paine, dessen Schnellfeuerprosa ihm wenig Zeit ließ, über derlei Dinge nachzudenken, legte ab und an eine Pause ein, um sich mit dem Problem der Sprache zu beschäftigen. Wie, fragte er sich in *Das Zeitalter der Vernunft*, konnte Jesus Christus überhaupt den Menschen aller Völker irgend etwas mitteilen?

> Er beherrschte nur eine Sprache, Hebräisch, und in der Welt gibt es mehrere hundert Sprachen. Kaum zwei Völker sprechen dieselbe Sprache oder verstehen einander; und was Übersetzungen angeht, weiß jeder, der irgend etwas von Sprachen versteht, daß es kaum möglich ist, von einer Sprache in eine andere zu übersetzen, ohne einen Großteil des Originals dabei zu verlieren oder sogar den Sinn ganz zu entstellen …[6]

Mir geht es darum, daß die Problematisierung der Beziehung der Sprache zum Denken und zur Wirklichkeit, mit der sich die Vertreter der Postmoderne beschäftigen, keinen Bruch mit der Vergangenheit darstellt. In Wahrheit ist es die Weiterführung eines Themas der Aufklärung, das zu Beginn des zwanzigsten Jahrhunderts einen neuen Aufschwung nahm und bis heute im Brennpunkt der philosophischen Debatte steht. Freilich gibt es einen bezeichnenden Unterschied zwischen »damals« und »heute«. Mit sehr wenigen Ausnahmen zweifelten die Aufklärungsphilosophen nicht daran, daß die Sprache das Vermögen habe, die Realität zu erfassen. Viele waren skeptisch – sich der Fülle sprachlicher Fallstricke bewußt –, aber daß die Welt der Nicht-Wörter mit annähernder Ähnlichkeit durch Wörter dargestellt werden könne, war in nahezu allem impliziert, was sie schrieben. Der Gedanke, daß bestimmte Arten des Sehens und Einordnens Produkte sprachlicher Gewohnheiten sind, war ihnen nicht unbekannt, aber sie glaubten, die Sprache sei dennoch dazu imstande, transzendente »Wahrheiten« auszudrücken. In dieser Hinsicht trennt sich das Denken der Postmoderne in manchen Fällen vom Denken der Aufklärung. Als Beispiel führe ich einen Passus an, in dem ein moderner Autor zu erklären versucht, was mit »der gesellschaftlichen Konstruktion der Wirklichkeit« gemeint ist:

> ... Wörter sind keine spiegelartigen Reflektionen der Realität, sondern Ausdruck einer Gruppenkonvention. Unterschiedliche gesellschaftliche Gruppen verfügen über Vokabularien oder Sprechweisen, und diese Vokabularien reflektieren oder verteidigen ihre Werte, politischen Einstellungen und Lebensweisen. Für Mitglieder solcher Gruppen nehmen diese Sprech- oder Schreibweisen eine lokale Realität an. Sie erscheinen als etwas ganz und gar

> Überzeugendes. Genau in ihrer »Realität« aber liegt ihre Gefährlichkeit, denn jede macht den daran Glaubenden zu einem Helden und den Ungläubigen zu einem Dummkopf. Damit soll nicht gesagt sein, daß die moderne Medizin nicht besser ist als Hexenzauber; nach den gegenwärtigen Konventionen des Westens ist sie ganz gewiß besser. Die von Ärzten verwendeten Wörter werden aber dadurch nicht *wahrer* (im Sinne genauerer Abbilder) als ihre exotischen Pendants. Über ein – nach bestimmten Definitionen – effektives Verfahren zu verfügen, bedeutet nicht, daß dadurch die Wörter »wahr« oder »objektiv« werden, die beim Einsatz des Verfahrens verwendet werden.[7]

Wir haben es hier mit einer Art radikalem Relativismus zu tun, der viele Denker der Aufklärung verwirrt hätte. Wenn mir ein anderes »Gedankenexperiment« gestattet ist, dann stelle ich mir eine synoptische Antwort der Advokaten der Vernunft vor, die etwa so lauten würde: »Es gibt Wörter, die anscheinend auf nichts in der Welt der Nicht-Wörter Bezug nehmen. Und es gibt ›Wahrheiten‹, die sich nicht verifizieren lassen und ihre Autorität von anderen, nicht verifizierbaren Wörtern beziehen. Viele Wörter *sind* jedoch Widerspiegelungen der Realität. Gewiß handelt es sich um Widerspiegelungen auf unterschiedlichen Abstraktionsebenen; ›Baum‹ ist beispielsweise abstrakter als ›Eiche‹, das seinerseits abstrakter ist als ›diese zwei Meter dicke Eiche, an die du dich lehnst‹. Aber der Schlüssel zur Intelligenz, wenn nicht geistigen Gesundheit, ist doch, daß man mit einiger Genauigkeit abschätzen kann, in welchem Ausmaß sich Wörter auf die Welt der Nicht-Wörter beziehen. Die moderne Medizin ist genau deshalb besser als Hexenzauber, weil ihre Sprache die Welt der Nicht-Wörter genauer wiedergibt. ›Genauer‹ heißt realitätsnäher; will sagen ›wahrer‹ oder ›objektiver‹. Man mag, wenn man es denn will, sagen, daß jegliche Realität ein soziales Konstrukt ist, aber es läßt sich doch nicht bestreiten, daß manche ›Konstrukte‹ ›wahrer‹ sind als andere. ›Wahrer‹ sind sie nicht deshalb, weil man sie bevorzugt; vielmehr gibt man ihnen den Vorzug, weil sie ›wahrer‹ sind. Wirksame Verfahren, beispielsweise Pockenimpfungen, der Flug von Astronauten zum Mond und ihre sichere Rückkehr zur Erde und unzählige weitere Prozeduren, die Tag für Tag von geistig gesunden Leuten durchgeführt werden, funktionieren deshalb, weil sie von Voraussetzungsreihen abgeleitet sind, deren ›Wahrheiten‹ daraufhin überprüft wurden, ob sie sich im Einklang mit unserem begrenzten Verständnis von der Struktur der Realität befinden.«

Nichts des Gesagten soll implizieren, daß es hinsichtlich unseres Wissens Gewißheit geben kann. Es ist die Suche nach Gewißheit, die von Jacques Derrida, dem bekanntesten »Postmodernen«, als gefährlich enthüllt wurde und die nach seiner Meinung in die Tradition der Aufklärung eingebettet ist. Er nennt sie »Logozentrismus«. Unzweifelhaft gab es einige, vielleicht von Descartes inspirierte Aufklärungsphilosophen, denen man durchaus vorwerfen kann, an die Möglichkeit sicheren Wissens geglaubt zu haben. Die notorischste Formulierung dieser Art findet sich in einem 1814 erschienenen Essay von Pierre-Simon de Laplace, in dem er schrieb:

> Ein Bewußtsein, das in einem bestimmten Moment Kenntnis von allen die Natur bewegenden Kräften hätte, sowie vom Ort all der Körper, aus denen sie besteht, könnte, wenn es groß genug wäre, all diese Daten in seine Analyse aufnehmen, in einer einzigen Formel die Bewegungen der größten Körper des Universums und der kleinsten Atome erfassen; nichts wäre ihm ungewiß; Zukunft und Vergangenheit stünden ihm gleichermaßen vor Augen.[8]

Natürlich gibt es heutzutage keinen einzigen Wissenschaftler mehr, der das glaubt, und im achtzehnten Jahrhundert waren es sehr wenige. Damals wie heute fungiert der Gedanke der Gewißheit zumeist als eine Art Metapher, in der sich die Erregung niederschlägt, etwas entdeckt zu haben, das für jeden und für alle Zeiten gültig zu sein scheint, etwa, daß Blut durch den Körper zirkuliert, daß sich die Erde um die Sonne bewegt, daß die Menschenrechte gott- und naturgegeben sind und daß sich der Markt selbst reguliert. Die Naturwissenschaftler und die Philosophen der Aufklärung schrieben über diese Ideen, »als wären sie« unveränderlich und universal gültig.

Eine Reihe dieser Ideen, beispielsweise, daß die Menschenrechte von Gott und der natürlichen Ordnung herrühren, sind äußerst umstritten und führten im achtzehnten Jahrhundert zu Auseinandersetzungen über die Quellen und die Verbindlichkeit der Menschenrechte. Man muß nur einmal den Streit zwischen Edmund Burke und Tom Paine nachlesen, um einen Eindruck vom Status solcher »Wahrheiten« zu erhalten. Dieser Streit setzt sich bis heute fort, und vielleicht sagt man besser, daß diese »Wahrheiten«, wenn es denn welche sind, nur innerhalb der Kultur des Westens gelten. Der Begriff »eurozentrisch« wird zuweilen dazu verwendet (und zwar immer im pejorativen Sinne), um darzutun, daß derlei »Wahrheiten« in ihrer Tragweite begrenzt sind und man sie für schiere Vorurteile halten könnte. Wenn man freilich diesen »Wahrheiten« die Universalität abspricht, muß man erklären, weshalb einige von ihnen – etwa, »wer regiert, muß dies mit der Zustimmung der Regierten tun« – Menschen in der ganzen Welt richtig erscheinen, weshalb sich selbst noch die repressivsten Regime als »Volksdemokratien« bezeichnen.

Ist es denkbar, daß wenigstens diese Ideen in der ganzen

Welt eine positive Resonanz haben? Einer Idee das Etikett »eurozentrisch« aufzukleben, bedeutet nicht zwangsläufig, daß sie keine universale Geltung hat. Schließlich sind auch die Thesen, daß das Blut durch den Körper kreist oder die Lichtgeschwindigkeit 300 000 Stundenkilometer beträgt, »eurozentrisch«, zumindest ihrem Ursprung nach. Sind diese »Wahrheiten« bloße Vorurteile oder dürfen wir so damit umgehen, als wären sie universell gültig und unveränderlich?

Wenn »postmodernes Denken« nichts weiter als ein bis zum äußersten verschärfter Skeptizismus ist, können wir ihm verhaltenen Applaus spenden. Der Applaus kann nur verhalten sein, weil auch der Skeptizismus Nuancierung und Balance verlangt. Die These, daß alle Wirklichkeit ein soziales Konstrukt sei, ist interessant, sogar provozierend, erfordert aber dennoch, daß zwischen unbewiesenen Ansichten und überprüfbaren Fakten ein Unterschied gemacht wird. Und wenn man sagen will, ein »überprüfbares Faktum« sei selbst wiederum ein gesellschaftliches Konstrukt, eine bloße sprachliche Illusion, gerät man in gefährliche Nähe zu einer Spielart des Zenonschen Paradoxons. Tausend Worte kann man machen, auf französisch oder in irgendeiner anderen Sprache, um zu zeigen, daß eine Überzeugung ein Erzeugnis sprachlicher Gewohnheiten ist – und ganze Busladungen von Studenten werden bei dem Spaß mitmachen –, aber es bleibt dabei, daß das Blut durch den Körper kreist und das Aids-Virus die Menschen krank macht und der Mond nicht aus grünem Käse besteht.

Ähnliches läßt sich auch über die »postmoderne« Auffassung von Texten sagen. Häufig wird Roland Barthes als Urheber der These vom »Tod des Autors« genannt. Gewöhnlich versteht man ihn so, daß die Leser ihre eigenen Sinngehalte eines Textes erzeugen, unabhängig von den Intentionen des Autors. Folglich sind die Bedeutungen eines Textes immer in Bewegung und hängen davon ab, was der Leser mit dem Text anfängt. Wenn das bedeutet, daß Texte (das gesprochene Wort eingeschlossen) vielerlei Bedeutungen haben können, dann ist dieser Gedanke ein bloßer Allgemeinplatz. Soll es aber heißen, daß es keine Basis dafür gibt, irgendeine einem Text beigelegte Bedeutung gegenüber irgendeiner anderen zu bevorzugen, dann ist das natürlich Unsinn.

Man kann *Mein Kampf* bis zum jüngsten Tag dekonstruieren und wird doch nie auf den Gedanken verfallen, es handele sich dabei um einen Lobgesang auf das jüdische Volk. Es sei denn, man wollte behaupten, daß sich der Text als ironischer lesen lasse und Hitler den Antisemitismus darin auf gründliche Weise verspottet habe. Daran kann man niemanden hindern. Niemand kann einen anderen davon abhalten, alles zu mißdeuten oder zu rationalisieren oder zu entschuldigen. Derrida, mit dem das Wort »Dekonstruktion« zumeist assoziiert wird, lieferte ein glänzendes Beispiel dafür, als er Paul de Mans nazi-freundliche Schriften aus der Zeit der deutschen Besetzung Belgiens verteidigte. De Man ist einer der Begründer der postmodernen Schule der »Dekonstruktion« von Texten, und als nach dem Krieg seine nazi-freundlichen Schriften entdeckt wurden, schrieb er einen Brief an die *Society of Fellows* in Harvard, um sich zu erklären. Für jemanden, der sich in einer solchen Situation befindet, ist es praktisch, um das mindeste zu sagen, wenn er die Ansicht vertritt, daß alle Bedeutungen unbestimmt sind und es keine definitiven Textinterpretationen geben kann. Jedenfalls war de Mans Brief voller Zweideutigkeiten und sogar glatter Lügen, die Derrida mit der Bemerkung kommentierte: »Auch wenn sich in mir zuweilen ein Minimum an Protest regt, meine ich, wenn ich darüber nachdenke, doch eher, daß er sich dafür entschied, es nicht auf sich zu nehmen, diese spektakuläre und schmerzliche Diskussion zu führen. Sie hätte seine Zeit und Energie aufgebraucht. Davon hat er nicht mehr sehr viel, und uns hätte das um einen Teil seines Werkes gebracht.«[9] Um es mit Anthony Julius' Worten zu sagen, der die Affäre beschrieben hat: Derrida zufolge soll man vermeiden, die Wahrheit zu sagen, weil das Zeit in Anspruch nimmt.

Meines Wissens hat Derrida nicht die Auffassung vertreten, daß einem Text *jedwede* Bedeutung zugeschrieben werden kann, sondern nur, daß es dafür ein breiteres Spektrum an Möglichkeiten gibt, als man gewöhnlich glaubt oder erwartet. Vielleicht gibt es keine Vertreter der Postmoderne, die postulieren, daß sich *jegliche* Bedeutung rechtfertigen läßt. Aber wenn ich mir die Arbeiten der bekannten Postmodernen ansehe, entdecke ich darin keine Klarheit – nicht mal ein Interesse – in bezug auf die Kriterien, mittels derer sich bestimmte Bedeutungen ausschließen lassen. Der Prozeß, den Sinn eines Textes zu entschlüsseln, beinhaltet ebensosehr, ihm gewisse Bedeutungen hinzuzufügen, wie andere auszuschließen, und es ist ein zentrales Moment jeder vernünftigen Interpretation, daß man die Regeln kennt, die darüber entscheiden, wann es angemessen ist, das eine oder das andere zu tun. Derrida weiß das so gut wie jeder andere, wie sich unter anderem an seiner berühmten Untersuchung der Widersprüche zwischen Plato und Husserl zeigt, die eine der besten uns verfügbaren Demonstrationen dafür ist, wie man einen Text entschlüsselt.

Es gibt aber andere, die den Akt des Lesens und Schreibens im Zeichen der Postmoderne bis an den Rand des Absurden geführt haben; so im Falle des Großen Postmodernen Schwindels von 1997. Damals reichte Alan Sokal, ein Physiker an der New York University, der Zeitschrift *Social Text*, die für ihr Engagement für postmodernes Denken bekannt ist, einen langen Text zur Veröffentlichung ein. Nachdem der Text publiziert worden war, deckte Sokal auf, daß er von vorn bis hinten Unfug war. Nicht voller Irrtümer, nicht überspitzt, nicht mal eine Übung in Phantasie. Einfach Unfug. Den Redakteuren von *Social Text* war das offenbar nicht aufgefallen, oder falls doch, dann hatten sie gemeint, Unfug sei nicht schlechter als jede andere Form des Diskurses. Sokal hat seinen Angriff auf die postmoderne Variante des Schreibens weitergeführt und zusammen mit dem belgischen Physiker John Bricmont das Buch *Fashionable Nonsense* (Modischer Unsinn) verfaßt, eine verheerende Kritik der Schriften von Régis Debray, Jacques Lacan, Jean Baudrillard und anderen. Über Baudrillards Theorien zur »multiplen Refraktion im Hyperraum« sagte Sokal (in einem Interview mit der *London Times*): »Es gibt in der Physik das Wort ›Raum‹ wie auch Hyperraum und Refraktion. Aber multiple Refraktionen im Hyperraum? ... Es hat den Anschein des Wissenschaftlichen, aber in Wahrheit ist der Begriff ebenso aufgeblasen wie sinnlos.«[10]

Aufgeblasenheit können wir überleben. Bei Sinnlosigkeit sieht die Sache anders aus. Glücklicherweise sind die meisten von uns nicht den Freuden sinnloser Sprachgebung erlegen. Wir geben uns die größte Mühe, unsere Begriffe mit der Welt der Nicht-Wörter zu verbinden. Oder wenigstens doch Worte zu gebrauchen, die den Erfahrungen jener entsprechen, an die wir uns wenden. Aber es macht einem dennoch Sorge, daß eine Generation junger Leute womöglich in eine akademische Mode verstrickt werden mag, die ihre Schwierigkeiten vergrößern könnte, reale Probleme zu lösen – oder sich ihnen überhaupt zu stellen. Weshalb es besser ist, daß sie Diderot statt Derrida lesen, oder Voltaire, Rousseau, Swift, Madison, Condorcet oder viele andere Autoren der Aufklärung, die bei aller Schwierigkeit, die Sprache zu meistern, doch daran glaubten, daß es möglich ist, zu sagen, was man meint, zu meinen, was man sagt, und zu schweigen, wenn man nichts zu sagen hat. Sie waren der Ansicht, daß man die Sprache gebrauchen kann, um Aussagen über die Welt zu machen, die wahr sind – wobei wahr bedeutet, daß sie überprüfbar und verifizierbar sind, daß sie Evidenz besitzen. Ihr Glaube an die Wahrheit schloß auch Aussagen über die Geschichte und über das gesellschaftliche Leben ein, obwohl sie wußten, daß diese Aussagen weniger verbindlich waren als naturwissenschaftliche. Sie glaubten, daß eine luzide Sprache durchaus in der Lage war, ihnen bei der Unterscheidung von »richtig« und »falsch« zu helfen. Vor allem aber glaubten sie, daß der Zweck der Sprache darin besteht, sich selbst oder anderen Ideen zu vermitteln.

Weshalb zum jetzigen Zeitpunkt der Geschichte derart viele westliche Philosophen lehren, daß Sprache nichts anderes ist als eine Fußangel und eine Illusion, und daß sie nur der Verfälschung und Verdunkelung dient, ist mir rätselhaft. Vielleicht ist dies eine Konsequenz unserer Enttäuschungen im zwanzigsten Jahrhundert. Vielleicht sind manche unserer Philosophen in eine Calibansche Verzweiflung getrieben worden: »Ihr lehrtet Sprache mich, und mein Gewinn ist, daß ich weiß zu töten und grausam zu sein.« Falls es sich so verhält, ist das verständlich, aber nicht akzeptabel. Können wir wirklich in dem Glauben in die Zukunft gehen, daß Unfug so gut ist wie jede andere Form von Sprache?

KAPITEL FÜNF
Information

Auch wenn Sie in hundert Büchern über die Aufklärung die Indizes durchforsten (ich habe es fast geschafft), werden Sie das Stichwort »Information« nicht finden. Eigentlich ist das merkwürdig, denn das achtzehnte Jahrhundert brachte einen enormen Reichtum an neuen Informationen hervor und überdies auch noch neue Medien der Informationsvermittlung. Die Zeitung entstand am Beginn des achtzehnten Jahrhunderts, und an seinem Ende hatte sie ihre moderne Form gefunden. Jedes Land in Europa – sogar die Mehrheit seiner Städte – verfügte über ein eigenes Periodikum, wobei viele sich Englands *Spectator* zum Vorbild nahmen.

Anders als in England blieb auf dem europäischen Festland die Zensur zwar weiterhin ein Problem, aber doch nicht so sehr, daß die Ausbreitung von Journalen dadurch verhindert worden wäre, wie beispielsweise *Diario*, *Almanach*, *Journal des Sciences et Beaux Arts*, *Tagebuch* und Dutzende andere, darunter der berühmte *Patriot*, der in Hamburg verlegt wurde. Generell hatten sie sich zum Ziel gesetzt, eine kosmopolitische Bürgerschaft zu schaffen und diese über die besten Ideen ihrer Zeit zu informieren und auf den neuesten Kenntnisstand zu bringen. Denselben Zweck verfolgte, besonders in Frankreich, die Einrichtung von *Salons* – Zusammenkünfte von Adligen und Leuten des Bürgertums, die in geselligem Rahmen Ideen und neue Informationen austauschten. Mit dem Fortgang des Jahrhunderts kam es vielerorts zur Gründung solcher Salons, die vor allem in Deutschland, Österreich und England Bedeutung gewannen. In England übernahm die Tradition des exklusiv männlichen Klubs die Funktion des Salons, wie etwa im Falle des 1714 gegründeten *Scriblerus Club*, zu dessen Besuchern Swift, Pope und Bolingbroke gehörten. Besonders gut funktionierten die Salons als Medien, mittels derer Informationen über andere Länder verbreitet wurden. Seit Columbus' Entdeckungsreisen betrieben viele europäische Länder eine Kolonialpolitik, so daß es im achtzehnten Jahrhundert eine Menge Entdeckungsreisende, Kaufleute und Kirchenmänner aus vielerlei europäischen Ländern gab, die etwas über exotische Sitten und fremde Menschen zu erzählen hatten. Europäer besuchten oder kontrollierten alle bedeutenden Häfen Afrikas und Indiens und ließen sich in Nordamerika und in neu entdeckten Territorien als Siedler nieder. Bei ihrer Rückkehr brachten sie Augenzeugenberichte und verblüffende Informationen mit, und als Voltaire seinen *Essai sur l'histoire générale* (*Versuch über die Weltgeschichte*) schrieb, konnte er ein Kapitel über China darin aufnehmen, über das man zu der Zeit zunehmend mehr in Erfahrung brachte.

Ein Zeitalter neuer Informationen hatte begonnen – über Geographie, gesellschaftliches Leben, Landwirtschaft, Geschichte und selbstverständlich auch über Naturwissenschaft und Technik, welch letztere die Errichtung von Akademien für Forschung und Lehre erforderlich machte: der Royal Society, der Académie des Sciences, der deutschen Academia Naturae Curiosum und der Berliner Akademie. Auch Ingenieurschulen, Handelsschulen zur Ausbildung von Geschäftsleuten in Buchführung und Fremdsprachen sowie Hochschulen für Medizin entstanden seit dem achtzehnten Jahrhundert, und auf John Lockes Essay *On Education* folgte eine regelrechte Flut von Büchern über die Kindeserziehung.

All dies war begleitet von einer bis dahin nicht gekannten Ausbreitung der Lesefähigkeit, die im siebzehnten Jahrhundert begonnen hatte und sich im Laufe des achtzehnten Jahrhunderts beschleunigte. Rousseau ist der einzige Aufklärer von Rang, der die Verbreitung der Lesefähigkeit mit Skepsis betrachtete. In *Émile* will er die Kinder nur ein einziges Buch lesen lassen, nämlich *Robinson Crusoe*, und das auch nur, damit sie lernen, wie man unter primitiven Verhältnissen überlebt. Alle anderen Aufklärer hingegen sahen in der Fähigkeit des Lesens und Schreibens den Schlüssel für die Ausbildung eines sozialen, politischen und moralischen Bewußtseins. Für die Obsession dieses Zeitalters mit der Lesefähigkeit geben die englischen Siedler in Amerika ein eindeutiges Beispiel ab. Zwar sind derlei Befähigungen bekanntermaßen statistisch nur schwer einzuschätzen, aber es liegen genügend Daten vor, um für den Zeitraum zwischen 1640 und 1700 bei der männlichen Bevölkerung von Massachusetts und Connecticut eine Rate von neunundachtzig bis fünfundneunzig Prozent anzunehmen, was vermutlich zur damaligen Zeit die höchste Konzentration lesefähiger Männer in der ganzen Welt darstellte. (Bei den Frauen dieser beiden Kolonien schätzt man die Rate der Lesefähigen in den Jahren 1681 bis 1697 auf bis zu zweiundsechzig Prozent.)[1]

Der wichtigste Lesestoff in sämtlichen Haushalten war natürlich die Bibel, denn diese Menschen waren Protestanten, die mit Luther der Meinung waren, daß »die Druckerey ... das höchste und äußerste Gnadengeschenk [ist], durch welches Gott die Sache des Evangeliums forttreibt«[2]. Freilich ließ sich die Sache des Evangeliums auch mit anderen Büchern befördern, beispielsweise mit dem erstmals 1640 gedruckten *Bay Psalm Book*, das generell als Amerikas erster Bestseller gilt.[3] Daß sich diese Menschen in ihrer Lektüre auf religiöse Stoffe beschränkten, ist nicht anzunehmen. Aus Testamentseröffnungen geht hervor, daß zwischen 1654 und 1699 sechzig Prozent der Haushalte des Bezirks Middlesex über Bücher verfügten, wobei nicht weniger als zweiundneunzig Prozent mehr als nur die Bibel besaßen. Zwischen 1682 und 1685 importierte Bostons führender Buchhändler von einem *einzigen* englischen Kollegen 3 421 in der Mehrzahl nicht-religiöse Bücher. Was das bedeutete, läßt sich erst dann richtig einschätzen, wenn man hinzufügt, daß diese Bücher für einen potentiellen Markt von nur 75 000 Menschen gedacht waren, die zur damaligen Zeit in den nördlichen Kolonien lebten.[4] Auf die heutige Leserschaft hochgerechnet, entspräche das einer Zahl von zehn Millionen Büchern.

Die Siedler kamen nach Amerika als Leser, die das Lesen in der Neuen Welt für ebenso wichtig hielten wie in der Alten. Von 1650 an erließen nahezu alle Städte in Neuengland Gesetze, die den Betrieb einer »Lese- und Schreibschule« verlangten; die großen Gemeinden mußten darüber hinaus eine höhere Schule unterhalten. In all diesen Gesetzen ist von Satan die Rede, dessen böse Absichten, wo immer sie auch in Erscheinung treten mochten, durch Bildung zunichte gemacht werden müßten. Freilich gab es auch andere Gründe, weshalb Bildung nötig war, wie sich an folgendem, im späten siebzehnten Jahrhundert populärem Liedchen zeigt:

Aus öffentlichen Schulen
soll allgemeines Wissen fließen,
denn es ist heil'ges Recht,
daß Menschen wissen.

Diesen Menschen ging es also um mehr als nur um die Unterwerfung Satans. Im siebzehnten Jahrhundert beginnend, hatte sich ein großer epistemologischer Wandel ereignet, in dessen Verlauf Wissen jedweder Art der bedruckten Seite überantwortet und durch sie manifest gemacht wurde. »Mehr als jedes andere Mittel«, schrieb Lewis Mumford über diese Verschiebung, »befreite das gedruckte Buch die Menschen von der Vorherrschaft des Unmittelbaren und Lokalen; ... das Gedruckte hinterließ einen stärkeren Eindruck als das reale Geschehen ... Daß etwas existierte, hieß, daß es in gedruckter Form existierte: Alles andere auf der Welt geriet tendenziell nach und nach zu etwas Unwirklichem. Gelehrsamkeit wurde gleichbedeutend mit Belesenheit.«[5]

Angesichts dessen können wir davon ausgehen, daß die Kolonisten schulische Bildung für die jungen Leute nicht nur für eine moralische Pflicht, sondern auch für intellektuell geboten hielten. (Das England, aus dem sie gekommen waren, war eine Insel der Schulen. Im Jahre 1660 beispielsweise gab es dort 444 Schulen, ungefähr eine Schule alle zwanzig Kilometer.)

Daß die Zunahme der Lese- und Schreibfähigkeit eng mit der Existenz von Schulen zusammenhing, die wiederum mit der gewaltigen Vermehrung von Informationen zu tun hatten, ist offenkundig. Man könnte sich deshalb fragen, weshalb das späte siebzehnte und das achtzehnte Jahrhundert üblicherweise nicht als Zeitalter der Information bezeichnet werden. Die Antwort, scheint mir, lautet, daß der Begriff der »Information« damals etwas anderes bedeutete als heute. Information verstand man nicht als Ware, die man verkaufen und kaufen konnte. Anders als heute hatte sie damals keine eigenständige Existenz; insbesondere aber galt sie als wertvoll nur dann, wenn sie in einen Kontext eingebettet war, wenn sie einem politischen, gesellschaftlichen oder wissenschaftlichen Konzept, das selbst wiederum in irgendeine Weltsicht hineinpassen mußte, Gestalt, Struktur oder Verbindlichkeit verlieh. Keine Gestalt im achtzehnten Jahrhundert zog mehr Spott auf sich, beispielsweise bei Jonathan Swift, als der Pedant, eine Person, die ohne Ziel und Zweck und ohne Zusammenhang mit dem gesellschaftlichen Leben Informationen sammelte.

Wer begreifen will, was in der Aufklärung unter Information verstanden wurde, tut gut daran, einmal die berühmte *Encyclopédie* durchzusehen, deren Prospekt Diderot im Jahr 1750 veröffentlichte. Zu ihren Vorläufern gehörte Pierre Bayles *Dictionnaire historique et critique* (Historisches und kritisches Wörterbuch) von 1697, das die Absicht verfolgte, die Wichtigkeit – eigentlich sogar die Tugend – der Skepsis zu propagieren. Diderots *Encyclopédie* diente einem ähnlichen Zweck, insofern ihre Informationen als Vehikel gedacht waren, mittels derer die Skepsis als Weltanschauung unter die Leute gebracht werden sollte. (Diderots Tochter zufolge waren die letzten Worte, die sie ihn am Tag vor seinem Tod sprechen hörte: »Der erste Schritt zur Philosophie ist der Unglaube.«[6])

Fast in jedem Artikel, der in der *Encyclopédie* erschien, ging es um diese Zielsetzung, auch in vielen von denjenigen, die sich mit Handwerklichem, Technischem und Praktischem befaßten. Diderot schrieb Artikel über das Kochen, über die Kunst, Messer zu schleifen, die Reform des Alphabets und die unterschiedlichen Methoden, sich Würmer zum Angeln zu beschaffen. In den meisten Fällen handelte es sich um – in heutiger Terminologie gesprochen – Leitartikel. Im Grunde seines Herzens war Diderot ein Revolutionär, und in seinem Konzept von Information war diese eine Waffe im Kampf für gesellschaftlichen und politischen Wandel. Die Vorstellung von Information »um ihrer selbst willen« war ihm so fremd wie allen anderen Philosophen der Aufklärung. Etwas von demselben utilitaristischen Geist findet man in Voltaires *Ver-*

such über die Weltgeschichte und sogar in Samuel Johnsons *Dictionary of the English Language.* Alle Lexikographen geben freimütig zu, daß sie, unumgänglicherweise, voneinander abschreiben, und Johnson war darin keine Ausnahme. Am meisten borgte er sich von Nathan Baileys *An Universal Etymological English Dictionary*, das, 1721 veröffentlicht, allgemein als erstes Wörterbuch der englischen Sprache gilt. Bei weitem stärker als Bailey benutzte Johnson sein 1755 veröffentlichtes Wörterbuch jedoch als Vehikel, um die Stabilität der englischen Sprache zu fördern. Die meisten heutigen Wörterbücher sind *Geschichts*bücher, die angeben, wie Wörter benutzt *worden sind.* Johnson faßte sein Wörterbuch als Regelsammlung auf, das festsetzte, wie Wörter benutzt *werden sollten.* Ihm ging es um die »Reinigung« des Englischen. (Höchstwahrscheinlich war er darin von Unternehmungen wie etwa der *Académie française* beeinflußt, die zur Bewahrung der »Reinheit« der französischen Sprache geschaffen worden war.) Daß die Sprache sich wandelte, leugnete Johnson nicht, aber er ließ keinen Zweifel daran, daß er das nicht für gut befand, und sein Wörterbuch war gewissermaßen ein Protest dagegen. Johnsons Wörterbuch war in Wirklichkeit eine Sprachphilosophie, und die darin enthaltenen Informationen hatten die Förderung dieser Philosophie zum Ziel.

Ich will mit all dem sagen, daß es nicht leicht ist, einen aus der Aufklärung stammenden Text aufzutreiben, der Informationen von einem spezifischen Zweck trennt. Alle Zeitungen dieses Zeitalters betrachteten die Information als Waffe. Die erste Zeitung Amerikas aus dem Jahr 1690 verwies darauf, daß ihr Zweck die Bekämpfung der Verlogenheit war, die damals in Boston vorherrschte (woran sich, wie ich höre, bis heute nichts geändert hat).

Man gab kein Wissen weiter, um einen anderen »zu informieren«. Man tat es, damit ein anderer etwas tat oder empfand, und dieses Handeln und diese Empfindung waren wiederum Teil einer größeren Idee. Die Information war, kurz gesagt, ein rhetorisches Instrument, und in diesem Verständnis von Information gab es bis zur Mitte des neunzehnten Jahrhunderts keine tiefgreifende Veränderung.

Der Bedeutungswandel von Information wurde hauptsächlich durch die Erfindung der Telegrafie und Fotografie in den vierziger Jahren des neunzehnten Jahrhunderts hervorgerufen. Besonders die Telegrafie gab der Idee der kontextlosen Information ihre Legitimation, der Vorstellung also, daß der Wert von Informationen nicht notwendigerweise von ihrer Bindung an irgendeine Funktion im Bereich des Gesellschaftlichen oder Politischen abhing. Sie kann für sich bestehen, einfach als Mittel zur Befriedigung der Neugierde. Durch den Telegrafen wurde die Information zu einer Ware, zu einem an sich ersehnenswerten »Ding«, unabhängig von seinen möglichen Zwecken oder Bedeutungen. Dadurch machte die Telegrafie den öffentlichen Diskurs zu einem in hohem Maße inkohärenten Vorgang. Es entstand daraus, in der Formulierung Lewis Mumfords, eine Welt zerbrochener Zeit und zerbrochener Aufmerksamkeit. Die eigentliche Stärke des Telegrafen war seine Fähigkeit, Informationen zu transportieren, nicht aber, sie zu sammeln, zu erklären oder zu analysieren.

Ein weiteres Element, das neben der Telegrafie unserem Begriff von Information einen neuen Gehalt gab, war die Fotografie, denn bei der Fotografie geht es in erster Linie um die Welt des Faktischen, nicht des Disputs über Fakten oder der Schlußfolgerungen, die daraus zu ziehen wären. Die Art und Weise, in der die Fotografie Erfahrungen aufzeichnet, ist radikal anders, als wenn dies durch Sprache geschieht. Die Sprache ergibt nur dann einen Sinn, wenn sie als Abfolge von Aussagen präsentiert wird. Der Sinn wird entstellt, wenn ein Wort oder Satz aus, wie wir sagen, seinem Kontext herausgerissen wird. Die Fotografie hingegen erfordert keinen Kontext. Es ist gerade das Besondere an ihr, daß dabei Bilder aus ihrem Kontext genommen werden, damit sie auf neue Weise gesehen werden können. In einer Welt der fotografischen Bilder, schreibt Susan Sontag, »erscheinen alle Grenzen (›Rahmen‹) als etwas Willkürliches. Alles kann isoliert und ohne Zusammenhang mit etwas anderem dargestellt werden: Nötig ist nur, daß der Bildgegenstand anders gerahmt wird.«[7]

Sontag meint damit die Fähigkeit der Fotografie zu einer besonderen Art von Realitätszerstückelung, des Herausreißens einzelner Momente aus ihren jeweiligen Zusammenhängen und des Nebeneinanderstellens von Ereignissen und Dingen, zwischen denen es keinen logischen oder historischen Zusammenhang gibt. Wie die Telegrafie schafft auch die Fotografie eine neue Welt in der Form einer Serie von idiosynkratischen Ereignissen. In einer Welt der Fotografien gibt es keinen Anfang, keine Mitte und kein Ende, sowenig wie die Telegrafie dies impliziert. Die Welt ist atomisiert. Es gibt nur die Gegenwart, und diese muß nicht Teil einer Geschichte sein, die erzählt werden könnte.

Die erzählungslose Information ist eine Erbschaft des neunzehnten, nicht des achtzehnten Jahrhunderts. Sie entstand als Konsequenz eines außerordentlich erfolgreichen Bemühens, das Problem der Langsamkeit bei der Übermittlung von Nachrichten zu lösen. In der Mitte des neunzehnten Jahrhunderts war die Übermittlungsgeschwindigkeit von Informationen nur so groß wie das Tempo, mit dem ein Mensch reisen konnte – in einem schnellen Zug ungefähr fünfzig Stundenkilometer. Überdies beschränkten sich die Informationsformen weitgehend auf die Sprache, so daß die Formen der Information ebenso eingeschränkt waren wie die Geschwindigkeit ihrer Übermittlung. Die Frage, mit der man sich im neunzehnten Jahrhundert auseinandersetzte, war, wie man mehr Informationen schneller und in verschiedenartigeren Formen zu mehr Menschen bringen kann. Seit 150 Jahren hat nun die Menschheit mit staunenswertem Einfallsreichtum an der Lösung dieses Problems gearbeitet. Die gute Nachricht lautet, daß wir es inzwischen gelöst haben. Die schlechte heißt, daß wir mit dieser Lösung ein anderes, bisher noch nie dagewesenes Problem geschaffen haben: die Informationsschwemme, den Informationsmüll, die zweck- und sogar sinnlose Information.

Die Folge ist, daß wir eine Überfülle an »Mythinformation« haben, wie es Langdon Winner nennt – und an ein Lispeln ist dabei nicht gedacht. Es herrscht eine fast religiöse Überzeugung, daß die Wurzel all unserer – gesellschaftlichen, politischen, ökologischen und psychologischen – Schwierigkeiten der Umstand ist, daß wir nicht über genügend Informationen verfügen, obwohl doch jedermann Zugang zu Büchern, Zeitungen und Zeitschriften, Radio und Fernsehen, Filmen und Videos, CDs und Reklametafeln, zu Telefonen, unerbetener Post und seit kurzem auch zum Internet hat. Sollte ich eine Informationsquelle ausgelassen haben, können Sie sie ja ergänzen. Der springende Punkt ist, daß wir zwar das Problem der kontinuierlichen, schnellen und variantenreichen Informationsübermittlung gelöst haben, aber zumeist nicht wissen, was wir mit ihr anfangen oder wie wir damit fertig werden können – es sei denn, daß wir auch ins einundzwanzigste Jahrhundert hinein damit fortfahren, ein Problem des neunzehnten Jahrhunderts zu lösen, das bereits gelöst ist.

Dies ist, wie jeder Aufklärer uns mit Sicherheit sagen würde, der reinste Unfug. Wenn es noch Hungernde in der Welt gibt – und es gibt sie –, ist das nicht durch mangelnde Information verursacht. Wenn unsere Schulen nicht richtig funktionieren und demokratische Prinzipien ihre Kraft verlieren, hat auch das nichts mit ungenügender Information zu tun. Wenn uns solche Probleme plagen, liegt es daran, daß etwas ganz anderes fehlt. Es fehlt sogar eine ganze Reihe von Dingen. Eines davon ist die Einsicht, daß wir die Information wieder dorthin bringen müssen, wohin sie gehört, indem wir ihr wieder einen nützlichen epistemologischen Rahmen verschaffen.

Im achtzehnten Jahrhundert leistete das die Zeitung, und es könnte sein, daß sie angesichts der gegenwärtigen Informationsflut das einzige Medium ist, das im kommenden Jahrhundert etwas Vergleichbares für unseren Gebrauch zu leisten vermag. Anders als neuere Informationsmedien hat die Presse eine Tradition öffentlicher Verantwortung; sie steht sogar (zumindest in Amerika) unter dem besonderen Schutz der Verfassung. Sie ist dem gesellschaftlichen Leben enger verbunden als andere Medien und hat, trotz der allmächtigen Unternehmer, denen die Zeitungen gehören, immer noch Redakteure und Reporter, deren Interessen nicht gänzlich vom Markt bestimmt sind. Im folgenden soll nun ein – schwerlich neu zu nennender – Gedanke dargelegt werden, der von einem Wiederaufgreifen ehedem nützlicher Definitionen von Information, Wissen und Erkenntnis und deren Unterscheidung ausgeht. Es handelt sich um einen Vorschlag zu einer Neubestimmung des Orts der Information, so daß es womöglich doch zumindest ein Medium gibt, das den Zweck verfolgt, den Bürgern im einundzwanzigsten Jahrhundert eine gewisse Hilfestellung beim Verständnis der Welt zu geben.

Ich möchte mit einem Hinweis auf eine Karikatur beginnen, die vor einiger Zeit in der *Los Angeles Times* erschienen ist. Es ging darin um ein verblüffendes neues Erzeugnis, das gerade auf den Markt gekommen war. Dieses Erzeugnis soll besser sein als jeder Computer oder alles, wozu man einen Computer verwenden könnte – Internet und Webseiten eingeschlossen. Es heißt Tageszeitung. Hier einige ihrer Vorzüge: Sie benötigt keine Batterien oder Kabel; man muß dafür keinen Wartungsvertrag abschließen; sie ist ein Leichtgewicht, wiederverwertbar und biologisch abbaubar; sie läßt sich überallhin mitnehmen und geht mit einem in den Zug oder Bus, ins Auto oder Flugzeug und sogar ins Bett; sie ist völlig lautlos, flötet nicht, brummt nicht und piepst nicht; sie braucht keine Geheimnummern, keine Zugangscodes oder Modems und belegt keine Telefonleitungen; für etwa vierzig Mark im Monat kann man unbegrenzten Gebrauch davon machen; Pornographie, Falschmeldungen und Druckfehler sind bereits herausgefiltert; sie braucht keinen Platz in unserer Wohnung; und, nicht zu vergessen, sie füllt nicht Bill Gates' Bankkonto.

Die Karikatur ist ein Plädoyer für die Wichtigkeit von Zeitungen. In der Hauptsache geht es darin aber um die *Form* der Zeitung, während über das Einzigartige des *Inhalts* von Zeitungen, den Hinweis auf das Herausredigieren von Pornographie, Falschmeldungen und Druckfehlern ausgenommen, nichts gesagt wird. Vielleicht wurde das ausgelassen, weil der Karikaturist davon ausging, daß die Funktion von Zeitungen in der Versorgung der Leute mit Informationen besteht; und wenn es um die Verbreitung von Informationen geht, ist die Computertechnologie den Zeitungen überlegen – will sagen, sie ist schneller und bequemer und bewältigt mehr Material. Will man heutzutage den Wert von Zeitungen propagieren, tut man deshalb vermutlich gut daran, nicht über Informationen zu reden, weil die neuen Technologien, das Fernsehen eingeschlossen, diesen Bereich weitgehend in der Hand zu haben scheinen.

Womit sich uns die Frage stellt: Was ist Information und wieviel brauchen die Leute davon? Daß Information nicht dasselbe wie Wissen ist, ist offensichtlich, und mit Erkenntnis hat sie gewiß allenfalls entfernt etwas zu tun. Informationen sind Aussagen über die Tatsachen der Welt. Natürlich gibt es eine unzählbare Menge von Fakten in der Welt. Fakten werden nur dann zu Informationen, wenn wir sie zur Kenntnis nehmen und davon sprechen oder, wie im Falle der Zeitungen, darüber schreiben. Wenn man Fakten so definiert, können sie nicht falsch sein. Sie sind, was sie sind. Aussagen über Fakten – das heißt Informationen – können hingegen falsch sein und sind es häufig auch.

Wer sagt, daß wir in einem beispiellosen Zeitalter der Information leben, sagt damit nur, daß wir mehr Aussagen über die Welt haben als jemals zuvor. Unter anderem ist damit aber auch gesagt, daß wir mehr *irrige* Aussagen haben als je zuvor. Hat schon mal jemand die Frage erörtert, wie wir zwischen dem Wahren und dem Falschen unterscheiden können? Gibt es neben den Schulen, die sich eigentlich um diese Frage kümmern sollten, irgendwelche sonstigen Institutionen oder Medien, die sich mit dem Problem der Fehlinformation befassen? Wer sich mit großem Enthusiasmus über die Masse der dank des Internets verfügbaren Aussagen über die Welt äußert, setzt sich im allgemeinen nicht mit der Frage auseinander, wie wir die zutreffenden von den irrigen Aussagen unterscheiden können. Seinem ganzen Wesen nach kann das Internet an einer solchen Unterscheidung kein Interesse haben, und nirgendwo gibt es darin Redakteure, die für sich beanspruchen, das Richtige vom Falschen zu trennen.

Tatsächlich gibt es kein älteres Problem als dieses – wie man zwischen wahren und falschen Aussagen unterscheidet. Als Kain gefragt wird, wo sein Bruder sei, und er vorgibt, es nicht zu wissen, weiß Gott, daß er es doch weiß; er wußte sogar, daß Kain die Unwahrheit sagen würde. Für uns ist die Angelegenheit nicht so einfach. Nicht hier, wohl aber später will ich versuchen, mich damit auseinanderzusetzen. Hier beschäftigt mich ein Problem, dem sich noch keine Kultur jemals zuvor konfrontiert sah, nämlich das Problem, was man mit zuviel Informationen anfängt. Eine Antwort lautet gewiß, daß man sich dagegen abschottet. Manche Leute, auch ich, tun das. Wie schon gesagt, habe ich zum Beispiel keine E-Mail, weil ich sonst zum Ziel ganzer Wagenladungen von Botschaften würde, die nahezu allesamt für mein Leben ohne Bedeutung wären. Ich habe, wie viele andere, auch andere Wege gefunden, mich zurückzuziehen, obwohl das kein leichtes Unterfangen ist. Besonders in Amerika gilt man als Sonderling – wenn nicht Schlimmeres –, wenn man sich der Informationsflut entzieht. Aber hier geht es mir nicht um individuelle Strategien, von denen überdies in einem früheren Kapitel bereits die Rede war. Hier beschäftigt mich die Frage, wie wenigstens ein einziges Medium – die Zeitung – jedem von uns Hilfestellung leisten kann, der Informationsschwemme entgegenzuarbeiten.

Um es in einfachen Worten zu sagen: Die Zeitungen sollten zunächst einmal aus dem Geschäft mit den Informationen aussteigen und sich im Geschäft mit dem Wissen engagieren. Was meine ich mit »Wissen«? Ich definiere Wissen als organisierte Information – als die in einen Kontext eingebettete Information; als Information, die einen Zweck hat und die einen dazu bringt, sich weitere Informationen zu beschaffen, um etwas zu verstehen. Ohne organisierte Information mögen wir zwar etwas *von* der Welt wissen, aber sehr wenig *über* sie. Wer über Wissen verfügt, weiß, wie er Informationen einzuschätzen hat, weiß, wie er sie in eine Beziehung zu seinem eigenen Leben bringt, und vor allem weiß er, wenn Informationen irrelevant sind.

Unverkennbar ist manchen Zeitungsredakteuren der Unterschied zwischen Informationen und Wissen bewußt, aber bei weitem nicht allen. Es gibt Zeitungen, deren Redakteure noch nicht begriffen haben, daß in einer von der Technik bestimmten Welt Informationen ein Problem, nicht eine Lösung sind. Sie erzählen uns Dinge, die wir bereits kennen, lassen aber nur wenig Raum dafür, uns mit Zusammenhängen zu versorgen. Nehmen wir beispielsweise einmal an, daß in Jerusalem ein vierzehnjähriger Palästinenser einen Molotowcocktail auf zwei achtzehnjährige israelische Soldaten wirft. Einer der beiden wird von den Flammen erfaßt, der andere feuert in seinem Schrecken einen Schuß auf den Palästinenser ab, der diesen auf der Stelle tötet. Der verletzte Soldat erblindet auf einem Auge. All dies erfahren wir aus dem Fernsehen oder Radio; am folgenden Tag berichten es die Zeitungen ein weiteres Mal. Warum? Die Zeitung bringt nichts Neues, es sei denn, sie sagt uns etwas über die Bedeutung dieses Geschehens, wozu auch gehört, weshalb es überhaupt in der Zeitung steht. Derzeit gibt es mindestens vierzig Kriege irgendwo auf der Welt, und wir können davon ausgehen, daß in allen junge Leute getötet werden. Weshalb müssen wir gerade über *dieses* Ereignis Bescheid wissen? Weshalb ist, was in Jerusalem geschieht, wichtiger als das, was sich in Ghana ereignet? Handelt es sich um etwas, was bereits oft geschehen ist? Wird es wahrscheinlich erneut dazu kommen? Ist jemandem für das, was dort geschah, ein Vorwurf zu machen? Und was ist in diesem Zusammenhang unter »Vorwurf« zu verstehen?

Eine Zeitung, die derlei Fragen nicht beantwortet, ist nutzlos. Sie ist sogar schlimmer als das, denn sie trägt dazu bei, daß in mit Informationen bereits überfüllten Köpfen noch mehr Zusammenhanglosigkeit und Konfusion entsteht. Schließlich wird am nächsten Tag jemand in Bosnien getötet werden, und am übernächsten jemand in Indonesien, und danach wieder irgendwo anders. Ja und? Wenn ich gefragt würde, was ich an unseren Nachrichten im Fernsehen und Radio für das Schlimmste halte, würde ich sagen, daß es genau dies ist: Daß wir keinen Grund genannt bekommen, weshalb es diese Information gibt; keinen Hintergrund, nichts über Zusammenhänge mit etwas anderem, keinen Standpunkt; nichts im Hinblick darauf, was das Publikum mit der Information anfangen soll. Das Wort »weil« scheint es in der Grammatik der Fernseh- und Radiojournalisten nicht zu geben. Man präsentiert uns eine Welt voller »Unds«, nicht »Weils«. Dies geschah *und* dann dies *und* dann etwas anderes.

Wie die Dinge derzeit stehen, jedenfalls in Amerika, sind Fernsehen und Radio Medien für Informations-Junkies, nicht für Leute, die sich für Ursachen interessieren. Einschieben will ich hier, daß zu den diversen Funktionen gesellschaftlicher Institutionen – der Kirchen, der Gerichte, der Schulen, der politischen Parteien, der Familien – auch die gehört, daß sie uns mit den »Weils« versorgen sollen, also helfen sollen, zu erkennen, weshalb eine Information wichtig oder irrelevant, gesellschaftlich akzeptabel oder blasphemisch, konventionell oder abseitig, sogar wahr oder falsch ist. Einige dieser Institutionen leisten diese Aufgabe nicht mehr mit derselben Überzeugungskraft wie früher, weshalb es besonders nötig ist, daß ein Wissensmedium verfügbar ist. Und für ein Wissensmedium gibt es keine fundamentalere Notwendigkeit als diejenige, klar zu machen, weshalb wir eine Information erhalten. Wenn wir das nicht wissen, wissen wir nichts Wissenswertes. Aber es gibt noch etwas anderes, was die Zeitungen für uns im technischen Zeitalter leisten müssen, und das hat mit dem Wort »Erkenntnis« zu tun. Ich glaube, daß Zeitungen anfangen müssen, ihre Aufgabe nicht nur als Wissensvermittler zu sehen, sondern auch als Erkenntnisvermittler.

Sie mögen das für zu weitgehend halten, aber ich werde »Erkenntnis« so definieren, daß es Ihnen als durchaus praktikabel vorkommen wird. Ich verstehe unter Erkenntnis die Fähigkeit zu unterscheiden, welcher Informationsstand für die Lösung eines wichtigen Problems relevant ist. Wissen ist, wie ich gesagt habe, organisierte Information. Es ist eigenständig und beschränkt sich auf ein einziges System von Informationen über die Welt. Man kann über eine Menge Wissen über die Welt verfügen und dabei doch gänzlich ohne Erkenntnis sein. Bei Naturwissenschaftlern, Politikern, Unternehmern, Universitätsleuten und sogar bei Theologen ist das oft der Fall. Nehmen wir als Beispiel eine Geschichte über das Klonen. Es ist bloße Information, wenn man uns mitteilt, daß Wissenschaftler in Schottland ein Schaf geklont haben und einige ihrer Kollegen in Amerika einen Affen. Mit Wissen wird man uns versorgen, wenn man uns sagt, wie das Klonen vor sich geht und wie bald wir damit rechnen müssen, daß Menschen geklont werden, oder gar etwas über die Geschichte der Klonungsversuche.

Erkenntnis wäre es aber, wenn wir etwas darüber erführen, welches Wissenssystem wir benötigen, um den Vorgang des Klonens bewerten zu können. Die Naturwissenschaft kann uns dabei nicht weiterhelfen. Sie kann uns nur sagen, wie das Klonen funktioniert. Wodurch erfahren wir, ob wir deswegen froh oder traurig sein sollen? Wodurch erfahren wir, ob politische Maßnahmen ergriffen werden müssen, um dieses Geschehen unter Kontrolle zu halten? Wodurch erfahren wir, ob es sich dabei um einen Fortschritt oder einen Rückschritt handelt? Wer über solche Fragen nachzudenken beginnt, müßte auf das Wissen verwiesen werden, das wir Religion nennen, oder auf das Wissen, das wir Politik nennen, oder auf das Wissen, das wir Soziologie nennen. Wissen kann sich nicht selbst beurteilen. Wissen muß mit Hilfe des Rückgriffs auf anderes Wissen beurteilt werden, und hierin liegt der Kern der Erkenntnis.

In Somalia gibt es, wie ich erfahren habe, hungernde Kinder. Welches Wissenssystem benötige ich, damit mir irgend etwas zu der Frage einfällt, wie dieses Problem zu lösen wäre? Ich habe erfahren, daß unsere Ozeane verschmutzt sind und die Regenwälder zerstört werden. Welches Wissenssystem brauche ich, um zu erkennen, wie diese Probleme womöglich gelöst werden könnten? Oder die Probleme des Rassismus und Sexismus? Oder das Verbrechensproblem?

Falls Sie der Meinung sein sollten, daß dies auf der Leitartikelseite von Zeitungen geleistet wird, dann bestreite ich das. Die Kommentare sagen uns nur, *was* wir denken sollen. Ich spreche davon, daß wir erfahren, was wir wissen müssen, um zu denken. Das ist der Unterschied zwischen bloßer Meinung und Erkenntnis. Es ist auch der Unterschied zwischen Dogmatismus und Bildung. Eine Meinung kann jeder Dummkopf haben; zu wissen, was man wissen muß, um sich eine Meinung zu *bilden*, ist Erkenntnis. Anders gesagt: Erkenntnis heißt, daß man weiß, welche Fragen man an das Wissen stellen muß. Selbstverständlich meine ich damit nicht technische Fragen, die einfach sind. Ich meine Fragen, die aus einer anderen Welt kommen als der, aus der das Wissen kommt. Und nirgendwo ist diese Art Erkenntnis nötiger als in der Geschichte der Technologie selbst. Über diese Geschichte – den Übergang von der industriellen Maschine zum elektronischen Impuls – haben die meisten Zeitungen nur wenig gebracht, was zum Teil daran liegt, daß die Redakteure zumeist nicht wissen, welche Fragen an die Technologie zu richten wären. Daß gewichtiger technologischer Wandel immer eine Neuordnung unserer moralischen Annahmen, des gesellschaftlichen Lebens, psychischer Gewohnheiten und politischer Praktiken involviert, scheint ihnen nicht bewußt zu sein.

Am nächsten kommen Redakteure dieser Aufgabe, eine

Vorstellung von den nicht-technischen Weiterungen technologischen Wandels zu vermitteln, noch dann, wenn sie über die wirtschaftlichen Konsequenzen spekulieren, wobei sie meiner Meinung nach gewöhnlich falsch liegen, und zwar vor allem deshalb, weil sie dazu nur bei Ökonomen Rat suchen. Aber das nur nebenbei. Erkenntnis bedeutet nicht, daß man die richtigen Antworten hat; Erkenntnis heißt nur, daß man die richtigen Fragen stellt. Denken Sie nur einmal darüber nach, was die meisten Journalisten wohl tun würden, wenn sie die Chance hätten, Fragen an Bill Gates zu richten. Was würden sie fragen? – Was ist sein neuestes Projekt? Wie funktioniert seine Software? Wieviel Geld wird es ihm bringen? Welche Firmenaufkäufe hat er vor? Wahrscheinlich würde ich ihm dieselben Fragen stellen, weil Bill Gates, seinem Buch *Der Weg nach vorn* nach zu urteilen, wohl der letzte wäre, der Antworten auf die moralischen, psychologischen und gesellschaftlichen Fragen hätte, die hinsichtlich der Computertechnologie gestellt werden müßten. Wen würden wir *dazu* interviewen wollen und was würden wir dann fragen? Erinnern wir uns, wer während des Irak-Krieges von Journalisten interviewt wurde. In Radio und Fernsehen und in der Presse dominierten Generäle, Waffensystemexperten und Vertreter des Pentagons. Künstler wurden nicht interviewt, keine Historiker, keine Autoren, keine Theologen, keine Lehrer, keine Ärzte. War es nur eine Angelegenheit für Militärexperten? Ist das, was sie über den Krieg zu sagen haben, die einzige Perspektive, die unsere Bürger brauchen? Nach meiner Meinung sind Fachleute für Militärisches die allerletzten, die zum Krieg zu befragen wären. Vielleicht läßt sich das Fehlen aller anderen damit erklären, daß das allererste Kriegsopfer die Erkenntnis ist.

Ich kann mir eine Zukunft vorstellen, in der das, was ich über Erkenntnis gesagt habe, in Zeitungen etwas ganz Alltägliches sein wird. Ich habe keine genaue Vorstellung davon, wie es dazu kommen wird, obwohl ich mir gern eine Zeit vorstelle, in der wir neben den Meinungsseiten auch noch »Erkenntnisseiten« haben werden, die mit relevanten Fragen zu den Geschichten angefüllt sind, über die berichtet wird: Fragen, die sich an Leute richten, die über ein anderes Wissen verfügen als jenes, das die Artikel in direkter Weise aufrufen. Ich kann mir sogar eine Zeit vorstellen, in der die Nachrichten nicht nach den Standardformaten von Lokal-, Regional-, National- und Weltnachrichten organisiert sind, sondern nach anderen Prinzipien – den sieben Todsünden beispielsweise, nämlich Habgier, Lust, Neid, Stolz, Völlerei usw.

Verlange ich zuviel von den Redakteuren und von den Zeitungen? Vielleicht. Aber was ich sage, sage ich, weil wir in einer Welt leben, in der es zuviel Information und zuviel verwirrendes spezialisiertes Wissen und zuwenig Erkenntnis gibt. Journalisten mögen es nicht für ihre Aufgabe halten, Erkenntnisse anzubieten. Ich frage mich, weshalb eigentlich nicht? Wer vermag zu sagen, wo ihre journalistische Verantwortung endet?

So viel aber können wir sagen (genauer, sollten wir sagen): Das Problem, das im einundzwanzigsten Jahrhundert gelöst werden muß, ist sicher nicht die *Verbreitung* von Information. Dieses Problem ist seit langem gelöst. Das anstehende Problem ist, wie man Information in Wissen verwandelt und wie Wissen in Erkenntnis. Können wir dieses Problem lösen, dann erledigt sich der Rest von selbst.

KAPITEL SECHS
Erzählungen

In einem Punkt haben die Postmodernen aber doch recht. Das einundzwanzigste Jahrhundert wird seine Schwierigkeiten haben, wenn es nicht gelingt, dieses Problem zu lösen. In der akademischen Welt nennt man es den *radikalen Historismus*. Einfach gesagt – was seinen Vertretern nicht immer leicht fällt –, handelt es sich um die Behauptung, daß es keine letzten Wahrheiten gibt, besonders keine moralischen; es gibt keine transzendente Autorität, die man anrufen könnte, um eine letztgültige Antwort auf die Frage zu erhalten: »Ist dieses Handeln richtig oder falsch?« Welches Handeln richtig ist, so das Argument, wird von Gesetzgebern, Gerichten und Kirchen entschieden, die allesamt von Menschen gemacht sind und sich über die Zeiten hin entwickelt haben, weshalb sich ihre Vorstellungen von Recht und Unrecht den historischen Gegebenheiten folgend verändert haben. Überdies haben unterschiedliche Kulturen unterschiedliche Begriffe vom moralisch Richtigen ausgebildet, und es gibt keinen, der sagen könnte, welche Kultur dabei im Recht ist. Der Kodex des Hammurabi erlaubt einem Vater, einem Sohn, der ihn geschlagen hat, die Hände abzuhacken; einem Sohn, der seinem Adoptivvater gesagt hat: »Du bist nicht mein Vater«, die Zunge abzuschneiden; einem Mann, seine Frau zu ertränken, wenn er sie bei einem Akt der Untreue erwischt hat. Einem Arzt, der eine Operation durchführt, die zum Tod des Patienten führt, sollen dem Kodex zufolge die Hände abgeschlagen werden. (Wäre das nicht eventuell erwägenswert?)

Können wir mit Bestimmtheit sagen, daß die Babylonier in diesen Dingen im Unrecht waren? Manche tun das natürlich. Vieles von dem, was der Kodex ausführt, wird im Talmud kritisiert, der Hammurabis Moral als primitiv, wenn nicht gar als barbarisch bezeichnet. Vielem von dem, was im Talmud steht, wird wiederum vom Gesetzgeber beispielsweise des Staates Iowa widersprochen. Wer vermag zu sagen, wer von beiden der moralischere ist? Der Gesetzgeber von Iowa würde für sich beanspruchen, daß seine moralische Weltsicht sich direkt von den Geboten Jesus Christus' ableitet. Leute, für die der Talmud verbindlich ist, würden sagen, ihre Ansichten über Moral beruhen auf den von Gott selbst gegebenen Geboten. Die Babylonier fanden die Rechtfertigung für ihre Regeln in den Anweisungen ihrer eigenen Götter.

Wer seinen Gott oder seine Götter für die höchste moralische Autorität hält, hat hiermit kein Problem. Er macht sich den Weg mit der Behauptung frei, die Götter der anderen seien falsche Götter. Für jene jedoch, die an der Existenz Gottes oder von Göttern zweifeln, oder an der Beschaffenheit dieser Götter, oder an der Behauptung, daß aus dieser Quelle spezifische moralische Anweisungen kommen können, gibt es ein Problem. Und solche Zweifel wurden in der Epoche der Aufklärung mit großer Leidenschaft aufgeworfen. Wiederholt stellte man die Autorität religiöser Systeme in Frage und bot statt dessen eine andere transzendente Autorität auf, die Vernunft. Wie aber bereits erwähnt, meinten Rousseau und seine Gefolgsleute, daß die Vernunft zwar nützlich sein könne, um zu »wissenschaftlichen Wahrheiten« zu gelangen, für die Suche nach moralischen Wahrheiten aber wenig nutzbringend oder sogar hinderlich sei.

Im neunzehnten Jahrhundert stellte Nietzsche den Sachverhalt in ein brutaleres Licht, als er argumentierte, die Vernunft sei eine Art sprachlicher Illusion, Gut und Böse seien gleichermaßen illusionär, und es gebe nichts jenseits des eigenen Willens und der Macht, ihn durchzusetzen. Mit anderen Worten, zwischen dem Satz: »Ich will das tun«, und dem Satz: »Ich habe das Recht, das zu tun«, gibt es keinen Unterschied. Der zweite Satz ist eine bloße Verschleierung, nur der Versuch, den nackten Ausdruck des eigenen Willens vor sich selbst zu verhüllen.

Läßt man für den Moment einmal Nietzsches kompromißlose Ablehnung des (von manchen als gescheitert bezeichneten) Versuchs der Aufklärung beiseite, der Moral eine logisch unangreifbare Grundlage zu geben, dann muß gesagt werden, daß Leute wie Locke, Hume und Kant sich voller Ernst darum bemüht haben, eine säkulare, rationale Begründung für moralische Urteile zu konstruieren, die einen naturalistischen Begriff vom Wesen des Menschen einschloß. Will man, wie ich, eine brauchbare Alternative zu dem Nietzscheschen und postmodernen Problem anbieten (für das es keine »Lösung« gibt, sondern nur Möglichkeiten, es zu ignorieren), kommt man ohne eine naturalistische Fundierung der Moral nicht aus.

Bevor ich jedoch dazu komme, müssen noch zwei Gedanken eingeführt werden. Der erste betrifft das Wort, das ich zum Titel dieses Kapitels gemacht habe, Erzählungen. Ich meine damit eine Geschichte. Aber nicht irgendeine Geschichte. Ich denke an *große* Erzählungen – Erzählungen, die tief und komplex genug sind, um Erklärungen hinsichtlich der Herkunft und der Zukunft eines Volkes zu bieten; Erzählungen, die Ideale aufstellen, Verhaltensregeln vorgeben, die Quellen von Autorität benennen und durch all dies eine Dimension von Kontinuität und Sinnhaftigkeit erzeugen. Joseph Campbell und Rollo May haben, wie andere auch, derlei Erzählungen »Mythen« genannt. Marx dachte an solche Erzählungen, wenn er von »Ideologien« sprach. Und Freud nannte sie »Illusionen«. Gleichwohl. Das Wichtige an Erzählungen ist, daß die Menschen nicht ohne sie leben können. Uns ist eine Art von Bewußtsein aufgebürdet, das darauf besteht, daß unsere Existenz einen Sinn hat. Sinnhaftigkeit verlangt einen moralischen Kontext, und der moralische Kontext ist das, was ich unter einer Erzählung verstehe. Die Konstruktion von Erzählungen ist demzufolge eine der Hauptaufgaben unserer Spezies; mit Sicherheit hat man nie eine Gruppe von Menschen entdeckt, die über keine Erzählung verfügte, die für sie festlegte, wie sie sich verhalten solle und weshalb dies so sei.

Dies ist der Grund, weshalb Menschen nichts so sehr aus der Fassung bringt, wie die Infragestellung oder Trivialisierung der eigenen Erzählung. Wer dies tut, beraubt ein Volk des Sinns seiner Existenz. Ein Gutteil unserer alten Geschichte handelt von den Strafen, die diejenigen erhielten, die die bestehenden Erzählungen in Zweifel zogen – Sokrates gab man den Schierlingsbecher, Johannes der Täufer verlor seinen Kopf, Jesus wurde gekreuzigt, Mohammed mußte in einer Höhle Zuflucht suchen. Selbst Moses, dem es dabei besser erging als den meisten, wurde von seinem eigenen Stamm verachtet, weil der viel auf die Verehrung goldener Kälber hielt.

In unserer Zeit waren die großen Erzählungs-Zertrümmerer – Darwin, Marx, Freud – bei der Masse der Menschen, deren überkommene Erzählungen sie attackierten, alles andere als beliebt. Ich darf wohl sagen, daß auch heutzutage nichts Liebenswertes an ihnen ist, nicht einmal für diejenigen, die ihren Argumenten Glauben schenken. Überdies hatten diese Zerstörer der alten Erzählungen damit nicht den Erfolg, den sie sich vorgestellt hatten, denn alte Erzählungen sterben schwer. Darwin, denke ich mir, wäre verblüfft, wenn er wüßte, wie viele Menschen noch immer glauben, daß wir Gottes Kinder und nicht die Nachkommen von Affen sind. Marx wäre über die Maßen erstaunt über die Bestandskraft der großen Erzählung des Nationalismus. Und Freud, der sich höhnisch über die Zukunft einer Illusion äußerte und entdeckt zu haben meinte, daß Moses ein Ägypter und kein Jude war, würde einräumen müssen, daß kalte Vernunft und akribische Forschung kein Ersatz für die große Erzählung der Genesis sind.

Und doch wurde, in der Zeit der Aufklärung beginnend, die Skepsis gegen die alten Erzählungen zu einem Allgemeinplatz, zumindest unter Intellektuellen. Diese Skepsis hatte ein weites Tätigkeitsfeld und auch Auswirkungen auf das politische Leben. Die Erzählung vom Gottesgnadentum der Könige wurde angezweifelt. Die Erzählung, die der Praxis der Sklaverei die Rechtfertigung verschaffte, wurde in Frage gestellt. In Zweifel gezogen wurde sogar die Erzählung von der Wissenschaft, insbesondere ihre Annahmen über das Wesen der Wahrheit.

Wie bereits gesagt, war David Hume der große Zerstörer der naturwissenschaftlichen Erzählung; er vermochte zu zeigen, daß Kausalität und Voraussagbarkeit »Illusionen« sind. Weil er ein Mann von außergewöhnlicher Ausgeglichenheit und Reife war, erwartete Hume nicht und wünschte es sich nicht einmal, daß seine philosophischen Grübeleien das ganze Projekt der Naturwissenschaften zum Einsturz bringen würden. In Thomas Haskells Worten »fügte sich [Hume] in die Unvollkommenheiten der Vernunft, verlagerte etwas von seinem Vertrauen auf das gesellschaftlich Gewohnte und den gesunden Menschenverstand und suchte sich heitere Gesellschaft für ein Spiel Backgammon. Hätte doch nur Nietzsche dasselbe getan.«[1]

Was mich zu meinem zweiten Gedanken führt. Wir denken uns Hume als einen Philosophen – nicht als *philosophe* wie Diderot und Voltaire. Ein Philosoph, könnte man vielleicht sagen, ist jemand, der sich ganz der Suche nach Wahrheiten widmet, die universell und zeitlos gültig sind. Von so jemandem erwarten wir, daß er etwas von einem Einsiedler hat, wie Hume und, mehr noch, wie Kant. Der französische Begriff *philosophe* meint etwas anderes. Als *philosophe* stellen wir uns eine Person vor, die sich in politische und gesellschaftliche Angelegenheiten einmischt, die bestehenden Verhältnisse ändern will und der nichts sosehr am Herzen liegt wie die Aufklärung anderer. In Henry Steele Commagers Worten: »Das schlimmste Geschick, das einem *philosophe* zustoßen konnte, war das Exil oder der Ausschluß aus dem Drama, das ihn derart faszinierte: Man stelle sich Voltaire als Einsiedler vor, einen zum Schweigen gebrachten Diderot, einen Franklin, der nur philosophische Spekulationen anstellen darf, oder einen Tom Paine, der auf ein einziges Land beschränkt ist!«[2]

Es lohnt sich, diese Unterscheidung zwischen einem Philosophen und einem *philosophe* zu treffen, weil sie uns hilft, die Frage nach der letzten moralischen Wahrheit in einen Kontext zu stellen; sie verhilft uns nämlich dazu, die Gewichtigkeit dieser Frage ein wenig zu mindern. Die *philosophes* waren an komplizierten philosophischen Erzählungen nicht interessiert. Als Naturwissenschaftlern, Erziehern, Menschenfreunden und Reformern lag ihnen an praktischen, konkreten Dingen. Sie waren gegen die Inquisition, gegen Sklaverei, gegen Gefängnishaft für Schuldner, gegen Folter und Tyrannei. Obgleich Kants Definition von moralischer Objektivität – »Handele so, daß die Maxime deines Willens jederzeit zugleich als Prinzip einer allgemeinen Gesetzgebung gelten könnte« – (sein kategorischer Imperativ) nützlich war, benötigten ihn die *philosophes* nicht. Die Antworten auf die Frage, was ist recht getan (oder, präziser, was ist unrecht getan?), waren »selbstverständlich«, denn sie basierten auf den Gesetzen der Natur, die die »große Maschinerie« des Universums regelten. Eher Newtons Entdeckungen als Kants Grübeleien lieferten die große Erzählung, die dem Begriff von moralischem, politischem und gesellschaftlichem Anstand Klarheit und Verbindlichkeit gaben. Und nirgendwo wird dies deutlicher als in Amerika, das, könnte man sagen, mit einer Armut an Philosophen gesegnet war. Mit Ausnahme von Jonathan Edwards, der 1758 starb, waren alle amerikanischen Erben der Aufklärung *philosophes* und keine Philosophen. Sie beschäftigten sich nicht mit Geist und Seele des einzelnen oder mit großen theologischen oder moralischen Fragen. Ihnen ging es vielmehr um die Gesellschaft und ihre Institutionen. Wie Commager bemerkt hat, ersannen die Philosophen Systeme, während die *philosophes* Programme formulierten.

Franklin, Jefferson, Mason, Madison, Adams, Benjamin Rush, Joel Barlow (dem Paine auf dem Weg in ein französisches Gefängnis das Manuskript seines *Zeitalters der Vernunft* anvertraute), Manasseh Cutler, Joseph Priestley (der aus England nach Amerika flüchtete) und natürlich Tom Paine waren neben anderen Amerikas Antwort auf Europas große *philosophes*. Die meisten von ihnen waren Deisten, glaubten an den Fortschritt (den sie, ohne viel darüber zu schreiben, als Selbstverständlichkeit voraussetzten), praktizierten die konventionelle Sozialmoral und schufen ein Land, das auf dem Prinzip der »naturgegebenen« Menschenrechte basierte. Der Ausdruck Menschenrechte wurde Tom Paine von Rush geliefert, aber Paine fügte (für den zweiten Band seines Buches *Die Rechte des Menschen*) den Untertitel »als Kombination von Prinzip und Praxis« hinzu. Weil er sich genau daran hielt, in seinem Buch wie anderswo, gehörte Paine zu den ersten Intellektuellen, die sich gegen die Sklaverei aussprachen. Er schlug auch eine progressive Einkommensteuer vor, Vergünstigungen für jung verheiratete Paare, kostenlosen Schulbesuch für die Kinder der Armen, Unterstützung für Menschen, die ihre Arbeit verloren hatten, und das freie Aushandeln der Bezahlung zwischen Arbeitern und Arbeitgebern.

Rush vertrat zwar ein paar seltsame Ideen (so glaubte er beispielsweise, die schwarze Haut der Neger sei eine Art Lepra), aber er sprach sich entschieden gegen die Todesstrafe und gegen die Sklaverei aus und war der Meinung, daß Frauen dieselben Bildungschancen haben sollten wie Männer. Cutler war an der Entstehung der Northwest Ordinance beteiligt, stellte ein Kompendium des amerikanischen Rechts zusammen und predigte gegen die Sklaverei. Franklin war Jefferson bei der Formulierung der Unabhängigkeitserklärung behilflich und machte in gewissem Sinne Philadelphia zu einem Athen der Neuen Welt. Er glaubte, daß es ohne Gedankenfreiheit keine Erkenntnis geben könne und keine Freiheit ohne Freiheit der Rede. Jeffersons, Adams', Masons und Madisons Ideen sind bekannt genug, so daß ich sie hier nicht wiederholen muß, die Bemerkung ausgenommen, daß ihnen die Tyrannei in jedweder Form verhaßt war und sie darauf bestanden, jeder müsse die Freiheit haben zu verehren, wen oder was er wolle, oder auch, sich jeglicher Religion zu enthalten.

Wo, in Gottes Namen, hatten diese Männer ihre Ideen her?

Einige ihrer Ideen bezogen ihre Verbindlichkeit in der Tat aus Gottes Namen. Unzweifelhaft schloß ihre Erzählung ein göttliches Prinzip ein. Alle miteinander – von Rush, einem frommen Christen, bis zu Paine, der ein Feind des traditionellen Christentums war – glaubten an einen Schöpfer, der den

Menschen unveräußerliche und natürliche Rechte zugedacht hatte. Die Verweise auf den Gott der Natur, auf den Schöpfer und auf die göttliche Vorsehung in der Unabhängigkeitserklärung sind keine bloß rhetorischen Girlanden, sondern Ausdruck der Achtung gegenüber einer letzten Autorität, an die alle Unterzeichner glaubten. Aber der Schöpfer war nicht die einzige Quelle ihrer Inspiration. Die amerikanischen *philosophes* waren auch von ihren Vorläufern in Europa inspiriert. Die amerikanische Aufklärung begann etwas später als ihr europäisches Gegenstück; manche Wissenschaftler datieren ihre Anfänge in das Jahr 1741 mit der Gründung der *American Philosophical Society*.

Überdies muß angemerkt werden, daß die Amerikaner nicht so sehr von den französischen *philosophes* beeinflußt wurden als vielmehr von den britischen. Was Amerika hinsichtlich politischer Anleitung und Anregung John Locke und den britischen Empiristen verdankt, ist bekannt. Gesagt werden muß aber auch, daß Locke darauf bestand, daß religiöse Toleranz unterschiedslos zu gelten habe, selbst für die »Papisten«, wie er sie nannte. Hume machte sich über Religion im allgemeinen und den römischen Katholizismus im besonderen lustig, wandte sich aber gegen die »Enthusiasmen« (sein Ausdruck), die die Leute dazu brachten, die Unterdrückung religiöser Ausdrucksformen für richtig zu halten.

Auch die ihnen vertraute Literatur und Geschichte des alten Griechenlands und mehr noch Roms hat die Amerikaner beeinflußt. George Washington wurde häufig mit Cincinnatus verglichen, einem Römer, der sein Gut verließ, um der Republik zu dienen, und dann seine Macht wieder abgab und zurück aufs Land ging. Als Jefferson die Universität von Virginia entwarf, nahm er sich römische Architekturtraditionen zum Vorbild. Und natürlich lehnten jene, die an der Niederschrift der amerikanischen Verfassung Anteil hatten, den athenischen Gedanken der direkten Demokratie ab und favorisierten statt dessen die Machtkompromisse der römischen Republik.

Mit anderen Worten, die Ideen der amerikanischen *philosophes* waren aus einer Vielzahl von Quellen entlehnt – sowohl antiken wie solchen der jüngeren Zeit –, denen der einzigartigen Geographie und Geschichte der »Neuen Welt« wegen eine spezielle Dimension hinzugefügt wurde. William Cullen Bryant sprach (in *Thanatopsis*) von den Gründern als »Patriarchen einer neugeborenen Welt«. Von ihnen läßt sich sagen, daß ihre Ideen der Gipfelpunkt und die Blüte aufgeklärten Denkens waren. Amerika war der Prüfstand für eine neue große Erzählung, die praktische Antworten auf die Frage nach dem – moralisch, gesellschaftlich und politisch – »Richtigen« geben sollte.

Damit kommen wir nun zu der Frage: Wie kann ihre große Erzählung uns dabei helfen, die Verhältnisse im vor uns liegenden Jahrhundert zu gestalten? Ich habe dazu mehrere Vorschläge zu machen. Der erste und offensichtlichste lautet, aufs neue die Notwendigkeit einer transzendenten großen Erzählung zu betonen, weil wir ohne sie richtungslos bleiben. Ohne solch eine Richtung bleibt uns als Quelle von Autorität nur die Macht. Das haben Nietzsche und, wie ich hinzufügen möchte, Heidegger nicht begriffen. Was blieb ihnen, als sie mit ihrer brillanten Kritik traditioneller Erzählungen fertig waren? Nietzsche verbrachte seine letzten zehn Lebensjahre als Geistesgestörter, und Heidegger verliebte sich in Adolf Hitler. Den *philosophes* ist ein solcher Fehler nicht unterlaufen. Sie schrieben an einer großen Erzählung, deren Zentrum Skepsis, Vernunft und das Naturrecht ausmachten, denen sie noch die Kraft eines göttlichen Prinzips hinzufügten. Auf das Risiko hin, ihre Erzählung gewaltig zu vereinfachen (und vielleicht einige wichtige Einzelheiten auszulassen), lege ich im folgenden meine Version dieser Erzählung vor:

> Das Universum wurde von einem gütigen und einzigen Gott erschaffen, der den Menschen den Verstand und die Inspiration gab, seine Schöpfung (in Grenzen) zu verstehen, sowie das Recht, frei zu sein, menschliche Autoritäten in Frage zu stellen und sich in dem von Gott und Natur gegebenen Rahmen selbst zu regieren. Sinn der Menschheit ist es, Gottes Schöpfung zu achten und ihrer Ehrfurcht gebietenden Präsenz mit Demut zu begegnen sowie mit Aufrichtigkeit und Mitgefühl gegenüber anderen nach Wegen zu Glück und Frieden zu suchen.

Eine oder zwei Seiten zuvor habe ich gesagt, daß dies die Erzählung ist, an welche die Unterzeichner der amerikanischen Unabhängigkeitserklärung glaubten. Im Grunde kann man nur sagen, daß man das aus ihren öffentlichen Aussagen folgern kann. Beispielsweise ist denkbar, daß Jefferson und Franklin an der Rolle und sogar an der Existenz einer göttlichen Vorsehung ihre Zweifel hatten. (Bei Paine war das meiner Meinung nach ironischerweise nicht der Fall.) Aber ob es nun solche Zweifel gab oder nicht, jedenfalls taten alle so, als *gäbe* es eine göttliche Vorsehung, die ihrem Handeln Autorität verlieh. Sie begriffen, daß ein vulgärer Relativismus, also der Gedanke, daß Werte nur historische Vorurteile sind, zu Hoffnungslosigkeit und Untätigkeit führen müßte. Ich glaube, nicht viele *philosophes* hätten etwas gegen die Verwendung unterschiedlicher Begriffe für eine transzendente Autorität einzuwenden gehabt. Das Naturrecht war selbstverständlich ein akzeptabler Begriff, aber die Praktische Vernunft oder Erste Prinzipien oder die Traditionelle Moral mochten genauso recht sein. Notwendig war, daß man Sklaverei, Tyrannei und religiöse Verfolgung für Unrecht hielt und glaubte, daß solches Unrecht menschliche Meinungen transzendierte oder, wenn sie von Vernunft geleitet war, sie wenigstens bestätigte. Sie glaubten daran, daß es, wie es eine physikalische Ordnung des Universums gibt, auch eine moralische Ordnung geben müsse und daß die Menschheit sich seit je auf der Suche nach ihren Gesetzen befindet. Sie glaubten, daß der menschliche Geist nicht über die Kraft verfüge, einen neuen Wert zu erfinden, sowenig wie wir ein neues Universum erfinden können.

Die Möglichkeit eines Fortschritts in der Entwicklung von Werten schloß diese Auffassung nicht aus. Die *philosophes* wußten, daß in ihrer eigenen Zeit nicht alle Menschen vom Gesetz als gleiche behandelt wurden (insbesondere nicht Sklaven und Frauen), daß die Redefreiheit nicht uneingeschränkten Schutz genoß und die Freiheit der Religionsausübung Beschränkungen unterlag. Zu der Zeit, als die amerikanische Bundesverfassung geschaffen wurde, gab es in sechs Bundesstaaten noch Staatskirchen, und in einigen wurde das Bekenntnis zum Protestantismus als Voraussetzung für ein öffentliches Amt verlangt. (In den Neuengland-Staaten bestand das Staatskirchentum bis in die dreißiger Jahre des neunzehnten Jahrhunderts fort.) Aber die *philosophes* glaubten, so wie die Naturwissenschaft nach und nach unsere Irrtümer über den Plan des Universums aufdecken und uns der Wahrheit näher bringen würden, so werde das Reifen unseres Moralbewußtseins das gleiche für unser gesellschaftliches Leben leisten. Die Sklaverei werde abgeschafft werden. Die Meinungsfreiheit werde erweitert und geschützt. Die vom Staat verordnete Religion werde fallen.

Wenn wir nun die Brücke ins nächste Jahrhundert beschreiten, mögen wir uns fragen, ob wir dieser Erzählung glauben und, falls es nicht so ist, welcher anderen Erzählung wir uns anvertrauen wollen? Und während wir diese Fragen beantworten, können wir gleich noch eine weitere einschließen: Spielt es eine Rolle, ob unsere Erzählung »wahr« ist? Als Marx der Welt eine neue große Erzählung lieferte, glaubte er, ein wirkliches Muster der menschlichen Gesellschaftsentwicklung entdeckt zu haben: die unerbittliche Bewegung der Geschichte hin zum Triumph der Arbeiterklasse. Darwin glaubte, auch er habe ein reales Muster erkannt, das die Entwicklung organischen Lebens beherrscht: seine Evolution von einfachen und einzigartigen Formen zu komplexen und vielfältigen Formen. Und Freud glaubte (oder hoffte vielmehr), daß unsere Illusionen durch ein »wahreres« Erfassen unserer Situation ersetzt würden, daß wir unsere kindische Erzählung von einem Übervater, vor dem wir uns demütigen und von dem wir unsere moralischen Weisungen beziehen, überwinden könnten.

Möglicherweise steckt in Marx' Erzählung ein Körnchen Wahrheit. Fraglos gibt es überzeugende Belege für die »Wahrheit« der Darwinschen. Und mit ihrer Ablehnung eines Gottes, der sich an die Menschen wendet, ihnen Anweisungen gibt und diejenigen bestraft, die sie übertreten, kommt auch Freuds Erzählung den Rationalisten in gewisser Weise entgegen. Aber es gibt eine Erzählung, die wahrer ist als all diese. Wenn wir die Wahrheit wollen, dann laßt uns hören, was die Naturwissenschaft höchstselbst dazu sagt:

> Der Mensch ist das Produkt von Ursachen, denen die Voraussicht auf die Folgen, zu denen sie führten, nicht eingeschrieben war; daß sein Ursprung, seine Ausbreitung, seine Hoffnungen und Ängste, seine Vorlieben und Glaubensinhalte nur die Folge zufälliger Konfigurationen von Atomen sind; daß kein Feuer, kein Heldentum, kein noch so intensives Denken und Fühlen das Leben eines

> einzelnen über das Grab hinaus bewahren kann; daß alle Arbeit über die Zeitalter hin, alle Hingabe, alle Inspiration, all mittägliche Leuchtkraft menschlichen Genies dazu bestimmt sind, im gewaltigen Sterben des Sonnensystems unterzugehen, und daß der gesamte Tempel menschlicher Errungenschaften unvermeidlich unter dem Schutt eines in Ruinen zerfallenden Universums begraben sein wird – alle diese Dinge mögen zwar nicht völlig unbestritten sein, sind aber doch so annähernd gewiß, daß keine Philosophie, die sie verneint, auf Bestand hoffen kann.[3]

Ist dies die Erzählung, die einer im Freudschen Sinne erwachsen gewordenen Menschheit entspricht? Können wir an eine solche Erzählung glauben? In irgendeinem Winkel unseres Gehirns können wir es vermutlich, aber es ist eine Art Glaube, mit der nichts anzufangen ist und die uns nichts einbringt – wie irgendein überhitzter Postmoderner, der »glaubt«, die Blutzirkulation im Körper sei nichts weiter als ein soziales Konstrukt, oder irgendein Wissenschaftsphilosoph, der »glaubt«, für die Schlußfolgerung, daß morgen die Sonne aufgeht, fehle es an einer logischen Grundlage, oder irgendein Relikt des Stoizismus, das »glaubt«, daß nichts, was sich bewegt, je sein Ziel erreichen wird.

In derlei Glauben ist »Wahrheit«, aber es läßt sich nichts damit anfangen. Eine große Erzählung muß nicht im wissenschaftlichen Sinne »wahr« sein, um zu leisten, was sie leisten soll. Viele bleibende Erzählungen enthalten Einzelheiten, die, wenn man objektive Fakten zum Maßstab nimmt, irrig sind oder sich wenigstens nicht verifizieren lassen. Der Welt einen Sinn zu geben ist der Zweck einer großen Erzählung, nicht, sie wissenschaftlich exakt zu beschreiben.

Maßstab für die »Wahrheit« einer solchen Erzählung sind

ihre Konsequenzen. Gibt sie Hoffnung, Ideale, persönliche Identität, eine Basis für moralisches Verhalten, Erklärungen für das Unerkennbare? Albert Einstein wußte genau, daß am Ende alles unter dem Schutt eines zertrümmerten Universums begraben sein wird. Aber für ihn war dies nicht die Erzählung, die er verwendete, um seinem Leben einen Sinn zu geben. Er fand eine andere in, wie er es formulierte, »einem begeisterten Staunen über die Harmonie der Naturgesetze, die eine Intelligenz von einer derartigen Überlegenheit erweist, daß im Vergleich dazu alles systematische Denken und Handeln von Menschen eine höchst unbedeutende Reflexion ist«.[4] Als Zusammenfassung dessen, was Gott zu Hiob gesagt hat, läßt sich das schwerlich übertreffen.

Damit sage ich nicht, daß Einstein an einen Gott als Ursprung menschlicher Moralauffassungen glaubte. Mit seinen anderen Äußerungen über Gott (»Gott würfelt nicht mit dem Universum«; »Gott ist geheimnisvoll, aber nicht gehässig«) könnte jene »überlegene Intelligenz« gemeint sein, von der er im oben zitierten Satz spricht. Überlegene Intelligenz? Was könnte er damit gemeint haben? Vielleicht dasselbe, was sich Bertrand Russell dachte, als er sagte, daß Gott, falls er existiere, eine Differentialgleichung sei. Ich glaube das aber eher nicht, denn seine anthropomorphe Rede von der Ordnung des Universums als Reflex einer überlegenen Intelligenz impliziert etwas wie einen Sinn, während dies bei Russells Äußerung nicht der Fall ist. Wie dem auch sei, ich mache auf Einstein aufmerksam, weil er ein so klares Beispiel für aufgeklärtes Denken im zwanzigsten Jahrhundert ist. Und ich verbinde ihn mit John Stuart Mill, der ein so eindeutiges Beispiel für aufgeklärtes Denken im neunzehnten Jahrhundert darstellt. Mill sagte: »Das Wesentliche an einer Religion ist die kraftvolle und ernsthafte Ausrichtung der Empfindungen und Wünsche auf ein ideales Objekt, das als von allerhöchster Vollendung und als zu Recht vorrangig vor jedweden selbstbezogenen Wunschobjekten erkannt wird.«[5]

Von diesen beiden bedeutenden *philosophes*, von Einstein und Mill, können wir lernen, was sie von ihren Vorläufern gelernt haben – daß man so leben muß, *als gäbe es* eine transzendente Autorität. »Man kann über die klarste und vollständigste Kenntnis dessen verfügen, was *ist*«, schreibt Einstein, »und dennoch außerstande sein, daraus abzuleiten, was das Ziel unseres menschlichen Strebens sein *sollte*. Objektives Wissen stellt uns wirkungsvolle Instrumente zum Erreichen bestimmter Zwecke zur Verfügung, aber das letzte Ziel und die Sehnsucht, es zu erreichen, muß aus einer anderen Quelle kommen.«[6] Diese andere Quelle ist die Religion. Weder Mill noch Einstein glaubten den Erzählungen, die traditionellen Religionssystemen Form und Inspiration verleihen und die Mill die »übernatürlichen Religionen« nannte. Beide aber begriffen, daß wir einer in ihrem Wesen transzendenten Erzählung bedürfen, die moralischem Verhalten eine Grundlage gibt. Sie fanden sie in den »Naturgesetzen« und in den Fähigkeiten der »menschlichen Natur«. In ihren Erzählungen verfügen Menschen über ein angeborenes Empfinden für das Gute und für die Einheit der Menschheit. Mill nannte seine Erzählung die Religion der Humanität. Einstein sprach von einem kosmischen religiösen Empfinden. Und die Details ihres moralischen Codes fanden sie in heiligen Texten und der Geschichte, wie auch in einfachen menschlichen Gewohnheiten, das heißt in unseren Verpflichtungen gegenüber denen, die nach unserem Urteil im Einklang mit den Grundsätzen menschlicher Solidarität gehandelt haben. Mill schrieb:

> … der Gedanke, daß unsere toten Eltern oder Freunde unser Verhalten gutgeheißen haben würden, ist ein kaum weniger starkes Motiv als das Wissen, daß unsere Zeitge-

nossen es gutheißen; und die Idee, daß Sokrates oder Howard oder Washington oder Antonius oder Christus uns beigepflichtet hätten, oder das wir das Unsere in demselben Geiste tun, in dem sie das Ihrige getan haben, hat für die besten Köpfe als starker Anreiz gewirkt, ihren höchsten Gefühlen und Überzeugungen gemäß zu handeln.[7]

Daß *als Bestandteil unseres Wesens* eine Tendenz zum moralischen Handeln in uns ist – willkürliches Töten zu verabscheuen, die Eltern zu ehren, Kinder zu umsorgen, die Wahrheit zu sagen, Barmherzigkeit zu üben, den Egoismus zu überwinden, sowie all die anderen Aufforderungen, die wir in allen heiligen Texten finden –, ist ein Erbe der Aufklärung. Und daß diese Tendenz sich nicht auf wissenschaftliche Weise belegen läßt, sondern als Glaube angenommen werden muß, ist ebenfalls ein Element dieser Erbschaft. Und ein weiteres Element dieser Erbschaft besagt, daß sich nichts dagegen einwenden läßt, daß jemand an eine göttliche Quelle der eigenen moralischen Grundlagen glaubt, sofern er keine absolute Gewißheit für den eigenen Glauben beansprucht.

Denn unverkennbar begriffen die meisten *philosophes* der Aufklärung, daß absolute Gewißheit ein Übel ist, das die Vernunft erstickt und den Glauben pervertiert; es ist das direkte Gegenteil des religiösen Geistes. Deshalb hielten sie es auch nicht für nötig, zu »beweisen«, daß ihre Erzählung unbezweifelbar oder allen anderen überlegen oder logisch unangreifbar war. Sie mußte nur dazu *ausreichen*, sie zum Pfad des von Vernunft und geschichtlicher Übereinkunft bestimmten Rechten zu geleiten. Der moderne christliche Apologet C. S. Lewis spricht von der »geschichtlichen Übereinkunft« als dem *Tao*, einem Abriß von Geboten und Verboten, die sich in sämtlichen Sammlungen moralischer Diskurse vom alten

Ägypten über die chinesischen Analekten und Homers *Ilias* bis zum Alten und Neuen Testament finden. Den Ausdruck *Tao* hätte man im achtzehnten Jahrhundert noch nicht verwenden können, aber genau dies meinten seine Denker. Es war, was sie mit »selbstverständlich« meinten. Und dies gab ihnen Mut und Optimismus.

Gemeinhin wird angenommen, daß das zwanzigste Jahrhundert die Auflösung der großen Erzählungen des achtzehnten Jahrhunderts mit sich gebracht hat. Unbestreitbar waren wir vor kurzem Zeuge, wenn nicht Beteiligte, von Aufstieg und Fall dreier abscheulicher Erzählungen, deren jede absolute Gewißheit für sich beanspruchte und andere Erzählungen herabwürdigte und dann auszulöschen versuchte; und jede von ihnen dauerte lange genug, um einen bisher nicht gekannten Massenmord zu erzeugen: Nazismus, Faschismus und Kommunismus. Desgleichen gilt als sicher, daß wir auf unserem Weg in eine postmoderne Welt ohne eine Erzählung sind, die uns Mut und Optimismus geben kann; daß wir uns »einer Krise des Erzählens« gegenüber sehen, wie es Vaçlav Havel (und andere) genannt haben. Die alten Götter sind gestürzt, verwundet oder tot. Neue gibt es nicht. »Wir halten nach neuen wissenschaftlichen Rezepten Ausschau«, sagt Havel, »nach neuen Ideologien, neuen Herrschaftssystemen, neuen Institutionen ...«

Mit anderen Worten, wir suchen nach neuen Erzählungen, die uns »ein elementares Gerechtigkeitsempfinden« geben, »die Fähigkeit, die Dinge so zu sehen, wie andere sie sehen, ein Empfinden für transzendente Verantwortung, archetypische Weisheit, für guten Geschmack, Mut, Mitgefühl und Glauben«.[8] Welche Schwierigkeiten dies mit sich bringt, darf niemand unterschätzen. Wir wissen, daß Skepsis, Desillusionierung, Entfremdung – und all die anderen Worte, die wir verwenden, um einen Sinnverlust zu beschreiben – zu

Charakteristika unserer Zeit geworden sind, die jegliche gesellschaftliche Institution erfaßt haben. Wenn nichts sonst, bedeutet jedenfalls die fast weltweit zu beobachtende Rückkehr zum »Tribalismus« ein Suchen nach der Rückgewinnung einer Quelle transzendenter Identität und Werte. Wir wissen – wir wissen es doch wirklich –, wie gefährlich diese Suche sein kann, weshalb sich niemand über das Aufkommen von Skinheads im Westen wundern kann, die die Symbole und Programme des Nazismus wiederbelebt haben, oder über die Popularität eines Wladimir Schirinowskij, des »russischen Hitler«, der den Massen eine emotionalere Zukunft verspricht als nur die Umwandlung in eine Marktwirtschaft. Schirinowskij bezieht seine Erzählung aus der Hölle, aber eines müssen wir ihm zugestehen: Er weiß genau, daß die Menschen Erzählungen nicht weniger brauchen als Nahrung.

Wo aber finden wir eine Erzählung der Art, nach der Havel Ausschau hält? Die Antwort, denke ich, lautet, eben dort, wo wir seit jeher neue Erzählungen gefunden haben: in den älteren, die wir bereits kennen. Eine Erzählung für unsere Zeit brauchen wir nicht zu erfinden. Die Menschen tun das nie. Seit den Anfängen bewußten Lebens haben wir unsere Erfahrungen mit uns selbst und mit unserer stofflichen Welt zu Schilderungen verwoben, und jede Generation hat ihre Form der Wiedergabe an die nächste weitergereicht. Und die neuen Generationen, die mehr und mehr Erfahrungen mit der Welt und ihrer Komplexität gemacht haben, mußten die alten Geschichten auf neue Weise lesen – nicht ablehnend, sondern sie revidierend und so erweiternd, daß ihr Sinngehalt das Neue und Komplexe aufnehmen konnte. Die großen Revolutionen und Offenbarungen der menschlichen Vergangenheit, und ich schließe die christliche Offenbarung darin ein, waren allesamt Wiedererzählungen, neue Wege des Erzählens altüberkommener Wahrheiten in einer Form, die auch einer größeren Welt Raum gab.

Wir im Westen sind Erben zweier großer und unterschiedlicher Erzählungen. Die ältere von beiden ist selbstverständlich diejenige, die mit der Aussage beginnt: »Am Anfang war Gott«. Und die jüngere ist eine Schilderung der Welt, wie sie Wissenschaft und Vernunft liefern. Die eine ist die Erzählung von der Schöpfung und von Hiob, von Markus und Paulus. Die andere ist Euklids Erzählung und die Galileos und Newtons und Darwins. Beide sind große und bewegende Darstellungen des Universums und des menschlichen Ringens, das darin stattfindet. Beide sprechen von menschlicher Schwäche und Irrtum und von Grenzen. Beide können so erzählt werden, daß sie an unsere Treuhänderschaft appellieren und unsere Verantwortlichkeit in ihnen anklingt. Beide enthalten sie den Keim einer Erzählung, die sowohl hoffnungsvoll als auch stimmig ist. Es sei mir erlaubt, hier meine zwei liebsten Zitate zu diesen Dingen anzuführen. Sie liegen 375 Jahre auseinander. Das erste stammt von Galileo. Er sagte: »Die Absicht des Heiligen Geistes ist, uns zu lehren, wie man in den Himmel kommt, nicht aber, wie der Himmel funktioniert.«[9] Das zweite ist von Papst Johannes Paul II. Er sagte: »Die Wissenschaft kann die Religion von Irrtum und Aberglauben reinigen. Die Religion kann die Wissenschaft von Götzenanbetung und falschen Absolutheiten reinigen.«[10]

Ich verstehe diese beiden Männer so, als sagten sie, was ich gern sagen möchte. Wissenschaft und Religion werden nur dann zukunftsträchtig, nützlich und lebenspendend sein, wenn wir sie mit einer neuen Demut zu lesen lernen – als *Erzählungen*, als begrenzte menschliche Darstellungen der Wahrheit. Wenn wir weiterhin die Wissenschaft oder die Heilige Schrift so lesen, als gäben sie uns die Wahrheit direkt und definitiv, dann werden alle darin enthaltenen Hoffnungen und Versprechen zu Staub. Eine als universelle Wahrheit, nicht als menschliche Erzählung gelesene Wissenschaft degeneriert zu technologischer Sklaverei. Eine als universelle Wahrheit, nicht als menschliche Erzählung gelesene Heilige Schrift degeneriert zu ... was? Zu Inquisition, Heiligem Krieg, Holocaust – und davor flüchten die Menschen in die Verzweiflung. Hier wie dort vernichtet Gewißheit die Hoffnung und beraubt uns der Möglichkeit einer Erneuerung.

Ich glaube, daß wir jetzt in einem besonderen geschichtlichen Augenblick leben, an einem jener sich verdüsternden Momente, wenn alles um uns im Wandel begriffen ist und wir noch nicht sehen können, wo unser Weg liegt. Die alten Formen, in denen wir uns selbst erklärt haben, reichen nicht mehr aus, um eine Welt zu erfassen, die durch unsere Technologien paradox klein geworden ist und doch zugleich größer, als wir zu erfassen vermögen. Zu einfacheren Zeiten und simpleren Erzählungen gibt es keinen Weg zurück – zu Erzählungen, die Klans und Stämme und Völker schufen, als die Welt noch genug Raum für sie alle hatte.

In einer Welt elektronischer Technologien gibt es keine Inselkontinente, sind keine Orte übriggeblieben, wo man sich verstecken oder wohin man sich aus den Gemeinschaften von Männern und Frauen zurückziehen könnte. Wir können die Welt nicht dazu bringen, daß sie nur eine einzige Erzählung – nämlich die unsrige – akzeptiert, indem wir sie lauter als alle anderen vortragen oder jene zum Schweigen bringen, die ein anderes Lied singen. Niels Bohr, einer der bedeutendsten Wissenschaftler unseres Jahrhunderts, hat eine sehr weise Äußerung getan, die es zu beherzigen gilt: »Das Gegenteil einer richtigen Aussage ist eine unrichtige Aussage. Das Gegenteil einer tiefen Wahrheit ist eine andere tiefe Wahrheit.«[11]

Er wollte damit sagen, daß wir eine breiter angelegte Interpretation der menschlichen Vergangenheit, unserer Beziehungen zueinander und zu Gott benötigen, ein neues Erzählen unserer alten Geschichten, so daß viele Wahrheiten darin eingehen und wir mit dem Wandel wachsen können. Nur dann aber werden wir die Erzählung vom Menschen breiter anlegen können, wenn wir uns selbst ein bißchen kleiner machen – wenn wir sehen, daß das einem jeden von uns gewährte Blickfeld nur ein kleines Fragment einer bei weitem größeren Wahrheit ist, die zu kennen den Sterblichen nicht gegeben ist.

Der Technologie-Gott verspricht uns: »Ja, ihr könnt … alles haben.« Meine eigene, beschränkte Lesart der Heiligen Schrift sagt mir, daß Gott ein solches Versprechen nie gegeben hat, sondern nur, daß wir *genug* verstehen können – genug für jeden von uns und für eine Zeit. Für Menschen, die diesem Versprechen glauben, ist die Herausforderung, unsere Erzählung im Hinblick auf neue und sich verändernde Zeiten neu zu erzählen, nicht nur ein Test für unsere Erkenntnis, sondern auch ein Test für unseren Glauben.

KAPITEL SIEBEN
Kinder

Die Kindheit wurde im siebzehnten Jahrhundert erfunden. Seit dem achtzehnten Jahrhundert begann sie die uns vertraute Form anzunehmen. Im zwanzigsten Jahrhundert setzte die Auflösung der Kindheit ein, und im einundzwanzigsten könnte sie ganz verlorengehen – es sei denn, es besteht ein ernsthaftes Interesse daran, sie zu erhalten.

Diese Zusammenfassung des Aufstiegs und Niedergangs der Kindheit mag manche Leser überraschen, besonders solche, die der Auffassung sind, wo es Kinder (das heißt kleine, junge Menschen) gibt, müsse es auch die Kindheit geben. Aber dem ist nicht so. Kindheit ist keine biologische Notwendigkeit, sondern ein gesellschaftliches Konstrukt. Obwohl ich immer zögere, den oft mißbrauchten Ausdruck »gesellschaftliches Konstrukt« zu verwenden, trifft er, wenn überhaupt je, dann auf die Kindheit zu.

Ich habe einmal ein Buch verfaßt, das den Prozeß schildert, in dem sich der Begriff der Kindheit ausgebildet hat, und will weder den Leser noch mich hier mit der Wiedergabe dieser Argumentation belasten. (Im Anhang III findet sich ein kurzer Abriß, freilich ein etwas längerer als der erste Absatz dieses Kapitels.) Es muß in diesem Buch aber etwas dazu gesagt werden, was mit der Kindheit im achtzehnten Jahrhundert geschehen ist. Und dem kommt man am nächsten, wenn man sagt, daß damals eine Theorie der Kindheit aufkam – genauer gesagt, mehrere Theorien. Dies wurde nötig, weil das achtzehnte Jahrhundert – in Lawrence Stones Formulierung – »ein Wendepunkt in der Anerkennung der Kindheit als einer Zeitphase mit ihren eigenen, spezifischen Bedürfnissen« war.[1] So kamen, um ein Beispiel zu geben, zwischen 1750 und 1814 2 400 verschiedene Kinderbücher heraus. Davor gab es nahezu keines. Vor dem siebzehnten Jahrhundert wurden, um ein weiteres Beispiel anzuführen, die Gräber von Kindern, die als Säuglinge oder sehr früh gestorben waren, nicht gekennzeichnet, was darauf verweist, daß man meinte, solche Kinder hätten noch keine eigene Individualität. Die Praxis, die Gräber von Kindern zu markieren, die nur wenige Stunden am Leben geblieben waren, begann in vereinzelten Fällen im siebzehnten Jahrhundert und wurde im achtzehnten üblich. Vor dem achtzehnten Jahrhundert war es sogar eine weit verbreitete Praxis, dem Neugeborenen den Vornamen eines älteren Geschwisters zu geben, und noch im frühen achtzehnten Jahrhundert wurde so verfahren. Der 1737 geborene Edward Gibbon erklärt, weshalb dies geschah:

> ... so schwach war mein Zustand, so prekär mein Leben, daß die Klugheit meines Vaters bei der Taufe meiner Brüder immer wieder aufs neue meinen Vornamen Edward wiederholte, damit im Falle des Dahinscheidens des ältesten Sohnes diese patronyme Namensgebung dennoch in der Familie erhalten würde.[2]

Mit Leichtigkeit lassen sich Beispiele anführen, wie im Verlauf des achtzehnten Jahrhunderts das Konzept der Kindheit als eines eigenständigen Lebensstadiums Gestalt gewann. Dies zeigt sich am Aufkommen von Kinderkleidung, einer spezifisch auf Kinder angelegten Erziehung, in Gesetzen, die zwischen von Kindern und von Erwachsenen begangenen Verbrechen unterschieden, in für Kinder erdachten Spielen (im achtzehnten Jahrhundert wurden die Puzzles und Würfelspiele erfunden) sowie in einer fürsorglicheren und behutsameren Einstellung der Eltern gegenüber Kindern. Wir sehen diese Veränderung in Familienporträts (von Reynolds, J. S. Copley und anderen), auf denen die Kinder in einem ungezwungenen und freundschaftlichen Verhältnis zu ihren Eltern dargestellt sind, während für frühere Porträts formelle Posen charakteristisch sind, bei denen die Kinder wie deformierte Erwachsene aussehen.

Überdies machte sich im achtzehnten Jahrhundert mit beträchtlichem Nachdruck der Gedanke breit, daß der Staat das Recht habe, als Beschützer von Kindern aufzutreten, wodurch die Autorität der Eltern eingeschränkt wurde. Hinsichtlich der Verantwortung für die Pflege und Erziehung wurden Eltern und Obrigkeit zu Partnern. Und schließlich galten das Verprügeln von Kindern und sonstige schwere körperliche Strafen als nicht mehr akzeptabel.

All dies und anderes mehr war angeregt von und ein Reflex auf Theorien über die Kindheit, und zwar vor allem von zweien. Die frühere ist mit dem großen englischen Philosophen John Locke verbunden. Seine 1693 publizierte Abhandlung *Some Thoughts Concerning Education (Einige Gedanken zur Erziehung)*, ein Bestseller, erlebte im Verlauf des achtzehnten Jahrhunderts fünfundzwanzig Auflagen. Locke hieß übrigens gemäßigte Körperstrafen gut, aber nur, bis das Kind seine Vernunftkräfte entwickelt hatte; danach sollten psychologische Methoden angewendet werden. Lockes Argumente gegen körperliche Mißhandlungen wurden, wie Jonathan Swift 1711 im *Spectator* bemerkte, bereits im frühen achtzehnten Jahrhundert zur herrschenden Meinung.

Aufschlußreicher aber ist, daß Locke Beziehungen zwischen Bildung und Kindheit sah und eine Erziehung befürwortete, die das Kind zwar als kostbare Ressource behandelte, aber doch verlangte, daß der intellektuellen Entwicklung von Kindern und ihrer Fähigkeit zur Selbstbeherrschung höchste Aufmerksamkeit gelten müsse. In der Tat zielten Lockes aufgeklärte Ansichten zur körperlichen Entwicklung des Kindes auf die Förderung der kindlichen Vernunft ab. Ein Kind müsse einen kräftigen Körper haben, schrieb er, »damit es imstande ist, den Befehlen des *Bewußtseins* [seine Hervorhebung] zu gehorchen und sie auszuführen«. Locke begriff auch die Wichtigkeit von Scham als Mittel, die Unterscheidung zwischen Kindheit und Erwachsensein aufrechtzuerhalten. »Mehr als alles andere«, schrieb er, »sind Achtung und Schande die wirkungsvollsten Anreize für das Bewußtsein, wenn es erst einmal dazu gebracht worden ist, sie zu schätzen. Wenn es gelingt, in Kindern anzulegen, daß sie an Anerkennung Gefallen finden und einen Begriff von Scham und Schande haben, hat man ... in sie das wahre Prinzip eingepflanzt.«

Vor allem aber hat Locke durch seine bekannte Idee, daß das Bewußtsein bei der Geburt eine *tabula rasa*, eine leere Tafel, sei, die Theorie der Kindheit vorangebracht. Damit fiel Eltern und Lehrern (und später dem Staat) eine schwere Verantwortung für das zu, was diesem Bewußtsein eingeschrieben wurde. Ein unwissendes, schamloses und unbeherrschtes Kind war Ausdruck des Fehlverhaltens von Erwachsenen, nicht des Kindes. Wie Freuds Überlegungen zur psychischen Repression zweihundert Jahre später bewirkte auch die Lockesche *tabula rasa* bei Eltern ein Schuldgefühl hinsichtlich der Entwicklung ihrer Kinder und sorgte dafür, daß eine sorgfältige Erziehung höchsten gesellschaftlichen Rang bekam, zumindest in der Schicht der Kaufleute, die gewissermaßen Lockes Publikum waren. Und wenn auch Locke kein Horace Mann war, insofern in seiner Vorstellung ein gleiches Recht auf Schulbildung für alle Kinder keinen Platz hatte, schlug er doch ein Lehrlingsprogramm für die Ausbildung armer Kinder vor, deren Gemüter schließlich nicht weniger formbar waren als die jener aus der Mittel- und Oberschicht.

Der zweite, der im achtzehnten Jahrhundert einen starken intellektuellen Einfluß auf die Idee der Kindheit hatte, war natürlich Rousseau. Obwohl nach meiner Ansicht Rousseau keine klare Vorstellung davon hatte, weshalb es zur Kindheit gekommen war und wie sie erhalten werden könnte (bei Locke war das anders), hat er doch in zweierlei Hinsicht nachhaltig zu ihrer Fortentwicklung beigetragen. Zum einen dadurch, daß er darauf bestand, daß das Kind um seiner selbst willen wichtig ist und nicht als Mittel zu einem Zweck. Darin unterschied er sich deutlich von Locke, der im Kind zu jedem Zeitpunkt den potentiellen Bürger und vielleicht sogar Kaufmann sah. Rousseaus Gedanke war nicht gänzlich neu, denn zu der Zeit, als er schrieb, herrschte in Frankreich bereits eine gewisse Achtung vor dem Charme und dem Wert der Kindheit.

Rousseau selbst zitiert einen alten Herrn, der, als er von Ludwig XV. gefragt wurde, ob ihm das achtzehnte Jahrhundert besser gefalle als das siebzehnte, antwortete: »Sire, ich habe meine Jugend in Achtung vor dem Alter verbracht. Jetzt sehe ich mich genötigt, mein Alter in Achtung vor den Jungen zu verbringen.« Aber Rousseaus Überzeugungskraft als Autor und seine charismatische Persönlichkeit waren so unwiderstehlich, daß die Mehrzahl seiner Anhänger sich zu glauben weigerten (was Voltaire und andere unter seinen Gegnern aufgedeckt hatten), daß Rousseau seine eigenen Kinder Heimen überantwortet hatte. Wie groß seine persönlichen Mängel auch gewesen sein mögen, seine Schriften weckten jedenfalls eine Neugier hinsichtlich des Wesens der Kindheit, die bis zum heutigen Tag fortdauert. Es läßt sich durchaus sagen, daß Friedrich Fröbel, Johann Pestalozzi, Marie Montessori, Jean Piaget, Arnold Gesell und A. S. Neill allesamt Rousseaus geistige Erben sind. (Fröbel und Pestalozzi haben ihre Schuld ihm gegenüber ausdrücklich anerkannt.) Daß auch ihre Arbeiten von der Annahme ausgehen, die Psychologie der Kindheit unterscheide sich fundamental von derjenigen der Erwachsenen und sei als etwas Eigenständiges zu bewerten, steht außer Frage.

Rousseaus zweiter Gedanke war, daß das intellektuelle und das emotionale Leben eines Kindes nicht deshalb wichtig sei, weil wir es kennen müssen, um unsere Kinder entsprechend zu lehren und heranzubilden, sondern weil die Kindheit das Lebensstadium ist, das dem »Naturzustand« des Menschen am nächsten kommt. Nie wieder, die heutigen Kalifornier vielleicht ausgenommen, ist dieser Zustand auch nur annähernd so hoch bewertet worden wie bei Rousseau. In *Émile* gesteht er, ich habe es bereits erwähnt, Kindern nur ein einziges Buch als Lektüre zu, den *Robinson Crusoe*. Und dies nur, weil das Buch demonstriert, wie der Mensch in einer »natürlichen Umwelt« leben und ihrer Herr werden kann. Rousseaus Obsession vom Naturzustand und seine entsprechende Verachtung für »zivilisierte Werte« machten die Welt zum ersten Mal auf Kindheitstugenden wie Spontaneität, Reinheit, Stärke und Freude aufmerksam, die alle zu Wesensmerkmalen wurden, die es zu pflegen und hochzuhalten galt. Und die großen Künstler der Romantik zögerten nicht, die *joie de vivre* der Kindheit zu ihrem Thema zu machen. Besonders Wordsworths Dichtung bildet Erwachsene als »gefallene Kinder« ab und feiert die Unschuld und Natürlichkeit der Kindheit. Wagners *Siegfried* wird oft als das Werk genannt, welches die Tugenden der Adoleszenz am eindringlichsten zum Ausdruck bringt. Vergessen sollten wir auch nicht, daß im achtzehnten Jahrhundert das romantischste und bezauberndste Bild der Adoleszenz gemalt wurde, das jemals geschaffen worden ist, Gainsboroughs »Blauer Junge«.

Als das Konzept der Kindheit sich ins neunzehnte und zwanzigste Jahrhundert fortbewegte und als es den Atlantik überquerte und in die Neue Welt gelangte, waren es demnach zwei geistige Strömungen, die in dieser Idee zusammenflossen. Man könnte sie einerseits als die Lockesche oder protestantische und andererseits als die Rousseausche oder romantische Konzeption der Kindheit bezeichnen. In protestantischer Sicht ist das Kind ein ungeformter Mensch, der durch das Erlernen des Lesens und Schreibens, durch Erziehung, Vernunft, Selbstbeherrschung und Schamgefühl zu einem zivilisierten Erwachsenen wird. In romantischer Sicht ist das Problem nicht das ungeformte Kind, sondern der deformierte Erwachsene. Das Kind verfügt von Geburt an über das Vermögen zur Aufrichtigkeit, zum Begreifen, zu Neugier und Spontaneität – Wesenszüge, die durch Lesen und Schreiben, Erziehung, Vernunft, Selbstbeherrschung und Scham abgetötet werden.

Am anschaulichsten wird der Unterschied zwischen diesen beiden Sichtweisen, wenn man sich die gegensätzlichen Metaphern zur Kindheit vergegenwärtigt, die Locke und Rousseau formuliert haben. Es ist, so scheint mir, nicht häufig bemerkt worden, daß beispielsweise Lockes Metapher für Geist und Gemüt als Tafel exakt den Zusammenhang zwischen Kindheit und gedrucktem Wort abbildet. Tatsächlich faßt die *tabula rasa* das Kind als ein ungenügend niedergeschriebenes Buch auf; zum reifen Erwachsenen wächst es heran, weil und während seine Seiten beschrieben werden. Nichts an diesem Vorgang ist »natürlich« oder biologisch. Es ist ein Prozeß der symbolischen Entwicklung – sequentiell, segmentiert, sprachlich. Für Locke und die meisten Denker des achtzehnten Jahrhunderts waren das Unvermögen, zu lesen und zu schreiben, und die Kindheit nicht voneinander zu trennen; Erwachsensein definierten sie als totale sprachliche Kompetenz.

In Rousseaus *Émile* heißt es demgegenüber, daß »Pflanzen durch Kultivierung verbessert werden und der Mensch durch Erziehung«. Hier ist das Kind eine Wildpflanze, die sich durch Buchgelehrsamkeit schwerlich verbessern läßt. Sein Heranwachsen ist etwas Organisches und Natürliches; das einzige, was die Kindheit braucht, ist, daß sie nicht durch die schädlichen Ausflüsse der Zivilisation erstickt wird. Für Rousseau war die Erziehung im wesentlichen ein Vorgang der Subtraktion; für Locke einer der Addition. Wie groß der Unterschied zwischen diesen beiden Metaphern jedoch auch sein mag, bei beiden geht es um Zukünftiges. Locke wollte, daß die Erziehung ein reichhaltiges, vielfältiges und wortreiches Buch zur Folge haben sollte; für Rousseau sollte es eine gesunde Blume sein. Sich dessen bewußt zu sein, ist deshalb wichtig, weil dieses Interesse am Künftigen den heutigen Metaphern der Kindheit immer öfter fehlt. Weder Locke noch Rousseau zweifelten je daran, daß es eine Kindheit ohne die an der Zukunft orientierte Anleitung durch Erwachsene geben könne.

In Amerika dominierte die protestantische Auffassung natürlich einen Gutteil des neunzehnten Jahrhunderts, obwohl die romantische Sicht nie gänzlich fehlte. Es ließe sich sogar behaupten, daß es sich bei Amerikas bedeutendstem Roman, den 1884 erschienenen *Abenteuern des Huckleberry Finn*, um ein Plädoyer zugunsten der romantischen Auffassung handelt. Jedenfalls attackierte Mark Twain die Annahme, daß Kinder grundsätzlich ungeformte Menschen seien. Und über die Behauptung, daß sich ihr Wesen durch gesellschaftliche »Werte« in großem Maße veredeln ließe, machte er sich lustig. Hucks angeborener Sinn für Fairneß und Würde, seine Findigkeit und psychische Stärke und sein schieres *Interesse* am Leben – all dies brach eine Lanze für die romantische Vision der Kindheit; zugleich war es Teil eines gegen Ende des neunzehnten Jahrhunderts einsetzenden allgemeinen Trends, das Wesen der Kindheit anders zu sehen als bisher.

Am Ende des neunzehnten Jahrhunderts war der Boden für das Werk zweier Männer bereitet, das alle Erörterungen über die Kindheit im zwanzigsten Jahrhundert bestimmen sollte. Das einflußreichste Buch jedes der beiden ließ nachdenkliche Menschen die Frage stellen: Wie finden wir einen Ausgleich zwischen den Ansprüchen der Zivilisation und denen des kindlichen Wesens? Ich spreche natürlich von Sigmund Freuds *Traumdeutung* und John Deweys *Schule und Gesellschaft*. Werk und Persönlichkeit beider sind zu bekannt, als daß hier viel dazu gesagt werden müßte, aber so viel doch: Zusammengenommen repräsentieren sie eine Synthese und Summe des Wegs der Kindheit vom siebzehnten in das zwanzigste Jahrhundert.

Erstmals in einem wissenschaftlichen Rahmen postulierte Freud, daß das Gemüt des Kindes unabweisbar eine Struktur und einen spezifischen Inhalt aufweise – beispielsweise, daß Kinder Sexualität besitzen und von Komplexen und instinktiven psychischen Trieben erfüllt sind. Um zu einem gereiften Erwachsensein zu gelangen, müßten Kinder ihren instinktiven Neigungen entwachsen, sie überwinden und sublimieren. Freud wendet sich damit gegen Locke und bestätigt Rousseau: Das Gemüt des Kindes ist keine *tabula rasa*; es kommt einem »Naturzustand« nahe; den Ansprüchen der Natur muß in gewissem Umfang Rechnung getragen werden, weil anderenfalls dauerhafte Persönlichkeitsstörungen die Folge sein werden. Zugleich aber stellt sich Freud gegen Rousseau und bestätigt Locke: Die frühesten Interaktionen zwischen Kind und Eltern haben entscheidenden Einfluß darauf, wie das Kind als Erwachsener einmal sein wird; die Leidenschaften des Gemüts lassen sich durch Vernunft beherrschen; ohne Repression und Sublimation ist keine Zivilisation möglich.

Ähnlich, jedoch im Rahmen der Philosophie, meinte Dewey, die psychischen Bedürfnisse des Kindes bedürften der Fürsorge nicht im Hinblick auf das, was das Kind einmal sein wird, sondern darauf, was es ist. Was braucht das Kind *jetzt*? Welche Probleme muß es *jetzt* lösen? Nur auf diese Weise, glaubte Dewey, werde das Kind künftig als Erwachsener konstruktiv am gesellschaftlichen Leben teilnehmen. »Wenn wir uns mit den wirklichen Instinkten und Bedürfnissen der Kindheit identifizieren«, schrieb er, »und nur ihre größtmögliche Erfüllung und Entfaltung [verlangen] ... werden sich Disziplin und zivilisiertes Verhalten des Erwachsenenlebens zur rechten Zeit einstellen.«[3]

In Freuds und Deweys Werk kristallisierte sich das Grundparadigma, das sich seit Erfindung der Druckerpresse herauszubilden begonnen hatte: das Kind als Schuljunge oder Schulmädchen, dessen Selbst und Individualität der Pflege bedarf, dessen Vermögen zur Selbstbeherrschung, zur aufgeschobenen Befriedigung und zum logischen Denken erweitert werden und dessen Wissen über das Leben unter der Kontrolle von Erwachsenen stehen muß. Zugleich jedoch wird das Kind als ein menschliches Wesen gesehen, das seine eigenen Entwicklungsregeln hat und über einen Zauber, eine Neugier und Begeisterungsfähigkeit verfügt, die nicht unterdrückt werden dürfen, will man nicht riskieren, daß seine Entwicklung zu einem reifen Erwachsenen gestört wird.

Freud und Dewey schrieben am Ende des neunzehnten und zu Beginn des zwanzigsten Jahrhunderts. Dewey starb 1952, Freud 1939, und keiner von beiden sah die Lebensbedingungen des späten zwanzigsten Jahrhunderts voraus, die die Konzeptionen des achtzehnten Jahrhunderts von der Kindheit problematisch machen sollten. Ich meine damit natürlich die »Informationsrevolution«, die es unmöglich macht, daß es für die Jugendlichen noch Geheimnisse gibt – sexuelle Geheimnisse, politische Geheimnisse, historische Geheimnisse, medizinische Geheimnisse –, kurzum, den ganzen Gehalt des Erwachsenenlebens, der doch mindestens in Teilen den Kindern verborgen bleiben muß, wenn es denn eine Kategorie des Lebens geben soll, die man Kindheit nennt.

Es gibt keine Theorie der Kindheit, zumindest keine seit der Erfindung des Buchdrucks, die nicht davon ausgegangen ist, daß die Informationsumwelt von Erwachsenen sich von derjenigen von Kindern unterscheidet und daß erstere voller, reichhaltiger, breiter und, um Rousseau und dem Leben die Ehre zu geben, auch deprimierender und unheimlicher ist. Im Begriff »Sozialisation« ist das impliziert. Er bedeutet den Prozeß, in dessen Verlauf die Kinder und Jugendlichen allmählich und in psychologisch verarbeitbarer Weise in die Erwachsenenwelt eingeführt werden. Wenn aber die in einer Kultur vorhandene Technologie es unmöglich macht, irgend etwas vor Kindern und Heranwachsenden geheimzuhalten, in welchem Sinne läßt sich dann noch von Kindheit sprechen?

Natürlich, in unserer Mitte leben junge, kleine Menschen, wie es schon immer war. Wenn sie aber im Alter von sieben oder acht oder von mir aus auch von elf oder zwölf Jahren Zugang zu denselben Informationen wie die Erwachsenen haben, wie können Erwachsene sie dann noch in ihre Zukunft leiten? Was hat ein Vierzigjähriger einem Zwölfjährigen noch beizubringen, wenn beide dieselben Fernsehprogramme, dieselben Filme, dieselbe Werbung, dieselben Nachrichtensendungen gesehen und dieselben CDs gehört oder sich dieselben Informationen aus dem Internet geholt haben?

Die Antwort schlägt auf uns in der Form einer anderen Theorie zurück, deren praktische Ausformung sich in Amerika leicht beobachten läßt. Kinder sind danach weder leere Tafeln noch knospende Pflanzen. Sie sind Märkte, genauer gesagt, Konsumenten, deren Bedarf an Produkten in etwa derselbe wie der von Erwachsenen ist. Im Typus von Spielzeug und anderen unterhaltenden Produkten, die zu kaufen Kinder und Erwachsene verlockt werden, mag es Unterschiede geben, aber die gibt es schließlich auch bei dem, was man, altersunabhängig, Reichen oder Armen verkaufen kann. Das Entscheidende ist, daß Kindheit, wenn man überhaupt noch davon sprechen kann, inzwischen zur ökonomischen Kategorie geworden ist. Über das Ziel hinaus, sie zu Konsumenten zu machen, gibt es nur noch sehr wenig, was unsere Kultur für Kinder tun will. Ein Kind ist jemand, der Geld hat, um sich Dinge zu kaufen. Ein Erwachsener ist jemand, der mehr Geld hat, um sich Dinge zu kaufen. Das ist der Grund, weshalb sich Kinder schon mit elf oder zwölf Jahren einem sogenannten »Karrieretraining« unterziehen, ein klares Symptom dafür, daß sie nur mehr Miniaturausgaben von Erwachsenen sind. Und deshalb wird auch in Tausenden amerikanischen Schulen verlangt, daß die Schüler regelmäßig Werbesendungen sehen.[4]

Da Schüler von Gesetzes wegen zum Schulbesuch verpflichtet sind, kann man davon sprechen, daß dies das erste Mal in der Geschichte ist, daß Kinder (oder sonst jemand) *gesetzlich* dazu verpflichtet sind, dem Anpreisen von Waren Aufmerksamkeit zu schenken. Es ist sehr zu wünschen, daß wenigstens ein paar Kinder dies *nicht* tun, aber es ist schon erstaunlich, daß über diese Angelegenheit keine breite Diskussion stattgefunden hat. Andererseits, weshalb sollte sie eigentlich stattgefunden haben? Schließlich besteht die ganze Idee der Schulbildung heutzutage darin, die Jugendlichen für ihren Eintritt in das Wirtschaftsleben ihrer Gesellschaft kompetent zu machen, so daß sie auch weiterhin hingebungsvolle Konsumenten sein werden. Wollte man dem eine pseudo-religiöse Dimension geben, ließe sich sagen, daß die dahinter stehende Theorie meint, der sicherste Weg, sich Gottes Wohlwollen zu sichern, sei, Dinge zu kaufen, und dabei spielt es keine Rolle, wie alt man ist.

Für diese Konzeption ist das Gemüt eines Kindes nicht wie die Seiten eines Buches, ist es keine Pflanze, die der Hege und Pflege bedarf. Ein Kind ist ein ökonomisches Wesen, nicht anders als ein Erwachsener, dessen Wertempfinden zur Gänze von seiner Fähigkeit geformt wird, sich materielle Vorteile zu sichern, und dessen Zweck darin besteht, die Marktwirtschaft anzuheizen. Nicht einmal Adam Smith hätte sich das gewünscht, sowenig wie Karl Marx. Es stimmt natürlich, daß es nichts Neues ist, wenn man den Wert von Kindern ganz überwiegend ökonomisch bemißt. In der Welt des Mittelalters, als es nur zwei Lebensstadien – das Kleinkind- und das Erwachsenenalter – gab, war das fraglos so. Und in der gesamten modernen Geschichte, das Zeitalter der Aufklärung eingeschlossen, hat es immer Orte gegeben (und es gibt sie auch heute noch), wo die Arbeit von Kindern alles ist, was man von ihnen wollte, alles, was man von ihnen brauchte, alles, was sie zu bieten hatten. Es bedurfte des Begriffs »Kindheit«, eines dritten, in sich freudvollen Lebensstadiums, damit die kleinen Menschen die Zeit und Gelegenheit erhielten, zu reifen und zu einer humanen Persönlichkeit zu werden. Lassen wir diese Idee hinter uns zurück, wenn wir jetzt dabei sind, die Brücke in das neue Jahrtausend zu überqueren?

Denjenigen, die sagen, daß wir das nicht dürfen, sind nachfolgende Bemerkungen zugedacht, die ich mit der Frage beginne: Wurde die Kindheit entdeckt oder erfunden? Am Anfang dieses Kapitels habe ich die Kindheit als gesellschaftliches Konstrukt bezeichnet, was besagt, daß sie keine biologische Notwendigkeit ist, und weiter, daß sie erfunden und nicht entdeckt wurde. Ich könnte mich darin aber geirrt haben, und ich hoffe es. Forscher wie Sigmund Freud, Erik

Erikson, Arnold Gesell und insbesondere Jean Piaget waren der Überzeugung, daß die beobachtbaren Stadien der kindlichen Entwicklung von biologischen Imperativen gesteuert werden. Piaget sprach von seinen Untersuchungen als einer »genetischen Epistemologie«, worunter er verstand, daß der Entwicklungsverlauf des Kindes von einer zur nächsten Stufe des geistigen Leistungsvermögens einem genetischen Prinzip folgt. Wenn Piaget recht hat, dann wurde die Kindheit nicht dank eines radikalen Wandels in der Kommunikationsumwelt (nämlich durch die Druckerpresse) erfunden, sondern bloß entdeckt, und die neue Informationsumwelt bringt die Kindheit nicht »zum Verschwinden«, sondern unterdrückt sie nur.

Ich halte Piagets Untersuchungen ihres grundsätzlich ahistorischen Ansatzes wegen für nur begrenzt aussagekräftig. Die Möglichkeit, daß das von ihm beobachtete Verhalten von Kindern in früheren Zeiten nicht vorhanden oder doch wenigstens deutlich anders gewesen sein könnte, ist bei ihm nicht genügend berücksichtigt. Trotzdem hoffe ich, daß zutrifft, was er sagt. Wenn es so ist, dürfen wir uns zu dem Glauben ermutigt fühlen, daß die Kindheit sich behaupten wird, wenn sie denn nur die geringste Chance dazu hat, denn nicht umsonst heißt es, daß man Mutter Natur nicht zum Narren halten kann, jedenfalls nicht auf die Dauer. Falls jedoch, wozu ich eher neige, die Kindheit einzig und allein eine Hervorbringung der Kultur ist, dann hätte sie wohl eine radikale Neuordnung unserer Kommunikationsumwelt abzuwarten, bevor sie wieder mit festen und unverkennbaren Konturen zum Vorschein käme. Und dazu könnte es nie mehr kommen. Wir sind daher mit der Möglichkeit konfrontiert, daß es sich bei der Kindheit nur um eine vorübergehende Verirrung im Verlauf der Kulturgeschichte handelt, wie die vom Pferd gezogene Kutsche und das schwarze Gekritzel auf weißem Papier.

Um nicht in Trübsinn zu verfallen, bin ich bereit, mich auf folgende Formulierung einzulassen, von der ich hoffe, daß die künftige Forschung sie bestätigen wird: Kindheit ist ein dem Spracherwerb analoges Geschehen. Sie hat eine biologische Grundlage, aber zu ihrer Realisierung kommt es nur dann, wenn eine gesellschaftliche Umwelt sie zum Vorschein bringt und pflegt, was heißt, daß ein Bedürfnis dafür besteht. Wenn eine Kultur von einem Medium dominiert wird, das die Segregierung der Kinder erfordert, damit sie spezielle und komplexe Befähigungen und Einstellungen erlernen, dann wird es in dieser oder jener Form zu Kindheit kommen, klar erkennbar und unverzichtbar. Wenn aber die Kommunikationsbedürfnisse einer Kultur keine langfristige Segregierung von Kindern erfordern, dann bleibt die Kindheit stumm.

Angenommen, die Kindheit wäre zu retten, in irgendeiner Form. Wie können wir ihr eine Stimme geben? Es gibt drei Institutionen, die an dieser Frage ernsthaft interessiert sind: die Familie, die Schule und der Staat.

Was erstere anbetrifft, so ist es ebenso offenkundig wie deprimierend, daß Struktur und Autorität der Familie nachhaltig dadurch geschwächt worden sind, daß die Eltern die Kontrolle über die Informationsumwelt der Jugend verloren haben. Margaret Mead hat einmal das Fernsehen als den zweiten Elternteil bezeichnet, womit sie meinte, daß unsere Kinder buchstäblich mehr Zeit mit dem Fernseher als mit ihren Vätern verbringen. So gesehen könnten die Väter durchaus auch der vierte oder fünfte Elternteil sein, der erst nach Fernsehen, Internet, CDs, Radio und Filmen kommt. Vom Trend zur Entwertung der Elternschaft ermutigt, besaß die Bell Telephone einmal die Unverfrorenheit, die Väter aufzufordern, über eine bestimmte Nummer eine Geschichte anzuwählen, statt selbst ihren Kindern Geschichten zu erzählen. Unverkennbar ist jedenfalls, daß die Medien die Rolle der

Familie bei der Formung der Werte und Gefühle junger Menschen geschwächt haben.

Womöglich als Folge der größer gewordenen Souveränität der Medien haben überdies viele Eltern das Vertrauen in ihre Fähigkeit, Kinder aufzuziehen, verloren, weil sie glauben, daß auf ihre Kenntnisse und Instinkte kein Verlaß sei. Die Folge ist, daß sie dem Einfluß der Medien nicht nur keinen Widerstand entgegensetzen, sondern sich Experten zuwenden, die vermeintlich wissen, was für Kinder das beste ist. Psychologen, Sozialarbeiter, Erziehungsberater, Lehrer und andere Repräsentanten einer institutionellen Sicht besetzen weite Bereiche elterlicher Autorität, wenn auch zumeist als dazu Eingeladene. Dies bedeutet, daß es zu einem Verlust an jener Intimität, Abhängigkeit und Loyalität kommt, die traditionellerweise für das Eltern-Kind-Verhältnis charakteristisch sind. Manch einer glaubt gar heutzutage, daß die Eltern-Kind-Beziehung ihrem Wesen nach neurotisch ist und außerfamiliale Institutionen dem Wohl von Kindern dienlicher sind als ihre Familien.

Sich dem auf wirksame Weise entgegenzustellen, ist nicht einfach und hat seinen Preis. Wenn Eltern ihren Kindern die Kindheit bewahren wollen, müssen sie ihre Elternschaft als einen Akt der Rebellion gegen die zeitgenössische Kultur begreifen. Das gilt vor allem für Amerika. Allein schon, daß man als Eltern beisammen bleibt, ist ein Akt der Verweigerung und ein Verstoß gegen den Geist der Wegwerfkultur, der Kontinuität wenig gilt. Es ist schon fast unamerikanisch, daß man in der Nähe seiner Familie im weiteren Sinne bleibt, so daß die Kinder tagtäglich die Bedeutung von Verwandtschaft und den Wert der Ehrerbietung und Verantwortung gegenüber den Alten erfahren. Ähnliches gilt, wenn man von seinen Kindern verlangt, daß sie die Disziplin der aufgeschobenen Befriedigung oder Enthaltsamkeit in ihrer Sexualität oder

Zurückhaltung in Benehmen, Sprache und Stil erlernen. Auch dann steht man in Opposition zu so ziemlich jedem gesellschaftlichen Trend. Der Gipfel der Widersetzlichkeit ist freilich der Versuch, den Zugang der Medien zu unseren Kindern zu kontrollieren. Dafür gibt es zweierlei Möglichkeiten. Die eine ist eine Begrenzung der Menge medialer Bestrahlung, denen die eigenen Kinder ausgesetzt sind. Die andere ist, genau zu beobachten, *was* auf sie eindringt, und den von den Medien gelieferten Themen und Werten einen fortlaufenden kritischen Kommentar beizugeben. Beides ist alles andere als einfach und erfordert ein Maß an Aufmerksamkeit, das für die Erziehung ihrer Kinder aufzubringen die meisten Eltern nicht gewillt sind.

Und doch gibt es Eltern, die all dies zu tun versuchen und die damit den Anweisungen ihrer Kultur praktisch den Gehorsam verweigern. Solche Eltern verhelfen ihren Kindern nicht nur zu einer Kindheit, sondern schaffen zugleich damit eine Art intellektuelle Elite. Zumindest auf absehbare Zeit werden Kinder, die in einem solchen Zuhause aufwachsen, als Erwachsene mit Sicherheit in der Wirtschaft, in den freien Berufen und selbst in den Medien bevorzugt werden. Auf lange Sicht läßt sich nur folgendes sagen: Diese Eltern, die sich dem Zeitgeist widersetzen, werden zu etwas beitragen, was man den Kloster-Effekt nennen könnte, weil sie mithelfen werden, eine humane Tradition am Leben zu halten. Daß unsere Kultur einmal vergessen wird, daß sie Kinder hat, ist undenkbar, aber sie ist bereits dabei zu vergessen, daß Kinder eine Kindheit brauchen. Wer weiterhin darauf besteht, daran zu erinnern, wird sich und seinen Kindern einen großen Dienst erweisen.

Was die Rolle der Familie anbetrifft, sind noch zwei weitere Punkte anzuführen. Dabei bin ich mir zwar bewußt, daß man mich mißverstehen wird, aber ich bin nicht ängstlich genug, sie deswegen einfach zu übergehen. Beim ersten geht es um die Befreiung der Frauen aus ihren eingegrenzten gesellschaftlichen Rollen, worin ich eine der wahrhaft humanen Ideen des zwanzigsten Jahrhunderts sehe. Trotzdem ist auch dies nicht umsonst zu haben. Wenn Frauen ihren Platz in der Wirtschaft, in den Künsten und als Freiberufler finden, kann (fast *per definitionem*) nicht ausbleiben, daß Kraft und Bedeutung traditioneller Muster der Versorgung von Kindern bedenklich zurückgehen. Was auch immer an Kritischem gegen die exklusive Versorgerrolle von Frauen vorgebracht werden mag – es ist eine Tatsache, daß es Frauen, und zwar einzig und allein Frauen waren, welche die Wahrer der Kindheit gewesen sind und sie gestaltet und beschützt haben. Wie vernünftig es auch wäre, so ist es doch höchst unwahrscheinlich, daß Männer eine auch nur annähernd ähnliche Rolle übernehmen werden, wie Frauen sie bei der Erziehung von Kindern gespielt haben und immer noch spielen. Wenn aber beide Elternteile in die Welt hinausgehen, werden Kinder zu einer Belastung, und es gilt zunehmend als erstrebenswert, daß die Kindheit so früh wie möglich endet. Wie dem zu begegnen wäre, weiß ich nicht.

Als zweites möchte ich nur anmerken, daß in Amerika die fundamentalistische Bewegung (die früher die Moralische Mehrheit genannt wurde) sich des Verfalls der Kindheit bewußter ist als jede andere gesellschaftliche Gruppe. Ihre Versuche, Wirtschaftsboykotts gegen die Sponsoren bestimmter Fernsehprogramme zu organisieren, der Sexualität wieder Anstand und Achtung zurückzugeben und Schulen zu gründen, die auf rigorosen Verhaltensregeln bestehen, sind Beispiele für ein aktives Programm, das sich die Erhaltung der Kindheit zum Ziel gesetzt hat. Die liberale Tradition (die Fundamentalisten nennen sie voller Verachtung den säkularen Humanismus) hat in dieser Angelegenheit jammervoll wenig zu bieten. Bei ihrer Ablehnung ökonomischer Boykotts gegen TV-Sponsoren beispielsweise haben Propagandisten bürgerlicher Freiheitsrechte die seltsame Position vertreten, es sei besser, wenn Proctor & Gambles Moralvorstellungen den Inhalt von Fernsehsendungen bestimmen als diejenigen der Queen Victoria. Soweit denn überhaupt eine politische Philosophie den kulturellen Wandel zu beeinflussen vermag, hat jedenfalls die liberale Tradition mit ihrer generösen Akzeptanz alles Modernen und ihrer entsprechenden Feindseligkeit gegenüber allem, was »die Uhr zurückzudrehen« versucht, dazu beigetragen, den Niedergang der Kindheit zu fördern. In mancher Hinsicht aber geht die Uhr falsch, und so kommt es, daß der Fundamentalismus an eine Welt erinnert, die einmal ein gastlicher Ort für Kinder war und für deren künftiges Geschick ein hohes Verantwortungsgefühl empfand. Denjenigen von uns, die die Arroganz des Fundamentalismus ablehnen, ist es nicht verboten, sich einige von seinen Formeln auszuleihen.

Was die Schule angeht, so ist sie die einzig übriggebliebene öffentliche Institution, die auf der Annahme beruht, daß zwischen Kindheit und Erwachsenenalter gravierende Unterschiede bestehen. Aber die schwindende Autorität der Schule ist offensichtlich, und was noch schlimmer ist, es wird, wie schon gesagt, weitgehend akzeptiert, daß die Schule nur einen einzigen Zweck hat – nämlich die Kinder auf die Arbeitswelt der Erwachsenen vorzubereiten. Die Frage, wie man die Seelen der Schüler nährt – beispielsweise durch Kunst –, oder wie man den Geschmack kultiviert (so daß sie, mit Karl Kraus gesprochen, den Unterschied zwischen einem Nachttopf und einer Urne kennen), oder wie man einen reflektierten Patriotismus weckt (so daß weiterhin ein Interesse daran besteht, zu erfahren, wie und weshalb das eigene Land entstanden ist), oder wie man wissenschaftlich denkt (so daß begriffen wird, daß wissenschaftliches Denken nicht allein Sache von Wissenschaftlern ist und daß es wenig mit Technologie zu tun hat) – diese und andere Unterrichtsthemen sind zurückgedrängt und gelten für eine Erziehung von Konsumenten und Arbeitssuchern als redundant. Selbstverständlich gibt es Ausnahmen von diesem Trend, besonders in jenen Privatschulen, die an Theorien festhalten, die sich gegenüber dem im zwanzigsten Jahrhundert Gängigen sperren – etwa die Waldorf- und die Montessori-Schulen. Für den Großteil der übrigen aber gilt, daß dort eine humane Bildungstheorie keinen realen Einfluß mehr hat – weder Locke noch Rousseau, weder Freud noch Dewey.

Machen wir uns aber bewußt: Die moderne Schule war ein Geschöpf der Druckerpresse mit beweglichen Lettern, denn dorthin brachte man die Kinder, damit sie lesen und schreiben und somit auch lernen, was es heißt, erwachsen zu sein. Ist es denkbar, daß der Computer einen vergleichbaren Effekt haben könnte? Nach meiner Meinung nicht, wenn wir uns darauf beschränken, daß die Kinder nur lernen sollen, wie man Computer benutzt, insbesondere weil uns an ihrer künftigen »Karriere« gelegen ist. Das läßt sich leicht machen und ist unnötig, da die meisten jungen Leute ohne Hilfe seitens der Schule lernen werden, wie man Computer bedient. Aber angenommen, wir wünschten uns, daß sie lernen, wie Computer programmiert werden, was unterschiedliche Computersprachen leisten, wie Computer uns eine bestimmte Weltsicht aufdrängen, wie Computer verändern, was wir unter einem Urteil verstehen und wie sie unseren Begriff von Information und Wissen formen – dann würden die Kinder in der Tat schulisches Lernen benötigen.

Eine solche Entwicklung wäre freilich von vielen Faktoren abhängig. Es ist nicht unumgänglich, daß der Computer dazu verwendet werden wird, das sequentielle, logische, komplexe und sogar philosophische Denken bei der breiten Masse der Bevölkerung zu fördern. Es gibt wirtschaftliche und politische Interessen, die mehr davon hätten, wenn die Mehrheit einer semi-literaten Bevölkerung sich mit dem Zauber visueller Computerspiele unterhalten ließe, eine Mehrheit, die den Computer gebraucht und von ihm gebraucht wird, ohne ihn zu verstehen. Auf diese Weise bliebe der Computer ein Mysterium und unter der Kontrolle einer bürokratischen Elite. Begriffen unsere Schulen jedoch, daß der Computer kein Werkzeug, sondern eine Philosophie des Wissens ist, gäbe es wirklich etwas zu unterrichten. Und käme noch ein Interesse an der Kunst, der Wissenschaft, der Literatur und all den anderen Dingen hinzu, von denen man einmal annahm, daß den Schulen daran gelegen wäre, dann hätte das Wort »Sozialisation« vielleicht wieder seinen Sinn zurückgewonnen.

Daß seit dem achtzehnten Jahrhundert der Staat eine Rolle für das Festhalten an der Idee der Kindheit gespielt hat, habe ich bereits erwähnt. Das Verbot der Ausbeutung der Arbeitskraft von Kindern, der differenzierende Umgang mit Gesetzesverstößen von Kindern und Erwachsenen, die schwere Bestrafung des Mißbrauchs von Kindern und selbstverständlich auch die Errichtung von Schulen selbst sind Beispiele dafür, wie der Staat durch seine Gesetzgebung der Kindheit einen speziellen Status eingeräumt hat. Die meisten dieser Einschränkungen und Institutionen bestehen noch immer, auch wenn sie in manchen Fällen ihre Kraft verloren haben. So werden in Amerika beispielsweise die Unterschiede zwischen von Kindern und von Erwachsenen begangenen Verbrechen zunehmend als unerheblich empfunden, und manche Staaten haben ihr Strafrecht so verändert, daß sie dem Alter des Gesetzesbrechers gegenüber indifferent sind.

Ein anderes Beispiel ist, daß inzwischen Zweifel an der Schulpflicht laut werden, und es wäre nicht überraschend, wenn das Alter, bis zu dem eine Schulpflicht besteht, herabgesetzt würde. Auch ist zu erwarten, daß das Wahlalter gesenkt wird. Das Alter von einundzwanzig Jahren wurde zu einer Zeit eingeführt, als Lesen und Schreiben als Schlüsselfaktoren für die Befähigung zu politischen Entscheidungen galt, und eine solche Befähigung brauchte Zeit, um zu reifen. (Wie Tocqueville im frühen neunzehnten Jahrhundert bemerkte: »Politik in Amerika ist die Politik des gedruckten Worts.«) Mit dem Aufkommen der öffentlichen Kommunikation in nicht-gedruckter Form, nämlich Radio, Film und Fernsehen, wurden diese Annahmen suspekt, und das Wahlalter wurde auf achtzehn heruntergesetzt. Ich erwarte, daß noch zu Lebzeiten vieler, die diesen Satz lesen, die Altersgrenze weiter gesenkt werden wird, vielleicht auf sechzehn Jahre oder sogar noch weiter. Was spricht schließlich dagegen? Daß ein Sechzehnjähriger noch nicht über ausreichende politische Informationen verfügt? Daß ein Sechzehnjähriger noch kein kritischer Leser ist? Daß ein Sechzehnjähriger noch nicht genug weiß?

Obwohl sie an Wichtigkeit verloren hat, behält die Idee der Kindheit – und sogar das Wort selbst – immer noch eine erhebliche emotionale (vielleicht auch nostalgische) Kraft, und es ist durchaus üblich, daß politische Leitfiguren sich zu ihren Verteidigern machen. Viele von ihnen haben richtig erkannt, daß das Überleben dieser Idee auf irgendeine Weise mit den Auswirkungen der Medien zusammenhängt. Folglich hat man Gesetzesvorschläge eingebracht, um die Jugendlichen vor Gewalt und sexuell explizitem Material in Fernsehen und Internet zu schützen. Von Zeit zu Zeit wird versucht, bestimmte, auf Kinder und Jugendliche abzielende Werbeformen einzuschränken, und es gibt sogar Gesetze, die verlangen, daß »Kinderprogrammen« im Fernsehen mehr Zeit eingeräumt wird. (Wir sollten nicht vergessen, daß das System der Altersabstufung bei Filmen eingeführt wurde, weil man befürchtete, daß es anderenfalls zu staatlichen Regelungen hinsichtlich des Inhalts von Filmen kommen könnte.) Solche Vorhaben sollten, finde ich, ermutigt werden, und es sollte mehr dergleichen geben, obwohl man nicht erwarten darf, daß sie dauerhafte Wirkung haben. Denn zum einen kollidieren die Versuche, die Jugend zu schützen, ständig mit dem ersten Zusatzartikel der amerikanischen Verfassung, der die freie Meinungsäußerung garantiert, und die Bürgerrechtler fürchten die Erosion der Redefreiheit mehr als die der Kindheit. Zum anderen sind die Medien unentwirrbar mit kommerziellen Interessen verknüpft, und Politiker, die derartigen Interessen klar und offen entgegentreten, sind eine Seltenheit.

Als Beispiel führe ich Bill Clinton und Al Gore an, die beide dankenswerterweise als Befürworter eines technischen Geräts (des sogenannten V-Chips) aufgetreten sind, der Eltern ermöglicht, durch das Blockieren bestimmter Programme die Gewalt im Fernsehen zu reduzieren. Aber keiner von beiden hat über den Einfluß des Werbefernsehens auch nur ein Wort zu sagen. Da die Washingtoner Bundesregierung Sendelizenzen vergibt und Lizenznehmer ihre Sendungen am »öffentlichen Interesse, Vorteil und Bedarf« ausrichten müssen, fragt sich, ob es wirklich undenkbar ist, daß auf kleine Kinder abzielende Werbesendungen verboten werden. Die Antwort lautet natürlich »ja«, wenn man den Ehrgeiz hat, in ein hohes politisches Amt zu gelangen, was sich ohne finanzielle Unterstützung seitens der Wirtschaft nicht bewerkstelligen läßt. Andererseits vielleicht doch »nein«. Obwohl – dank entsprechender politischer Entscheidungen der Industrie und nicht infolge staatlicher Vorschriften – Werbung für Zigaretten und harte Spirituosen im Radio und Fernsehen nicht zu finden sind, wäre es möglich, daß eine besorgte Wählerschaft von der Medienindustrie verlangen könnte, daß sie unsere Kinder aus ihrem Griff entläßt.

Vielleicht haben Sie den Eindruck, daß ich keine realistische Chance dafür sehe, daß es die Kindheit im nächsten Jahrhundert noch geben wird. Falls es nicht zu einer ernsthaften und nachhaltigen öffentlichen Debatte darüber kommt (sagen wir, zu ebenso vielen Diskussionen wie über Clintons sexuellen Appetit), glaube ich tatsächlich nicht daran. Die Art Informationsumwelt, aus der Kindheit erwächst und gestärkt wird, wird von den elektronischen Medien *ad absurdum* geführt. So traurig es ist, wir werden diese Schlacht verlieren.

Aber auch wenn die Kindheit verloren geht, wird noch nicht alles verloren sein. Schließlich hat die Druckerpresse den Zusammenhalt einer weltweiten Religionsgemeinschaft erschüttert, die Intimität und Poesie der mündlichen Tradition vernichtet, regionale Loyalitäten geschwächt und ein grausam unpersönliches Industriesystem geschaffen. Und doch blieb die westliche Zivilisation mitsamt einigen ihrer humanen Werte intakt und war imstande, neue auszubilden, jene eingeschlossen, die mit dem Aufwachsen von Kindern zusammenhängen. Es liegt etwas auf ironische Weise Tröstliches in der Tatsache, daß wir noch immer unter dem Technologie-Schock des zwanzigsten Jahrhunderts leiden, der unser Gehirn so stumpf gemacht hat, daß wir Mühe haben, einige der geistigen und gesellschaftlichen Trümmer zu bemerken, die unsere Technologie um uns verstreut hat. Es ist zu erwarten, daß der Schock nachläßt, wenn wir uns erst einmal auf der anderen Seite der Brücke befinden. Wenn und falls dies geschieht, können wir uns vielleicht doch noch Möglichkeiten überlegen, wie wir wenigstens eine gewisse Form von Kindheit bewahren.

KAPITEL ACHT
Demokratie

Um einen Fehler zu vermeiden, den manche politische Wissenschaftler machen, muß ich dieses Kapitel mit einer Binsenweisheit beginnen: Demokratie ist kein Ding, kein Prozeß und auch keine Idee. Es ist ein Wort, und zwar eines, das eine alles andere als geradlinige Karriere durchlaufen hat. Sein Ursprung läßt sich in die griechischen Stadtstaaten zurückverfolgen, und auf seinen wirren Wegen ist es in vielerlei Bedeutungen verwendet worden, die keineswegs alle erfreulich waren. Plato lehnte sie rundum ab, weil sie implizierte, daß jenen Macht gegeben würde, die weder über die intellektuelle Ausstattung noch über die moralische Strenge geboten, weise zu regieren. Wenn er eines empirischen Beweises für seine politische Philosophie bedurft hätte – was er nicht tat –, hätte er es in dem Urteilsspruch gegen Sokrates gefunden, der (mit 280 gegen 220 Stimmen) den weisesten Mann von Athen zum Tode verurteilte.

Aristoteles dachte weniger verächtlich von der »Demokratie«. Nach seiner Meinung gab es drei gute und drei schlechte Arten der Herrschaft. Zu den guten gehörten die Monarchie, die Aristokratie und die konstitutionelle Regierungsform; zu den schlechten die Tyrannei, die Oligarchie und die Demokratie. Obwohl er von der Gleichheit nicht mehr hielt als Plato, sprach er sich kurioserweise doch für die Demokratie aus, und zwar aufgrund einer etwas komplizierten Überlegung. Er hielt die Demokratie für die schlechteste Regierungsform, aber zugleich für die am wenigsten korrumpierbare. Selbstverständlich ist der griechische Begriff von Demokratie ganz anders als die heute gängigen Bedeutungen. Aristoteles beispielsweise sagt uns, daß die Wahl von Richtern oligarchisch sei, während ihre Bestimmung durch das Los ein demokratischer Akt sei. Außerdem wissen wir, daß der »demos« – die zur Teilhabe an einer Demokratie berechtigten Bürger von Athen – im wesentlichen aus einer Eliteschicht bestand, aus der Frauen, Sklaven, Bauern und ganz allgemein alle ausgeschlossen waren, die sich ihr Brot im Schweiße ihres Angesichts verdienten. Von den 350 000 Menschen, die in Athen oder seiner nächsten Umgebung lebten, galten nur 20 000 als Bürger.

Die Römer hatten nicht viel für »Demokratie« übrig, besonders nicht, was die direkte Teilhabe »des Volkes« an der Regierung betraf. Sie verwendeten den Ausdruck Republik, um ihr System der zwischen Kaiser und Senat geteilten Macht zu bezeichnen, obwohl die *vox populi* weder dem Kaiser noch dem Senat gleichgültig war. In der westlichen Zivilisation führte das Wort Demokratie während des Mittelalters und der Renaissance ein Schattendasein, wurde im siebzehnten Jahrhundert jedoch mit großer Energie wieder aufgegriffen, als die politische Philosophie zu neuem Leben erwachte und die Frage wieder wichtig wurde, worin der Ursprung der staatlichen Gewalten lag. Machiavelli vielleicht ausgenommen, kann man Thomas Hobbes, der kein Freund der »Demokratie« war, wohl als den ersten modernen politischen Theoretiker ansehen. Sein 1651 veröffentlichter *Leviathan* war über alle Maßen einflußreich, weitgehend im Sinne einer Rechtfertigung der Monarchie und ihres Bedürfnisses nach absoluter Macht. Hobbes erörterte die Gefahren von Anarchie und Despotismus und lieferte eine Philosophie, die weitgehend eine Antwort auf das Problem der Anarchie darstellt.

Er war gegen die Teilung der Macht, und die Despotie war nicht seine erste Sorge. Die Demokratie, in welcher Form auch immer, müsse, glaubte er, unumgänglich in die Anarchie führen.

Hobbes' einflußreichster Gegner war John Locke, der in den Jahren 1689 und 1690 seine *Two Treatises on Government (Über die Regierung)* verfaßte. Die erste der beiden Abhandlungen ist eine Abrechnung mit dem Gedanken der erblichen Macht. In der zweiten trug er eine Idee vor, die sich bis heute mit dem Wort Demokratie verbindet, selbst wenn es von denen benutzt wird, die das damit Bezeichnete nicht ausstehen können. »Der Beginn einer politischen Gesellschaft«, schrieb er, »hängt von der Zustimmung der einzelnen ab, sich in eine Gesellschaft zu begeben und eine Gesellschaft zu bilden.« Dabei führte er den Gedanken eines »Vertrags« ein, der natürlich aus dem biblischen Bund der Juden mit Gott entlehnt war, auch wenn er dort in einem anderen Kontext stand. Rousseau verwendete den Ausdruck später in seinem berühmten Buch *Über den Gesellschaftsvertrag*, das 1762 veröffentlicht wurde. (Angemerkt werden muß, daß Rousseaus Argument für einen Gesellschaftsvertrag Hobbes näher steht als Locke, denn Rousseau betonte die Pflicht des Staates, den einzelnen vor der Anarchie zu schützen.)

Während der gesamten Epoche der Aufklärung wurde die Frage nach der Quelle legitimer Autorität und Macht gründlich untersucht, obwohl Lockes Vorstellung von dem, was man eine »demokratisch verfaßte Gesellschaft« nennen könnte, nicht exakt das trifft, was uns heute dabei vorschwebt. Voltaire befürwortete eine »aufgeklärte Monarchie«, Diderot wünschte sich eine »konstitutionelle Monarchie« (und versuchte, Katharina die Große dazu zu bekehren). Sowohl Locke als auch Montesquieu favorisierten eine Gewaltenteilung, während Rousseau eindeutig dagegen war.

Locke unterstrich die Wichtigkeit des Privateigentums bei jeglichem Vertrag, den ein einzelner mit einer Gesellschaft eingeht, aber nicht alle *philosophes* der Aufklärung fanden den Gedanken überzeugend, insbesondere nicht Rousseau.

Wie sich aus diesen höchst selektiven und fragmentarischen Beispielen erkennen läßt, ist mir hier nicht an einer Geschichte des Wortes Demokratie gelegen. Vielmehr will ich darauf hinaus, daß jeder Satz, der mit »Demokratie ist ...« beginnt, als hätte dieses Wort eine ihm innewohnende, von Gott gegebene Bedeutung, uns in die Irre führt. Seine Bedeutungen waren im Verlauf der Zeiten sehr unterschiedlich und daß es in einem uneingeschränkt positiven Sinn verwendet wird, ist erst eine ziemlich junge Entwicklung. Und als das Wort aus Europa nach Amerika herüberkam, erwies man ihm dort keineswegs jenen Respekt, den es heutzutage genießt. Bei den amerikanischen *philosophes* herrschte zumeist einige Konfusion, was das Wort bedeuten sollte. Weder in der Unabhängigkeitserklärung noch in der Bundesverfassung kommt es vor. Jefferson nannte seine Partei die demokratisch-republikanische, um sie von den *Federalists* zu unterscheiden. Aber in seiner ersten Antrittsrede sagte er: »Wir alle sind Republikaner, wir alle sind Föderalisten.«Er sagte nicht: »Wir alle sind Demokraten.«

Viele der Gründerväter Amerikas – Alexander Hamilton und John Adams beispielsweise – gebrauchten das Wort in pejorativem Sinne. Adams hielt die Demokratie für eine niedrige und ungerechte Regierungsform, war aber gegen die Aristokratie, weil er die Aristokraten als Leute höheren Ranges für gefährlich hielt. Man darf nicht vergessen, daß die Gründer (Gore Vidal nennt sie die Erfinder) der Vereinigten Staaten Männer von breiter Bildung und ausgeprägtem Intellekt waren und ihnen ein Hang zum »Elitären« (wie wir es heute nennen würden) nicht gänzlich fremd war. Jefferson wurde einmal von Patrick Henry dafür gescholten, daß er »seinen einheimischen Nahrungsmitteln abgeschworen« habe; gemeint ist, daß Jefferson ein Anhänger der französischen Küche war. Des weiteren ist daran zu erinnern, daß die amerikanischen Bürger in der Anfangszeit den Präsidenten, den Vizepräsidenten und die Mitglieder des Senats nicht direkt wählten, und daß die Gründer, wie erwähnt, eher eine römische Konzeption des Republikanismus favorisierten als die griechische »Demokratie«.

Die positiven Deutungen des Wortes in jüngerer Zeit haben es nicht davor bewahrt, daß es auf Verhältnisse angewandt wurde, die Plato, Aristoteles, Hobbes, Locke und alle anderen als Despotie bezeichnet hätten. In den dreißiger Jahren unseres Jahrhunderts verwendeten Diktatoren wie Benito Mussolini, Adolf Hitler und Josef Stalin diesen Ausdruck, um ihre Tyranneien zu preisen. So verkündete etwa Mussolini in einer 1937 in Berlin gehaltenen Rede, »die größten und gesündesten Demokratien, die heute in der Welt existieren, sind Italien und Deutschland«. Stalin behauptete, die Sowjetunion sei das demokratischste Regime der Geschichte. Und selbstverständlich verwenden auch heute noch Despoten dieses Wort, um ihr Regime zu kennzeichnen; sie sind geradezu dazu gezwungen.

Zu Beginn eines neuen Jahrhunderts läßt sich sagen, daß für die meisten von uns das Wort eine mehr oder weniger feststehende Bedeutung angenommen hat, und zwar eine durchweg positive. Das entscheidende Moment ist die Implikation der freiwillig gegebenen Einwilligung der Regierten, sich an die Gesetze und Politik jener Agenturen zu halten, die das Leben einer Gesellschaft regulieren. Auf welche Weise, von wem und wann diese Einwilligung zum Ausdruck gebracht wird, ist gewöhnlich in einer Verfassung festgelegt, die der Veränderung unterliegt. Um sicherzustellen, daß diejenigen, die ihre Einwilligung abgeben, dies ohne Zwang und als reife und nachdenkliche Bürger tun können, muß Gedanken- und Redefreiheit in höchstmöglichem Maße gewährleistet sein. Fügen wir dem noch die Kantsche Idee hinzu, daß der Mensch als absoluter Selbstzweck respektiert werden muß und nicht als bloßes Mittel zu äußeren Zwecken benutzt werden darf, dann haben wir eine gute Umschreibung dessen vor uns, was das Wort heutzutage bedeutet.

Mit dieser Definition sage ich nichts, was irgendeinem Leser als neu oder, denke ich, als bestreitbar erscheinen dürfte. Was dabei aber fehlt, ist ein Moment, das für uns Heutige von äußerster Bedeutung ist. Die Denker der Aufklärung, die uns mit den modernen Ideen beschenkten, die wir unter dem Stichwort »Demokratie« zusammenführen, hatten diesen Punkt aber durchaus im Auge. Er läßt sich bereits bei Aristoteles finden, wenn er sagt, daß die Demokratie die beste Form für kleine Stadtstaaten, die Oligarchie die beste für mittelgroße Staaten und die Monarchie die beste für große Staaten sei. Er meinte damit, daß es eine Beziehung zwischen einer wünschenswerten Regierungsform und den zur Verfügung stehenden Kommunikationsmitteln gibt. Aristoteles stellte sich vor, daß die Demokratie im Idealfall implizierte, daß jemand, der in der Mitte der Stadt eine Ansprache hält, von allen Bürgern gehört würde. In Anbetracht des Umstands, daß es damals noch keine Mittel zur Tonverstärkung gab, könnte man das für unrealistisch halten. Benjamin Franklin hat jedoch diesen Anspruch überprüft (wenn auch aus anderen Gründen) und versucht herauszufinden, wie weit und von wie vielen Menschen die Stimme des großen Redners Reverend Whitefield gehört werden konnte. Seine Schlußfolgerung: Von der Market Street bis zu einem bestimmten Teil der Front Street in Philadelphia, was hieß: von 30 000 Leuten.

Auch wenn wir Franklins Experiment beiseite lassen, bleibt

doch festzuhalten, daß die Aufklärer den Zusammenhang zwischen politischem Leben und der Kommunikation erkannten. Montesquieu beschäftigte sich eindringlich mit der Frage, wie eine Umwelt die Formen gesellschaftlichen Lebens unter Einschluß der Gesetze, der Wirtschaft und – wie er es nannte – des nationalen Charakters bestimmt. In seinem Werk *Vom Geist der Gesetze* befaßte er sich hauptsächlich mit der physikalischen und weniger mit der symbolischen Umwelt, also mehr mit der Natur- als mit der Medienökologie. Sein Argument war, daß die Geographie – Berge oder Ebenen, Urwälder oder Wüste, Binnenland oder Küstenregion – die grundlegende Determinante gesellschaftlichen Lebens sei. Daß darin etwas Wahres steckt, ist nicht zu bestreiten. Eine gewichtigere Wahrheit dürfte aber der Gedanke beinhalten, daß die Mittel, dank derer die Menschen miteinander kommunizieren, ihre Regierung eingeschlossen, für die Funktionstüchtigkeit eines jeglichen Systems entscheidend sind. John Stewart Mill führte diesen Gesichtspunkt näher aus. Die aktive Teilhabe der Regierten am Prozeß des Regierens, sagte er, sei ein essentielles Element eines demokratischen Systems. »Die Nahrung des Gefühls ist das Handeln«, schrieb er; »gib einem Menschen nichts für sein Land zu tun, und er wird sich nicht darum scheren«, was, wie ich annehme, auch John F. Kennedy meinte, als er sagte: »Fragt nicht, was euer Land für euch tun kann, sondern fragt, was ihr für euer Land tun könnt.« Politische Indifferenz ist der Tod der Demokratie. Tocqueville verstand das genau, als er die Rolle politischer Vereinigungen für die Gesundheit und Vitalität des amerikanischen Systems herausstrich. Er schrieb:

> Der Bewohner der Vereinigten Staaten lernt von Geburt an, daß man sich im Kampf gegen die Übel und Hemmnisse des Lebens auf sich selber verlassen muß; er schaut

> auf die Obrigkeit mit einem mißtrauischen und unruhigen Blick, und er wendet sich an ihre Macht nur dann, wenn er es ohne sie nicht schaffen kann ... Ein Hindernis liegt auf der Straße; der Durchgang ist versperrt, der Verkehr liegt still. Alsbald bilden die Nachbarn eine beratende Gesamtheit; aus dieser Stegreifversammlung entsteht eine ausführende Gewalt, die dem Übel abhilft, bevor irgendeiner der Beteiligten an eine Obrigkeit dächte, die es außerhalb der hier gebildeten gibt.[1]

Mehr als jeder andere Demokratieforscher richtete Tocqueville sein Augenmerk auf die Rolle von Medien als Gestalter der amerikanischen Form von Demokratie. Mit Medien (ein Wort, das er selbstverständlich nicht benutzte) meinte er das gedruckte Wort. Er schrieb über den Stil des literarischen Ausdrucks in einer Demokratie und besonders darüber, daß ein demokratisches Gemeinwesen eine Literatur hervorbringt, die anders ist als diejenige einer Aristokratie.

> Da ist eine verworrene Menge, deren geistige Bedürfnisse befriedigt werden müssen. Diese neuen Freunde geistiger Vergnügungen haben nicht alle die gleiche Erziehung genossen; sie besitzen nicht dieselbe Bildung, sie gleichen ihren Vätern nicht und sie wandeln sich beständig; denn unaufhörlich wechseln sie den Ort, die Gefühle und das Vermögen. Der Geist eines jeden ist daher nicht durch gemeinsame Überlieferungen und Gewohnheiten mit allen anderen verbunden, und sie haben weder jemals die Möglichkeit, noch den Willen, noch die Zeit gehabt, sich untereinander zu verständigen. Und doch werden inmitten dieser zusammenhanglosen und bewegten Masse Schriftsteller geboren, und diese ist es, die Gewinn und Ruhm an sie verteilt.[2]

Das einzig Merkwürdige an diesem Zitat ist, daß es den Eindruck erweckt, als handele es sich um eine Beschreibung, während es in Wahrheit eine Prophezeiung ist. Denn zur damaligen Zeit hatte sich die amerikanische Literatur noch nicht von ihren englischen Wurzeln gelöst, bei denen Tocqueville den Widerschein einer aristokratischen Tradition wahrnahm. Den Beginn der amerikanischen Literatur könnte man (wie es Hemingway tat) mit Mark Twain ansetzen. Oder, was mir richtiger vorkommt, mit Edgar Allan Poe. Jedenfalls zeichnet sich die frühe amerikanische Literatur eher durch Broschüren und Zeitungen als durch Bücher aus. 1786 bemerkte Benjamin Franklin, die Amerikaner läsen so fleißig Zeitungen und Broschüren, daß sie kaum Zeit zum Bücherlesen fänden. (Ein Buch, für das sie offenbar immer genug Zeit hatten, war Noah Websters *American Spelling Book*, denn davon wurden zwischen 1783 und 1834 über vierundzwanzig Millionen Exemplare verkauft.)

Daß Franklin von Broschüren sprach, sollte nicht übersehen werden. In allen Kolonien gab es über die Verbreitung von Zeitungen hinaus eine Fülle von Broschüren und Flugschriften. Tocqueville fiel das auf. »In Amerika«, schrieb er, »geben die Parteien, um sich zu bekämpfen, nicht Bücher, sondern Broschüren heraus, die unglaublich schnell herumkommen, einen Tag leben und wieder verschwinden.«[3] Auf Zeitungen und Broschüren bezog sich seine Bemerkung: »Die Erfindung der Feuerwaffen macht Gemeine und Adlige auf dem Schlachtfelde gleich; der Buchdruck bietet ihrem Geist die gleichen Hilfsmittel; die Post trägt die Aufklärung zur Hütte der Armen wie an das Tor der Paläste.«[4]

Zu der Zeit, als Tocqueville in Amerika seine Beobachtungen machte, war der Buchdruck bereits in allen Regionen des Landes verbreitet. Nicht nur mit der Errichtung von Schulen, sondern auch im Gebrauch der Druckerpresse war es im

Süden langsamer vorangegangen als im Norden. Virginia beispielsweise bekam seine erste, regelmäßig erscheinende Zeitung, die *Virginia Gazette*, erst im Jahre 1736. Gegen Ende des achtzehnten Jahrhunderts jedoch verbreiteten sich Ideen mittels des gedruckten Worts relativ rasch, und es kam zu einer Art gesamtstaatlichen Gesprächs. Die *Federalist Papers* beispielsweise, eine Sammlung von fünfundachtzig Essays, die Alexander Hamilton, James Madison und John Jay (alle unter dem Pseudonym Publius) verfaßt hatten und die 1787 und 1788 erstmals in einer New Yorker Zeitung erschienen waren, hatten im Süden eine nahezu ebenso große Leserschaft wie im Norden.

Nicht nur der Qualität des Gedruckten wegen war das gedruckte Wort in jedem Bereich des öffentlichen Diskurses von so nachdrücklicher Wirkung, sondern auch dank seines *Monopols*. Dieses Moment kann gar nicht genug betont werden, besonders gegenüber denjenigen, die die tiefgreifenden Unterschiede zwischen der damaligen und der heutigen Medienumwelt nicht so recht wahrhaben wollen. So hört man gelegentlich die Äußerung, daß heutzutage mehr Druckerzeugnisse jedweder Art verfügbar seien als jemals zuvor, was unzweifelhaft zutrifft. Aber vom siebzehnten bis ins späte neunzehnte Jahrhundert gab es neben dem gedruckten Wort praktisch nichts anderes. Es gab keine Filme, kein Radio, keine Fotos und keine CDs. Es gab kein Fernsehen und kein Internet. Alle öffentlichen Angelegenheiten wurden im Medium des Drucks kanalisiert und zum Ausdruck gebracht, wodurch dieser zum Modell, zur Metapher und zum Maßstab jeglichen Diskurses wurde. Die Auswirkungen der geradlinigen, analytischen Struktur des Gedruckten und speziell der darlegenden Prosa machten sich überall bemerkbar. Etwa in der Art, wie die Leute miteinander sprachen.

Tocqueville bemerkt dazu in seinem Buch *Demokratie in*

Amerika: »Ein Amerikaner versteht keine Unterhaltungen zu führen, sondern er ergeht sich in Erörterungen; er spricht nicht über etwas, er handelt es ab. Er richtet an einen das Wort immer wie an eine Versammlung; und gerät er gelegentlich etwa in Eifer, so sagt er, seinen Gesprächspartner anredend: ›Meine Herren‹.«[5]

Diese befremdliche Praxis ist weniger ein Reflex amerikanischen Eigensinns als des Umstands, daß der Amerikaner in seinem Gesprächsstil die Struktur des gedruckten Worts nachbildete. Weil das gedruckte Wort sich nicht an eine bestimmte Person, sondern an ein unsichtbares Publikum richtet, ist, was Tocqueville hier beschreibt, eine Art gedruckte Mündlichkeit, die sich bei diversen Formen des mündlichen Diskurses beobachten ließ. Von der Kanzel herab gehaltene Predigten waren gewöhnlich schriftlich ausformulierte und in hohem, unpersönlichen Ton vorgetragene Ansprachen, die, Tocqueville zufolge, »weitgehend aus einem leidenschaftlichen, kalt analytischen Auflisten der Attribute des Göttlichen bestanden, wie es sich dem Menschen durch Natur und Naturgesetze enthüllt«.

Worauf ich hinaus will, ist, daß der moderne Begriff der Demokratie unauflösbar mit dem gedruckten Wort verknüpft war. Alle politischen Denker der Aufklärung – und am ausdrücklichsten Locke, Madison und Jefferson – gingen davon aus, daß das politische Leben mittels des gedruckten Worts vonstatten gehe. Daß sie nicht voraussahen, was wir als Kommunikationsrevolution bezeichnen, können wir ihnen nicht vorhalten. Wir können jedoch Anleihen bei ihrem Denken machen, damit wir die richtigen Fragen in bezug auf die gegenwärtige Situation und insbesondere auf die Zukunft dessen stellen, was wir Demokratie nennen.

Die erste Frage könnte demnach lauten: »In welchem Ausmaß hängt ein demokratisches Gemeinwesen vom gedruckten Wort ab?« Bei Thomas Jefferson finden wir eine gewisse Ermutigung, was den historischen Prozeß angeht: »Ich weiß, daß Gesetze und Institutionen im Einklang mit dem Fortschritt des menschlichen Geistes stehen müssen. Wenn neue Entdeckungen gemacht und neue Wahrheiten enthüllt werden und sich mit den Veränderungen der Verhältnisse auch Sitten und Meinungen ändern, dann müssen sich auch die Institutionen ändern und mit der Zeit Schritt halten.«[6] Mit solcher Ermutigung ist man dagegen gefeit, sich vor Veränderungen der Kommunikationsformen zu fürchten.

Wir wiederum dürfen Jefferson fragen: »Welche Veränderungen infolge von neuen Entdeckungen und neuen Technologien sind womöglich derart groß, daß wir nicht länger imstande sind, ein sich selbst regierendes Gemeinwesen beizubehalten?« Jefferson hätte, da bin ich mir sicher, mindestens zwei Antworten darauf. Die erste lautet, daß uns nichts passieren kann, solange der Rechtsstaat einen jeden dazu auffordert, sich gegen Übergriffe auf die öffentliche Ordnung zur Wehr zu setzen; und die zweite, daß wir nicht in die Irre gehen können, solange Einigkeit über die Bedeutung der unveräußerlichen Rechte besteht. (»Nichts ist unveränderlich«, schrieb er, »mit Ausnahme der angeborenen und unveräußerlichen Menschenrechte.«[7])

Und wenn wir nun darauf antworteten, unsere Gesetze seien doch schließlich im gedruckten Wort kodifiziert und durch dieses strukturiert worden, und unsere Konzeption von unveräußerlichen Rechten sei ebenfalls in schriftlicher Form niedergelegt; sind wir folglich nicht auf Respekt gegenüber dem geschriebenen Wort angewiesen? Erhöhen alle neuen Medien dieses und kommender Jahrhunderte die Durchsetzungskraft des Rechtsstaats und verhelfen sie uns zu einer einigenden Erzählung? Auf diese Frage gibt es bei Jefferson selbstverständlich keine Antwort. Auch wir haben sie nicht –

Lawrence Grossman ausgenommen, wie es scheint. Von seinem Buch *The Electronic Republic* war bereits die Rede. Darin vertritt er die Auffassung, die neuen interaktiven Medien würden die Grundlage für eine partizipatorische Demokratie (wie sie die Athener praktizierten) schaffen und die repräsentative Demokratie, wie wir sie kennen, obsolet machen. Zu jeder wichtigen Frage könnten Plebiszite eingeholt werden, so daß die Bürger direkt und schnell über die Politik entscheiden könnten, die ihre Regierung verfolgen soll. Das gedruckte Wort wäre in solch einem Fall von geringerem Gewicht. Visuelle und akustische Medien würden zusammen mit den Printmedien die Bürger mit einer Fülle von Informationen ausstatten und sie zur qualifizierten Urteilsbildung befähigen.

Gewiß ist, daß Jeffersons Vertrauen in das »Volk« durch einen derartigen »Fortschritt« auf eine harte Probe gestellt werden würde. Obwohl er davon sprach, daß alle Menschen die gleichen Rechte haben, ging er doch bei jenen, die unmittelbar an politischen Angelegenheiten teilnahmen, von einem Minimum an intellektueller Kompetenz aus – von literarischer Bildung, von historischen Kenntnissen und von Tugendhaftigkeit ganz zu schweigen. Mit anderen Worten, Jefferson hätte der Verfügbarkeit von Informationen bei weitem nicht so viel Gewicht beigemessen, wie es Grossman tut, sondern eher der Befähigung eines Individuums, politische und soziale Ideen zu verstehen und sie in kohärenter Weise zu formulieren.

James Madison, der »Vater« der amerikanischen Verfassung, hätte fast mit Sicherheit jeglicher Tendenz in Richtung partizipatorische Demokratie eine Absage erteilt. »In einer Republik«, schrieb er, »wird alle vom Volk übertragene Macht einer einzigen Regierung anvertraut; der Schutz vor Machtmißbräuchen erfolgt durch eine Aufteilung der Regierung auf unterschiedliche und getrennte Abteilungen.«[8] Madison machte mit anderen Worten die Möglichkeit des Machtmißbrauchs durch Mehrheitsentscheidungen Sorge, besonders durch Mehrheiten, die der Verfassung widersprechen.

Für uns ergibt sich daraus die Frage nach der Beziehung zwischen schnellen, visuellen, digitalen Kommunikationsmitteln und der Standfestigkeit einer »Demokratie« im herkömmlichen Sinne. Während wir dabei sind, die metaphorische Brücke zum neuen Jahrhundert zu überqueren, wäre es angebracht, daß die Menschen darüber miteinander ins Gespräch kämen – daß *jeder* sich dazu äußerte. Schaffen die neuen Medien eine »plebiszitäre Demokratie«? Und falls es so ist, ist das die Richtung, in die wir gehen wollen? Leisten die neuen Medien dem Hilfestellung, was Alexander Hamilton vielleicht »Mobokratie« nennen würde? Wäre das für Voltaire, Diderot und Montesquieu eine erschreckende Aussicht? Würde Hobbes dazu sagen: »Dieser Weg kann nur in die Anarchie führen. Ich habe euch davor gewarnt«?

Ich muß wohl nicht ausdrücklich betonen, daß wir keineswegs die Verpflichtung haben, uns an die Vorstellungen der *philosophes* des Aufklärungszeitalters zu halten. Sie wußten nichts von sofortiger Information, von interaktiven Medien, gnadenlosen Werbekampagnen, politischen Feldzügen per Fernsehen und all den anderen Elementen der »postmodernen« Kultur. Da sie aber unsere Idee der »Demokratie« erfunden haben, wären wir gut beraten, wenn wir uns die Annahmen in Erinnerung riefen, die Grundlage ihres Denkens waren. Keine davon war wichtiger als die folgende: Die Demokratie ist auf den öffentlichen Diskurs angewiesen, weshalb die Art und Qualität des Diskurses von unvergleichlicher Bedeutsamkeit ist. Daß schnell und auf unterschiedliche Weise Informationen empfangen werden und die Möglichkeit des raschen Feedback besteht, heißt noch nicht, daß demokratische Prozesse dadurch bereichert werden.

Grossman stellt sich eine plebiszitäre oder Referendumsdemokratie als Rückkehr zu den athenischen Wurzeln vor. Aber können fünftausend gebildete, in vieler Hinsicht ähnlich denkende Männer in Athen ein Vorbild für zweihundertfünfzig Millionen multikultureller und am Bildschirm orientierter Bürger sein? Ist eine Ansprache im Stadtzentrum von Athen oder auch Philadelphia dasselbe wie die Ansprache der Bürger durch das Fernsehen? Machen wir die Demokratie zum Gespött, wenn wir eine »elektronische Stadtversammlung« herstellen? Tut das Internet dasselbe, was Tocqueville den Erzeugnissen der Druckerpresse attestierte, nämlich Menschen aller Schichten dieselben geistigen Ressourcen zu eröffnen und Wissen gleichermaßen an die Türen der Hütten wie zu den Toren der Paläste zu bringen?

Eine Möglichkeit, den Ort zu bestimmen, an dem wir uns in dieser Hinsicht gegenwärtig befinden und wohin wir wahrscheinlich gehen, ist, sich auf drei Wesensmerkmale des im achtzehnten Jahrhundert entwickelten Demokratiebegriffs zu konzentrieren: auf die Sprache, die Individualität und die Erzählung. Selbstverständlich ergeben sich daraus nicht die Antworten, wohl aber die Fragen.

Was die Sprache betrifft, könnten uns die *philosophes* daran erinnern, daß das geschriebene Wort und eine darauf basierende Rede *einen Inhalt hat* – einen semantischen, paraphrasierbaren Inhalt. Wann immer Sprache das Hauptmedium der Kommunikation ist – vor allem eine Sprache, die der Strenge des Drucks ausgesetzt war –, kann nicht ausbleiben, daß ein Gedanke, ein Faktum, eine Behauptung die Folge ist. Der Gedanke mag banal, das Faktum unerheblich, die Behauptung falsch sein, aber wenn Sprache das Instrument ist, das das eigene Denken leitet, gibt es vor dem Sinnhaften kein

Entkommen. Auch wenn es einem von Zeit zu Zeit einmal gelingen mag, fällt es einem sehr schwer, nichts zu sagen, wenn man von einem niedergeschriebenen Satz Gebrauch macht. Wozu, wenn nicht, um etwas Sinnhaftes mitzuteilen, dient eine Aussage? Wenn Wörter keine Bedeutungsträger sind, bleibt wenig, was sie attraktiv machen könnte. Die Formen geschriebener Wörter sind kein besonders fesselnder Anblick. Selbst der Klang gesprochener Sätze fasziniert nur selten, es sei denn, jemand mit ungewöhnlich poetischen Gaben hätte sie komponiert. Wenn ein Satz sich weigert, mit einem Faktum, einer Bitte, einer Frage, einer Behauptung oder einer Erklärung niederzukommen, ist er Unsinn, eine bloße grammatikalische Hülle. Infolgedessen tendiert ein auf die Sprache zentrierter Diskurs, wie er für das Amerika des achtzehnten und neunzehnten Jahrhunderts charakteristisch war, zu großer inhaltlicher Dichte und Ernsthaftigkeit, und dies um so mehr, wenn er in gedruckter Form stattfindet.

Ernsthaft ist er, weil Sinngehalt danach verlangt, verstanden zu werden. Jeder gedruckte Satz fordert seinem Autor ab, daß er etwas aussagt, und seinem Leser, daß er die Bedeutung des Gesagten erkennt. Und wenn ein Autor und ein Leser um den semantischen Gehalt ringen, stellen sie sich einer ernsthaften Herausforderung des Intellekts. Besonders gilt dies für den Akt des Lesens, denn Autoren ist nicht immer zu trauen. Sie lügen, sie bringen die Dinge durcheinander, sie verallgemeinern über Gebühr, sie mißbrauchen die Logik und gelegentlich auch den gesunden Menschenverstand. Der Leser muß dagegen gewappnet und geistig hellwach sein. Das ist kein leichtes Unterfangen, denn der Leser steht dem Text allein gegenüber. Beim Lesen ist man mit seinen Reaktionen allein, und der eigene Intellekt ist ganz auf sich selbst angewiesen. Sich den kalten Abstraktionen gedruckter Sätze auszusetzen heißt, die Sprache in ihrer Blöße und ungestützt von

Schönheit und Gemeinschaft zu betrachten. Lesen ist somit seinem Wesen nach eine ernste Angelegenheit. Und selbstverständlich ist es eine im wesentlichen rationale Tätigkeit.

Von Erasmus im sechzehnten bis zu Elizabeth Eisenstein im zwanzigsten Jahrhundert ist so ziemlich jeder Gelehrte, der sich mit der Frage herumgeschlagen hat, was das Lesen für die geistige Verfassung eines Menschen bedeutet, zu dem Schluß gekommen, daß es das rationale Denken befördert und daß der sequentielle, thesenartige Charakter des gedruckten Worts den – in Walter Ongs Formulierung – »analytischen Umgang mit Wissen« pflegt. Sich auf geschriebene Sätze einzulassen bedeutet, einer Sequenz von Gedanken zu folgen, was beträchtliche Fähigkeiten des Einordnens, Schlußfolgerns und Beurteilens erfordert. Es bedeutet, Lügen, Unstimmigkeiten und überzogene Verallgemeinerungen aufzudecken und Verstöße gegen die Logik und den gesunden Menschenverstand zu erkennen. Weiterhin bedeutet es, Ideen abzuwägen, Behauptungen zu vergleichen und miteinander zu konfrontieren und Verbindungen zwischen dieser und einer anderen Verallgemeinerung herzustellen. Um dies zu leisten, muß eine gewisse Distanz zu den Worten gewonnen werden, was durch den isolierten und unpersönlichen Text erleichtert wird. Deshalb jubelt ein guter Leser bei einer treffenden Formulierung nicht auf, und er unterbricht seine Lektüre nicht, um einem gedankenreichen Passus Applaus zu zollen. Dazu ist analytisches Denken viel zu sehr mit der Sache beschäftigt und zu distanziert.

Damit soll nicht gesagt sein, daß vor der Epoche des geschriebenen Wortes analytisches Denken nicht möglich war. Ich spreche hier nicht von den Potentialen des individuellen Geistes, sondern von den Prädispositionen einer kulturell bedingten Geisteshaltung. In einer von Druckerzeugnissen dominierten Kultur weist der öffentliche Diskurs die

Tendenz zum kohärenten, geordneten Arrangement von Fakten und Ideen auf. Das Publikum, an das er sich richtet, verfügt im großen und ganzen über die Kompetenz, mit einem solchen Diskurs umzugehen. In einer solchen Kultur machen die Autoren Fehler, wenn sie lügen, sich widersprechen, ihre Verallgemeinerungen nicht belegen und unlogische Verbindungen herzustellen versuchen; Leser machen Fehler, wenn es ihnen nicht auffällt oder, schlimmer noch, wenn es ihnen gleichgültig ist.

Dank des gedruckten Wortes entstand im achtzehnten und neunzehnten Jahrhundert eine Definition von Intelligenz, die dem objektiven, rationalen Gebrauch des Bewußtseins Vorrang gab und zugleich Formen des öffentlichen Diskurses mit gewichtigen, logisch geordneten Inhalten begünstigte. Die Gleichzeitigkeit des Zeitalters der Vernunft und der Ausbreitung einer vom gedruckten Wort dominierten Kultur – zunächst in Europa, dann in Amerika – war kein Zufall.

Kommen wir also zur ersten Frage zurück und fragen wir nicht Jefferson, sondern uns, ob die Demokratie zu einer weniger rationalen Veranstaltung wird, wenn das gedruckte Wort an Gewicht verliert. Ist eine repräsentative Demokratie oder auch eine partizipatorische Demokratie noch voll funktionsfähig, wenn das Denken ihrer Bürger nicht der Disziplinierung durch das gedruckte Wort ausgesetzt ist? Die Einpeitscher digitaler Verfahren scheren sich um diese Frage nicht. In ihrem unbesonnenen und aggressiven Optimismus schauen sie nur nach vorn in Richtung einer Welt, in der man leicht und schnell an Informationen herankommt. Das reicht ihnen schon. Daß die für den Druck charakteristischen langsameren, linearen, nachdenklichen Formen der Informationsverarbeitung für eine Erkenntnisphilosophie, eine Geisteshaltung, eine bestimmte Art der Einordnung von Wissen stehen, ist ihnen nicht geläufig. Die meisten von ihnen glauben nicht, daß Intelligenz, Rationalität und kritisches Urteil mit den *Formen* der Kommunikation etwas zu tun haben.

Das aber könnte ein gewaltiger Irrtum sein. Müssen wir sie erst daran erinnern, daß die Leute, die das digitale Zeitalter und überhaupt die ganze Kommunikationsrevolution *erfunden* haben, selbst durch das gedruckte Wort erzogen und geprägt wurden? Verhilft uns das zu irgendeiner wichtigen Einsicht? Läßt sich etwas daraus lernen, wenn wir daran erinnern, was Marshall McLuhan, der »Guru des elektronischen Zeitalters«, über das Buch gesagt hat, das zunehmend seine Bedeutung als, wie er es nannte, übliche und beherrschende Umwelt einbüßt? In einem Brief an einen Verleger schrieb er, man müsse »das Buch als eine kulturelle Therapie, als unverzichtbaren Bestandteil der gemeinschaftlichen Ernährung, als notwendig für die Aufrechterhaltung zivilisierter und nicht tribalistischer Werte«[9] auffassen. Könnte es dazu kommen, daß mit dem Dominanzverlust des gedruckten Wortes die Fundamente eines demokratischen Gemeinwesens zerbrechen? Sollten wir uns nicht wenigstens darüber unterhalten, während wir auf dem Weg über die Brücke ins neue Jahrhundert sind? Oder sind wir zu begeistert von der Datenautobahn, um zu merken, daß wir am anderen Ende in Schwierigkeiten kommen könnten?

Ich schlage vor, daß wir uns auch noch über eine andere Frage unterhalten: In welchem Maß fördern die neuen Medien den Egoismus und unterminieren damit ein Gemeinschaftsempfinden, ohne das ein demokratisches Gemeinwesen nicht funktioniert? Ich verwende das Wort Egoismus in demselben Sinne, in dem es Tocqueville gebraucht hat. In seinem Buch *Demokratie in Amerika* unterscheidet er zwischen Individualismus und Egoismus und merkt an, daß »Individualismus« ein neu geprägter Begriff sei (Tocqueville schrieb dies in den 1840er Jahren). Er nennt es »ein überlegendes und friedfertiges Gefühl, das jeden Bürger drängt, sich von der Masse der Mitmenschen fernzuhalten und sich mit seiner Familie und seinen Freunden abzusondern; nachdem er sich eine kleine Gesellschaft für seinen Bedarf geschaffen hat, überläßt er die große Gesellschaft gern sich selbst.«[10] Für Tocqueville ist der Individualismus zwar demokratischer Herkunft, schlägt aber nur allzu leicht in Egoismus um, der »die Samen jeder Tugend unfruchtbar« und die Demokratie unmöglich macht. Egoismus also ist ein übersteigerter und folglich häßlicher Individualismus, dem Gemeinschaftsempfinden und Zusammengehörigkeitsgefühl fremd, wenn nicht gar unbegreiflich sind. Der Individualismus ist nach Tocquevilles Meinung für die Demokratie zwar ein Problem, aber doch kein tödliches. Beim Egoismus sieht die Sache anders aus.

Welche Rolle der Buchdruck für die Entwicklung des Individualismus gespielt hat, ist bekannt. Ein Beispiel dafür ist das erheblich gesteigerte Bestreben nach Ruhm und individueller Leistung. »Nicht zufällig ist der Druck mit beweglichen Lettern die erste ›Erfindung‹, derentwegen es Streit um die Priorität und rivalisierende nationale Ansprüche gab«, heißt es in Elizabeth Eisensteins *The Printing Press As an Agent of Change (Die Druckerpresse. Kulturrevolutionen im frühen modernen Europa).*[11]

Weshalb dies kein Zufall war? Weil sich dank der Möglichkeit, die eigenen Worte und Taten für immer festzuhalten, eine neuartige Vorstellung vom eigenen Ich durchsetzte. Die Druckerpresse ist geradezu eine Zeitmaschine, mindestens so wirkungsvoll und wunderlich wie einer von H. G. Wells' Apparaten. Wie die mechanische Uhr, die ebenfalls eine große Zeitmaschine war, fängt die Druckerpresse die Zeit ein und domestiziert und transformiert sie, was zur Folge hat, daß sich das Selbst-Bewußtsein der Menschheit ändert.

Während jedoch die Uhr, nach Mumfords These, die Ewigkeit als Maß und Fokus menschlichen Tuns beseitigte, stellte sie die Druckerpresse wieder her. Das gedruckte Wort verbindet die Gegenwart mit dem Ewigen. Es trägt die persönliche Identität in unbekannte Weiten der Zeit. Mit Hilfe der Druckerpresse wird es möglich, daß sich die Stimme des Individuums nicht an ein umschriebenes Kollektiv richtet, sondern in alle Zukunft spricht.

Mit welcher Art Zeitmaschine haben wir es bei den neuen Medien zu tun – bei Fernsehen, Computern, CDs und gefaxten Texten? Wichtiger noch, welchen Transformationen unseres Selbst-Bewußtseins leisten sie Vorschub? Weiß das irgend jemand? Ist darüber viel diskutiert worden? Die meisten dieser neuen Medien sind, wie das gedruckte Wort, in dem Sinne »privat«, daß sie nicht den Kontext einer Gemeinschaft benötigen. Videofilme sehen wir uns zu Hause an, häufig allein. Dasselbe gilt für das Fernsehen und das Radio- und Musikhören. E-Mails senden und empfangen wir allein. Selbst Bowling scheint man heutzutage allein spielen zu können.[12] Natürlich ist das Lesen, wie bereits der heilige Hieronymus vor vielen Jahrhunderten bemerkte, eine anti-soziale Tätigkeit. Was benötigen wir, wenn wir lesen, von anderen? Daß sie nicht da sind, und wenn das nicht, daß sie still sind. Deshalb war das gedruckte Wort dem Individualismus förderlich. (»Die Schreibkultur«, bemerkt Eisenstein, »hielt den Narzißmus im Zaum. Der Druck setzte ihn frei.«[13])

Wenn aber die gedruckten Kommunikationsformen unser Selbst-Bewußtsein gesteigert haben, was geschieht dann, wenn wir über viele Medien verfügen, die zum »Privatisieren« führen? Wird dies den Individualismus in den Egoismus treiben? Sind wir dabei, nach und nach jenen Sinn für Gemeinschaft zu verlieren, in dem sich, wie Tocqueville es beschrieb, die Amerikaner rasch und aus Gewohnheit zusammenfanden, um Probleme zu lösen, und dies lange bevor die Zentralregierung das Problem auch nur zur Kenntnis nimmt? Vor allem diejenigen, die den Glauben hegen, E-Mails und Internet böten neue Möglichkeiten von Gemeinschaften, sollten bedenken, daß wir allzu leicht Simulationen mit Realitäten verwechseln; eine elektronische Gemeinschaft ist bloß die Simulation einer Gemeinschaft. Ein wirkliches und funktionierendes Gemeinwesen verlangt die Nuancen und die Unmittelbarkeit der menschlichen Stimme, die Konfrontation von Angesicht zu Angesicht und die Verständigung trotz unterschiedlicher Ansichten wie auch die Möglichkeit zum sofortigen Handeln.

Damit komme ich zu einer abschließenden Überlegung. Ein früheres Kapitel war der großen Erzählung gewidmet, und ich habe nicht die Absicht, dazu noch viel zu sagen. Aber im Kontext der Zukunft der Demokratie ist festzuhalten, daß alles, was sich für uns mit diesem Wort an Sinngehalt verbindet, selbst ein Mythos ist, eine Art Phantasie über das, was sein sollte. Wenn aber alle Menschen solche Phantasien teilen, dann sind sie ein Bindeglied zwischen den Individuen und geben ihnen eine gemeinsame Sprache, gemeinsame Ideale und ein Programm für die Zukunft. Die amerikanische Unabhängigkeitserklärung und Verfassung, die Gettysburg-Address Abraham Lincolns und Martin Luther Kings »Ich-habe-einen-Traum«-Rede sind allesamt Phantasien in dem Sinne, in dem ich das Wort hier verwende. Diese Phantasien, diese Träume sind ein Erbe der Aufklärung und dienten uns als Grundlage für unseren Begriff von Demokratie. Das wirft nun zwangsläufig die Frage auf: Sind die neuen Medien der Entstehung gemeinsamer Phantasien förderlich oder hinderlich? Verbinden uns unsere Filme, TV-Shows und Songs oder lockern sie den Zusammenhalt zwischen uns?

Fraglos gibt es auch andere Faktoren, die den Fortbestand

einer gemeinsamen politischen und nationalen Erzählung bedrohen können – die »globale Ökonomie« ist eine davon. Sich damit auseinanderzusetzen, würde ein eigenes Buch erfordern. Hier geht es mir um den Gesichtspunkt, daß die Phantasien und Träume, die wir »Demokratie« nennen, von Meistern des gedruckten Wortes formuliert wurden. Welche neuen Träume werden wohl von den Meistern der digitalen Kommunikation geschaffen werden? Und wessen Definition von »Demokratie« wird darin enthalten sein? Auf diese Fragen habe ich keine fertigen oder auch nur halbfertigen Antworten. Besser, die Leser zu enttäuschen, als sie in die Irre zu führen. Aber ich wünsche mir ein ernsthaftes Gespräch über das Verhältnis zwischen unseren neuen Medien und unserer alten Demokratie. Lawrence Grossman hat mit seinem Buch *The Electronic Republic* solch ein Gespräch begonnen. Ich habe mit diesem Kapitel die Absicht verfolgt, dazu beizutragen, und ich hoffe, daß es fortgeführt wird – und wäre es auch nur im Fernsehen.

KAPITEL NEUN
Erziehung

Unser aus dem achtzehnten Jahrhundert stammendes Erbe enthält drei Vermächtnisse, die mit Erziehung, genauer, mit schulischer Bildung zu tun haben. Das erste, eine Konsequenz der »Erfindung« der Kindheit, ist der Gedanke, daß die Schule auf einem Verständnis des Wesens der Kindheit basieren muß, und zwar insbesondere der unterschiedlichen Stadien, die junge Menschen auf ihrem Weg ins Erwachsensein durchlaufen. Das zweite, eine Folge der Entstehung des Nationalstaats, ist der Gedanke, daß eine gebildete Bevölkerung für den Staat eine wichtige Ressource darstellt. Das dritte ist die Annahme, daß ein gebildeter Mensch darin geübt ist, seine Vernunft zu gebrauchen, was unweigerlich zu einer skeptischen Weltsicht führt; man könnte sogar von einer wissenschaftlichen Weltsicht sprechen.

Zu den beiden ersten will ich nur wenig sagen, weil es sich um Ideen handelt, die unumstritten sind. Beide sind im Diskurs über Erziehung und Bildung fest verwurzelt und werden unzweifelhaft in die Zukunft mitgenommen werden. Das dritte hingegen verlangt eine ausgedehntere Erörterung.

Was das erstgenannte Vermächtnis anbetrifft, ließe sich sagen, daß sich sein Ursprung in Rousseaus *Émile* findet, der 1762 erschien. Ich habe den *Émile* bereits erwähnt, aber wohl noch nicht genug betont, welche Sensation das Buch zu seiner Zeit hervorrief und in welchem Ausmaß es das Denken über Erziehung verändert hat. Émile ist eine Waise, deren Erziehung für fünfundzwanzig Jahre in den Händen eines Mannes von empfindsamem Gemüt und intellektuellem Tiefgang liegt. Man hat das Kind von der Gesellschaft isoliert, und sein Tutor ist sein einziger Gefährte. Der Junge lernt nur dann etwas, wenn er etwas wissen will, also nur seinem eigenen Tempo gemäß. Erst mit zwölf Jahren lernt er lesen und schreiben, und auch dann nur deshalb, weil er ein Bedürfnis danach hat. Sein Tutor »lehrt« ihn nicht im üblichen Sinne des Wortes, sondern versucht, Émile in Situationen zu versetzen, in denen er womöglich die Notwendigkeit erkennt, etwas zu lernen. Émile lernt nur aus eigenem Antrieb. Dies, glaubte Rousseau, ist die »natürliche« Art, Bildung zu erwerben, und er versichert uns, daß, wer auf diese Weise erzogen worden ist, auf das Erwachsensein in der Gesellschaft vorbereitet sein wird (einer Gesellschaft übrigens, von der Émile so gut wie nichts wissen würde).

Bis auf den heutigen Tagen hat niemand (nicht einmal A. S. Neill von der *Summerhill*-Schule) *Émile* so ganz beim Wort genommen, aber vieles von dem, was man im Westen unter Erziehung verstand, war davon beeinflußt, insbesondere von dem Gedanken, daß man über Schule aus der Sicht der Schüler nachdenken sollte.

Als *Émile* erschien, lebte in Zürich der sechzehnjährige Johann Heinrich Pestalozzi, von dem man sagen könnte, daß er der erste moderne Curriculum-Fachmann wurde. Pestalozzi begriff rasch, daß die Art, in der damals die Schule betrieben wurde, die Kinder nicht ernst nahm. Anders als Rousseau jedoch mochte Pestalozzi Kinder, und mit dem Älterwerden wuchs sein Wissen über und seine Empfindsamkeit für Kinder. In einem Tagebuch, das er in den frühen Jahren seiner Laufbahn führte, läßt sich der Einfluß Rousseaus auf Pestalozzis Ansichten über Kinder leicht erkennen. »Dein Kind sei frei, so sehr es immer kann«, notierte er darin; »schätze jede

Möglichkeit, ihm Freiheit und Ruhe und Gleichmütigkeit zu geben; alles, gar alles, was du durch die Folgen der inneren Natur der Sachen lehren kannst, das lehre nicht mit Worten.«[1] Einen Bauernhof verwandelte er in ein Institut, von dem er hoffte, daß daraus einmal eine sich selbst tragende Industrieschule würde, und 1765 öffnete er zwanzig Kindern, die allesamt aus armen Familien stammten, ihre Türen.

Diese Schule und andere, mit denen Pestalozzi verbunden war, entwickelten pädagogische Grundsätze und Methoden – vom Lesen und Schreiben bis zur Vermittlung des moralisch Richtigen und Guten. Obwohl er den Grundsatz des Eigenantriebs niemals aufgab, wich er nachdrücklich von Rousseau ab, insofern er regelmäßigen Unterricht anbot, die Sozialisation von Kindern ihm zutiefst am Herzen lag und er in besonderen Fällen sogar körperliche Strafen erlaubte. Sein 1801 erschienenes Buch *Wie Gertrud ihre Kinder lehrt* machte ihn zu einem berühmten Erzieher und beeinflußte später Friedrich Fröbel. Fröbel war für kurze Zeit Pestalozzis Schüler und bekannte sich zum Pestalozzischen Grundsatz, daß konkretes Wissen wichtiger ist als abstrakte Theorie. Aber er empfand Pestalozzi als oberflächlich und einseitig, und so eröffnete er im Jahre 1816 seine eigene Schule, die er etwas großspurig »Allgemeine deutsche Erziehungsanstalt« nannte (sie hatte nur fünf Schüler). Von Fröbel stammt der Begriff »Kindergarten«. Er bezeichnete damit zwei 1840 gegründete Schulen in Blankenburg und Rudolfstadt.

Ich erwähne das alles, um die Behauptung zu erhärten, daß die »kind-zentrierte« Erziehung ein Geschenk der Aufklärung ist, und zwar ein wertvolles Geschenk. Obwohl es von Zeit zu Zeit eine Bewegung in Richtung einer »Themen-zentrierten« Pädagogik gibt (in jüngster Zeit beispielsweise bei E. D. Hirsch oder Alan Bloom und, wie Sie ein paar Seiten später bemerken werden, auch bei mir), ignoriert doch kein moderner Pädagoge das Wesen des Lernenden (Bloom vielleicht ausgenommen). Lehren und Lernen werden mittlerweile als Transaktion verstanden, womit gemeint ist, daß es keinen Sinn hat, davon zu sprechen, daß jemand etwas gelehrt hat, wenn dieses nicht gelernt worden ist. (Können Sie sagen, Sie hätten mir etwas verkauft, wenn ich es nicht gekauft habe?) Nicht immer mögen sich Lehrer so verhalten, als wäre ihnen das klar, aber sie wissen, daß es um den Lernenden geht und daß die Frage, wie man das Lernen leichter macht, das wichtigste Problem ist, das die Pädagogik zu lösen hat. Diese Orientierung können wir durchaus als eine Hervorbringung des achtzehnten Jahrhunderts bezeichnen. Zu keiner Zeit seither haben wir diese Denkweise aufgegeben, und wir nehmen sie mit in die Zukunft.

Was das zweite Vermächtnis der Aufklärung angeht – daß Bildung eine nationale Ressource ist –, so handelt es sich um einen Gedanken, der etwa zu derselben Zeit wie ersterer aufkam. Im Jahr nach dem Erscheinen von Rousseaus *Émile* veröffentlichte de la Chalotais einen Essay über Volkserziehung. Der Aufsatz war zu großen Teilen eine Attacke gegen die Jesuiten, die damals die Erziehung in Frankreich kontrollierten. Aber es ging ihm um mehr als das – er vertrat mit großer Überzeugungskraft den Wert einer gebildeten Bevölkerung für den Staat. Der Gedanke wurde aufgegriffen – eigentlich lag er schon in der Luft – und führte dazu, daß die schulische Bildung in ganz Europa zu einer Angelegenheit des Staates wurde. Selbst Friedrich der Große ließ seinen Glauben fahren, je größer die Unwissenheit der Leute, desto leichter sei es, sie zu regieren. In den Jahren 1763 und 1765 kam es in Preußen zu Schulgesetzen, welche die Grundschule zur staatlichen Aufgabe machten und für alle Kinder zwischen dem fünften und dreizehnten Lebensjahr die Schulpflicht einführten.

In den Anfängen Amerikas war Schulbildung stark mit der Religion verbunden (für Protestanten war beispielsweise entscheidend, daß sie die Bibel lesen konnten). Zu der Zeit jedoch, als Paine, Priestley, Jefferson, Adams, Madison und Franklin die amerikanische Demokratie entwarfen, war man sich auch aus politischen Gründen über die Wichtigkeit der Bildung im klaren. Priestley formulierte eine Bildungsphilosophie, die Kinder mit Modellen eines soliden demokratischen Denkens versorgen sollte, die nicht nur naturwissenschaftliche Kenntnisse, sondern eine naturwissenschaftliche Weltsicht einschlossen. Vielleicht war er überhaupt der erste Erzieher, der in einem Klassenzimmer Laborexperimente durchführte.

Jefferson betonte in seinen Überlegungen zugunsten einer allgemeinen und öffentlichen Schulbildung den Gesichtspunkt, daß Amerika sich alle seine geistigen Ressourcen zunutze machen müsse. Großbritannien, Frankreich und andere europäische Staaten bezogen ihre führenden Männer aus dem obersten Zehntel ihrer Bevölkerung. Das kleinere Amerika konnte sich das nicht leisten. »Mittels jenes Teils unseres Vorhabens, der die Auswahl junger Leute von Genie aus den Schichten der Armen vorsieht«, schrieb Jefferson, »hoffen wir, dem Staat jene Talente nutzbar zu machen, welche die Natur inmitten der Armen ebenso großzügig ausgesät hat wie inmitten der Reichen, die ohne Gebrauch aber untergehen.«[2] Franklin half bekanntlich, ein College zu gründen, und fast alle Gründerväter Amerikas studierten die Geschichte und Literatur der Antike (Plutarch, Thukydides, Tacitus und andere) und waren der Überzeugung, daß demokratische Bürger wissen müßten, wie Griechen und Römer es geschafft hatten, sich selbst zu regieren.

Der Gedanke, daß ein Nationalstaat mit demokratischem Anspruch einer gebildeten Bürgerschaft bedarf, ist seit dem achtzehnten Jahrhundert bis heute kontinuierlich vertreten worden, und kein politischer Führer hat sich seither dagegen ausgesprochen. Allerdings ist einzuräumen, daß in der heutigen Zeit, vor allem in Amerika, das Postulat der Bildung weitgehend mit den wirtschaftlichen Notwendigkeiten des Staates begründet wird. Typisch ist der Gedankengang, daß ein Staat den ökonomischen Wettbewerb mit anderen nicht zu bestehen vermag, wenn seine Jugend über keine gute Bildung verfügt. Was »gute Bildung« ist, darüber wird viel debattiert, aber entscheidend ist, daß Bildung als nationales Projekt verstanden wird, und zwar selbst in Amerika, wo der Lehrplan unter »lokaler Kontrolle« steht. Es bedrückt die Amerikaner sehr, wenn bei vergleichenden Tests herauskommt, daß die Jugend Japans oder Deutschlands oder Schwedens (oder welchen Staates auch immer) dabei mehr Punkte macht als die amerikanische. Weshalb ihnen überhaupt daran gelegen ist, erklärt sich aus der Annahme, daß intellektuelles Vermögen als eine der wichtigsten Ressourcen eines Landes gilt. Niemand stellt diese Annahme in Frage, und so werden wir sie denn in alle Zukunft mitnehmen, mit der wir konfrontiert sein werden.

Kommen wir also zum dritten Vermächtnis der Aufklärung, zu dem Gedanken, daß eines der Ziele einer »guten Bildung« die Kultivierung einer skeptischen, auf der Vernunft basierenden Weltsicht sein müsse. Obwohl die Schriften der im achtzehnten Jahrhundert wirkenden Erzieher diesen Gedanken enthalten, tritt er uns doch zumeist in den Schriften der *philosophes* des achtzehnten Jahrhunderts entgegen. Stellte man die Frage nach der vorrangig mit der Aufklärung assoziierten Geisteshaltung, lautete die Antwort fraglos: »Skepsis«. Moderne Pädagogen verwenden dieses Wort gewöhnlich nicht; ihnen ist etwas wie »kritisches Denken« lieber. Sie tun indessen wenig dafür.

Es gibt dafür eine Reihe von Gründen. Der erste lautet, daß es gefährlich ist. Würden wir unseren Kindern gestatten, sie sogar dazu ermuntern, kritisch zu denken, wäre fast mit Sicherheit eine Folge, daß sie die bestehenden Autoritäten in Frage stellen würden. Man könnte geradezu davon sprechen, daß »kritisches Denken« sich als Unterminierung des Gedankens von der Bildung als nationaler Ressource auswirkt, weil eine frei denkende Bevölkerung die Ziele ihres Nationalstaats ablehnen und das reibungslose Funktionieren seiner Institutionen stören könnte.

Ein weiterer Grund liegt in der Tatsache, daß keineswegs ausgemacht ist, ob Eltern eine solche Erziehung für ihre Kinder wünschen. Jedes pädagogische Projekt involviert, wenn auch in unterschiedlichem Ausmaß, das Risiko, Kinder ihren Eltern zu entfremden, und der Gedanke, daß Kinder zur Skepsis erzogen werden sollten, ist nicht nur für den Nationalstaat gefährlich, sondern auch für den häuslichen Frieden.

Es gibt aber zumindest noch einen weiteren Grund, weshalb eine solche Erziehung problematisch ist: Es besteht keine Garantie dafür, daß sie funktioniert. Das allein ist freilich noch kein Grund, ihr aus dem Weg zu gehen, denn für *nichts*, was die Schule für Kinder oder mit Kindern tut, gibt es die Garantie, daß es funktionieren wird. Andererseits hat das schulische Curriculum immer etwas von einer Wette, daß das eine den Versuch eher lohnt als etwas anderes, und es gibt Leute, die der Meinung sind, auf Experimente in »kritischem Denken« zu setzen lohne sich eben nicht.

Nehmen wir aber einmal an – wie es Jefferson tat und sehr viel später auch John Dewey –, daß eine demokratische Gesellschaft dieses Risiko eingehen muß, daß Bürger mit kritischem Kopf für diese Gesellschaft von Vorteil sind und daß die beste Möglichkeit, die bürgerlichen Freiheiten zu wahren, darin liegt, sie zu ermutigen, skeptisch, Autoritäten gegenüber wachsam und bereit zu sein, sich furchtlos der Propaganda zu widersetzen. Des weiteren wollen wir einmal annehmen, daß wenigstens einige Eltern dies für eine wichtige Zielsetzung halten und keine Einwände dagegen äußern. Dann hätten wir es mit einem zweiten wichtigen Problem zu tun: Wie lehrt man Vernunft und Skepsis? Die Erfahrung hat uns gezeigt, daß das sehr schwierig ist. Die Lehrer sind normalerweise nicht dafür ausgebildet, und die Schüler sind an die Strenge dieses Vorhabens nicht gewöhnt. Man könnte sogar sagen, daß schon die Struktur der Schule – ihr Stufensystem, die Erfordernisse von Kursen, ihre Prüfungen – dagegen steht. Trotzdem will ich dieses Kapitel mit fünf Vorschlägen abschließen, wie dies geschehen könnte, und in dieser Tonlage mein Buch beenden. Daß Skepsis das wichtigste Vermächtnis der Aufklärung ist, habe ich schon gesagt. Es gibt nichts Grundlegenderes, als dieses Vermächtnis weiterzutragen, indem man sich der Aufgabe stellt, es unserer Jugend zu vermitteln.

Der erste Vorschlag ist nicht besonders kontrovers und dennoch derjenige, bei dem die geringste Aussicht besteht, ernst genommen zu werden. Ich meine die Möglichkeit, daß wir tatsächlich Kindern etwas von der Kunst und Wissenschaft des Fragenstellens beibrächten. Niemand, nehme ich an, wird bestreiten, daß all unser Wissen aus dem Fragen resultiert, ja, daß das Fragen das bedeutsamste intellektuelle Werkzeug ist, das dem Menschen zur Verfügung steht. Ist es aber dann nicht seltsam, daß das bedeutsamste geistige Werkzeug, das Menschen zur Verfügung steht, nicht in der Schule gelehrt wird? Ich muß es noch einmal wiederholen: Das bedeutsamste geistige Werkzeug, das Menschen zur Verfügung steht, wird in der Schule nicht gelehrt. Mag der eine oder andere sich auch eines Lehrers entsinnen, der einen Tag oder zwei oder vielleicht sogar eine Woche dem Thema gewidmet hat, wie man Fragen stellt, welche unterschiedlichen Arten von Fragen es gibt, wie Themen und Gegenstände durch verschiedenartige Fragen auf unterschiedliche Weise charakterisiert werden und wie es um die Beziehung zwischen den von uns gestellten Fragen und den Antworten bestellt ist, die wir darauf erhalten. Ich habe aber meine Zweifel, daß es jemanden gibt, der von sich sagen kann, dies sei ihm in systematischer Weise und als ständiges Thema in der Schule beigebracht worden. Des weiteren bezweifle ich, daß jemand eine Schule kennt, in der das geschieht. Wenn Pädagogen von der Ausbildung »kritischen Denkens« sprechen, schließt das fast nie das Fragenstellen ein.

Fünfundvierzig Jahre lang habe ich nun herauszufinden versucht, weshalb in der Schule das Fragenstellen nicht als ein Kernthema des Unterrichts gilt. Keine der Antworten, die mir dazu durch den Kopf gegangen sind – unter anderem intellektuelle Unschuld von Lehrern, das Fehlen von Prüfungsmodellen, um Kompetenz in dieser Fähigkeit zu messen, der Umstand, daß die Lehrer selbst dieses Thema in ihrer Schulzeit nicht gelernt haben, und auch die Tatsache, daß die Schule traditionellerweise als Ort gilt, wo Schüler Antworten lernen, nicht aber die Fragen, denen die Antworten entspringen –, reichen hin, um diese Tatsache zu erklären. Möglicherweise wissen Lehrer und Schulverwaltungen intuitiv, daß eine ernsthafte Beschäftigung mit der Kunst und Wissenschaft des Fragenstellens politisch explosiv ist, und weichen ihr deshalb aus.

Was geschieht, wenn ein Schüler, der einen Geschichtskurs absolviert, die Frage stellt: »Wessen Geschichte ist das?« Was geschieht, wenn ein Schüler, dem man eine Reihe Fakten gegeben hat, fragt: »Was ist eine Tatsache? Was unterscheidet sie von einer Meinung? Wer entscheidet das?« Dann geschieht natürlich, daß Schüler nicht nur »Geschichte«, »Definitionen« und »Fakten« lernen (was sie nach Bloom und Hirsch lernen sollen), sondern auch lernen, woher diese Dinge kommen und weshalb das so ist (was Bloom und Hirsch gleichgültig ist). Ein derartiges Lernen ist eine Voraussetzung für Nachdenklichkeit und dessen, was daraus folgt, nämlich Skepsis.

Haben wir den Mut, das auf die Tagesordnung zu setzen? Haben Sie schon einmal jemanden darüber reden gehört? Den Präsidenten, den Erziehungsminister, einen Schuldirektor? Sie wollen, daß unsere Schüler Antwortengeber sind, nicht Fragensteller. Sie wollen Schüler, die glauben, keine Skeptiker. Sie wollen die Quantität der Antworten, nicht die Qualität von Fragen messen (letztere ist wahrscheinlich sowieso nicht meßbar). Wer anders denkt, wer der Meinung ist, daß ein aktiver, couragierter und geschickter Fragensteller genau das ist, was eine »gute Erziehung« hervorbringen sollte, kann sich wenigstens bei Voltaire, Hume, Franklin, Priestley und Jefferson Trost und Inspiration holen. Sie würden einem solchen Unterfangen mit Sicherheit applaudieren.

Mein zweiter Vorschlag ist mit dem ersten verwandt, weil auch er mit Sprache zu tun hat. Vor dreiundzwanzig Jahrhunderten dachten sich Pädagogen ein Unterrichtsmodell aus, das den Zweck verfolgte, Studenten dazu zu bringen, sich sowohl gegen die Verführungskraft der Eloquenz wie gegen den Reiz des Unsinns zur Wehr zu setzen. Im Mittelalter wurde dieses Modell formalisiert und unter dem Namen »Trivium« bekannt. Es bestand aus Logik, Rhetorik und Grammatik. In verkümmerter Form gibt es diese Tradition noch heute bei modernen amerikanischen Pädagogen: Sie unterrichten dasjenige der drei Fächer – Grammatik –, in welchem das geringste Potential steckt, Schüler zu kritischem Denken anzuhalten. In Wirklichkeit wird Grammatik, die in etwa ein Drittel des Englischlehrplans einer Junior High

School [etwa Sekundarstufe I] einnimmt, nicht einmal unter dem Gesichtspunkt unterrichtet, Schülern kritisches Denken beizubringen. Weshalb Grammatik, so wie sie gegenwärtig unterrichtet wird, überhaupt im Lehrplan steht, ist schwer erkennbar. Seit den Anfängen des zwanzigsten Jahrhunderts hat man Untersuchungen angestellt, um herauszufinden, ob es irgendeinen Zusammenhang zwischen Grammatikunterricht und diversen sprachlichen Kompetenzen, etwa Lesen und Schreiben, gibt. Fast ausnahmslos haben diese Untersuchungen keinerlei positive Beziehungen erbracht.

Auch wenn die beiden anderen Fächer, Logik und Rhetorik, heutzutage gelegentlich unter anderen Namen firmieren – zum Beispiel praktisches Urteilen, Semantik und allgemeine Semantik –, schlage ich vor, ihnen, wie immer wir sie nennen mögen, einen prominenten Platz im Lehrplan einzuräumen. Bei diesen Unterrichtsgegenständen geht es um die Beziehung zwischen Sprache und Wirklichkeit; sie handeln von den Unterschieden verschiedener Aussagearten, vom Wesen der Propaganda, von den Möglichkeiten, den Wahrheitsgehalt einer Aussage zu prüfen, und von so ziemlich allem anderen, das man wissen muß, um auf disziplinierte Weise die Sprache zu benutzen – und zu merken, wenn andere das nicht tun.

Bei all dem heutigen Gerede darüber, daß wir derzeit durch eine Informationsrevolution gehen, sollte man doch meinen, daß den Lehrern keine Frage mehr auf den Nägeln brennt als die, welche sprachlichen Fähigkeiten notwendig sind, um mit dieser Informationsschwemme fertig zu werden. Zwar ist mir bekannt, daß die Erziehungswissenschaft nicht immer nützlich und gelegentlich absurd ist, aber immerhin ist in der Fachliteratur doch eine eindeutige und positive Beziehung zwischen dem Erlernen von Semantik und kritischem Denken belegt. Für das Fehlen von Semantik – der Lehre von der Beziehung zwischen der Welt der Wörter und der Welt der

Nicht-Wörter – im Lehrplan gilt dasselbe wie für das Fehlen des Fragenstellens: Es ist ein Mysterium, wenn nicht gar ein Skandal.

Was immer wir sonst noch in das neue Jahrhundert mitbringen, die größte Ansammlung von Propagandatechniken, die es in der Menschheitsgeschichte je gegeben hat, wird mit Sicherheit dabei sein. Ich finde es interessant, darüber zu spekulieren, was Voltaire oder Kant oder Hume oder Jefferson wohl raten würden, um die Jugend vor den zerstörerischen Auswirkungen dieses Angriffs zu schützen. Möglicherweise käme der eine oder andere von ihnen zu dem Schluß, daß die Vernunft eine solche Situation nicht überleben kann. Wir aber können uns den Luxus einer derart deprimierenden Schlußfolgerung nicht leisten.

Es ist dies nicht der Ort, im Detail darauf einzugehen, wie Erziehung und Bildung der Jugend helfen können, sich gegen Propaganda in all ihren verführerischen Varianten zur Wehr zu setzen, aber nach meiner Überzeugung ist ein ernsthafter Versuch, den Umgang mit Sprache zu lehren, der Schlüssel dazu. Und beginnen muß dieser selbstverständlich mit dem Gedanken, daß Wörter nicht nur Werkzeuge zum Denken sind, sondern, wenn man es praktisch betrachtet, der Inhalt unseres Denkens. Ich will damit nicht andeuten, daß die Welt nur aus Wörtern besteht, ich bin schließlich kein moderner französischer Philosoph. Ich will sagen, daß, welche Sinngehalte wir der Welt auch immer geben mögen – wie wir uns also die Dinge erklären –, diese von unserem Vermögen des Benennens herrühren, von unserer Fähigkeit, Vokabularien zu erzeugen. Eine Vorstellung von dem Vorgang, durch den Wörter und andere Symbole unseren Gedanken Gehalt und Gestalt geben, läßt sich gewinnen, wenn man einmal einem anderen zu beschreiben versucht, was an einem Ort vor sich geht, den wir *Schule* nennen, aber ohne daß wir dabei Begriffe wie

Schule, Lehrer, Schüler, Direktor, Klassenarbeit, Prüfung, Klassenstufen, Fach, Kurs, Lehrplan, Stundenplan, Hausaufgaben oder irgendeinen anderen der Fachbegriffe benutzen, die das Vokabular dieses semantischen Umfelds enthält. Ich behaupte nicht, daß es unmöglich ist, aber ich schätze, daß das, was bei einer solchen Beschreibung herauskäme, wohl kaum als »Schule« erkennbar wäre. Vielleicht klänge es mehr nach einem Gefängnis oder einem Krankenhaus oder einem Rehazentrum – je nachdem. Es hängt von den Wörtern ab, die statt jener eingesetzt würden, die man sich verboten hat.

Schauen wir uns die zwei unterschiedlichen Vokabularien an, die üblicherweise verwendet werden, um den Gebrauch pharmazeutischer Erzeugnisse zu beschreiben. Das eine davon bekommt man etwa alle fünfzehn Minuten im Werbefernsehen zu hören. »Mutter!« ruft eine gereizte junge Frau. »Ich schaff es schon!« Was hat sie? Sie ist »durcheinander«, etwas »geht ihr auf die Nerven«, sie »fühlt sich nicht gut«, sie kommt mit ihrer »Arbeit« nicht zurecht. Als Lösung wird empfohlen, ein Medikament zu nehmen – Aspirin, Bufferin oder Nytol. Die Sprache ist hier die Sprache von Krankheit und medizinischer Behandlung, und folglich dürften die Drogenfahnder, nehme ich mal an, ihr auch keine Beachtung schenken. Was den Zuschauern einzunehmen geraten wird, könnte man aber auch *Uppers* oder *Downers* nennen, also Aufputsch- oder Beruhigungsmittel. Wir werden da im Grunde aufgefordert, »an- oder abzutörnen« oder »high« zu werden. Diese Begriffe sind natürlich Teil des Straßenjargons. Also gut, was ist es denn nun? Geben wir unseren aufgewühlten Gemütern wieder ihre Ausgeglichenheit zurück oder »pumpen wir uns voll«? Es hängt davon ab, welche Worte man wählt, nicht wahr?

Deshalb beschäftigen wir uns nicht mit »bloßer Semantik«, wenn wir darüber diskutieren, welches Vokabular wir zur Beschreibung eines Vorgangs verwenden. Es geht uns dabei darum, die Wahrnehmungen und Reaktionen anderer (wie auch unsere eigenen) hinsichtlich dieses Vorgangs zu steuern. Daran liegt es, daß Leute, die diesen Sachverhalt verstehen, zusammenzucken, wenn jemand dazu ansetzt, etwas »so zu sagen, wie es ist«. Niemand kann irgend etwas so sagen »wie es ist«. Zunächst einmal ist es gar nichts, bevor jemand ihm einen Namen gegeben hat. Zweitens gibt die Art, in der »es« seinen Namen erhält, nicht zu erkennen, wie *es* ist, sondern wie es der Namensgeber sehen will oder zu sehen fähig ist. Und drittens wird die Benennung zur Wirklichkeit all jener, die den Namen akzeptieren. *Unsere* Wirklichkeit muß das aber keineswegs sein.

Nehmen wir beispielsweise jenen Typ Mann, der herkömmlicherweise *Priester* genannt wird. Akzeptiert man diese Bezeichnung, wird man den Mann nicht deshalb für geistesgestört halten, weil er sich ganz bewußt vorgenommen hat, sein Leben lang sexuell abstinent zu sein. Akzeptiert man die Bezeichnung nicht, wird man den Mann für jemanden halten, der dringend psychiatrischer Hilfe bedarf. Mit der Akzeptanz der Bezeichnung meine ich, daß man ihre Legitimität anerkennt, daß man das semantische Umfeld, in welchem sie vorkommt, als vernünftig und sinnvoll beurteilt. Vor allem aber, daß man die Annahmen akzeptiert, auf welchen sie beruht. Was also sagen wir von einem »Priester«? Wie können wir sagen, wie er wirklich ist? Weist er »psychotische Symptome« auf oder gibt er sich ganz seinem Glauben hin?

Es gibt eine Geschichte von drei Schiedsrichtern, in der das Problem noch deutlicher wird. Weil der erste Schiedsrichter jemand ist, der wenig darüber weiß, wie Bedeutungen entstehen, sagt er über Fouls: »Ich pfeif sie, wie sie sind.« Der zweite, der ein bißchen was über menschliche Wahrnehmung und ihre Grenzen weiß, sagt: »Ich pfeif sie, wie ich sie sehe.« Der dritte Schiedsrichter, dem man etwas über die Rolle der Sprache auf dem Felde des Menschlichen beigebracht hat, sagt: »Wenn ich sie nicht pfeife, gibt's sie nicht.«

Selbstverständlich bedeutet das nicht, daß nicht manche Schiedsrichter besser sind als andere. Wie einer entscheidet, besagt eine Menge darüber, wie gut und wie weit er zu sehen vermag. Wenn der Schiedsrichter Abseits pfeift, obwohl alle anderen vor dem Torschützen noch einen gegnerischen Verteidiger herumstehen sahen, wird er schließlich gemeinhin »blind« genannt. Will sagen, daß wir nicht verpflichtet sind, die Etiketten zu akzeptieren, die andere aufgeklebt haben. Gedanken wie derjenige, daß Menschen Bedeutungen mittels der von ihnen verwendeten Bezeichnungen herstellen und es uns freisteht, die von ihnen verliehenen Namen abzulehnen – gleichgültig, ob in der Politik, in der Wirtschaft oder in der Religion –, sind zentraler Bestandteil sprachlicher Bildung und Erziehung; sie sind auch die wichtigste Verteidigungswaffe gegen eine Kultur, deren größte Industrie die Propaganda ist.

Mein dritter Vorschlag gilt dem Lehren einer wissenschaftlichen Weltsicht. Ich meine mit diesem Ausdruck etwas anderes als das, was üblicherweise unter »Naturwissenschaft« verstanden wird. Dieser Ausdruck verweist auf Unterricht in Physik, Biologie, Chemie und verwandte Disziplinen. Niemand wird die Wichtigkeit des Unterrichts in derlei Fächern bestreiten, aber daß sie in den Lehrplan aufgenommen sind, gewährleistet noch nicht, daß die Schüler wissenschaftliches Denken entwickeln. Der naturwissenschaftliche Lehrplan ist gewöhnlich auf die Mitteilung der in jeder Disziplin bekannten Fakten ausgerichtet, ohne daß man sich ernsthaft (das heißt *überhaupt je*) mit der Geschichte des Fachs auseinandersetzt, noch mit den Fehlern, die den Wissenschaftlern unterlaufen sind, noch mit ihren früher oder heute verwendeten Methoden oder den Verfahren, mittels derer wissenschaftliche Behauptungen verworfen oder bestätigt werden.

Eine Schule, die das Fragenstellen und die Semantik ernst nimmt, hat freilich schon die halbe Strecke bei der Vermittlung wissenschaftlichen Denkens hinter sich gebracht. Die Sache hat aber noch eine weitere Dimension, und als Beispiel dafür, was hier auf dem Spiel steht, will ich auf den Streit zwischen »Evolutionslehre« und »Schöpfungslehre« eingehen. Wie die Evolutionslehre beansprucht auch die Schöpfungslehre, erklären zu können, wie die Welt mit allem, was sich darin befindet, entstanden ist. Ihr gilt die Bibel als unfehlbare Darstellung der Geschichte der Welt. Immer mehr Menschen glauben an die Schöpfungslehre, und nicht wenige von ihnen sind der Meinung, ihr Glaube sei respektabel genug, um in den Lehrplan aufgenommen zu werden. Das alles erinnert sehr an jene Abgeordneten von Tennessee, die 1925 ein Gesetz verabschiedeten, welches das Lehren der Evolutionstheorie in diesem Bundesstaat verbot. Damals befürchteten die Evolutionsgegner, die wissenschaftliche Idee der Evolution werde den religiösen Glauben untergraben; jetzt befürchten die Anhänger der Evolutionslehre, daß eine religiöse Idee den Glauben an die Wissenschaft untergraben werde. Erstere hatten nicht genügend Zutrauen in die Religion, letztere nicht genügend Zutrauen in die Wissenschaft.

Gute Wissenschaft hat von schlechter Wissenschaft nichts zu befürchten, und der schulischen Bildung unserer Jugend kommt es sehr zugute, wenn man das eine neben das andere stellt. Ich schlage also vor, daß Evolutions- und Schöpfungslehre in den Schulen als alternative Theorien präsentiert werden. Und dies sind meine Gründe dafür:

Zunächst einmal ist Darwins Erklärung, wie es zur Evolution der Arten gekommen ist, eine *Theorie*. Dasselbe gilt für die auf den heutigen Wissensstand gebrachte Version des Darwinschen Denkens. Sogar die »Tatsache«, daß eine Evolution stattgefunden hat, basiert in hohem Maß auf Schlußfolgerungen und Annahmen. Fossilien beispielsweise sind zuweilen mehrdeutig und haben zu unterschiedlichen Interpretationen geführt, und im Fossilienbestand gibt es seltsame Lücken, was »Evolutionisten« Rätsel aufgibt und womöglich sogar in Verlegenheit bringt.

Auch die von den »Kreationisten« erzählte Geschichte ist eine Theorie. Daß eine Theorie ihren Ursprung in einer religiösen Metapher oder in einem Glauben hat, tut nichts zur Sache. Newton war nicht nur ein religiöser Mystiker; etwas Religiöseres als seine Vorstellung vom Universum als einer Art mechanischer Uhr, die Gott konstruiert und in Bewegung gesetzt hat, läßt sich schwerlich finden. Relevant ist die Frage, in welchem Ausmaß eine Theorie wissenschaftlichen Kriterien genügt. Der Streit zwischen Evolutionisten und Kreationisten bietet Lehrbuchverfassern und Lehrern eine wunderbare Gelegenheit, Schülern Einblick in die Philosophie und die Methoden der Naturwissenschaft zu geben. Was Schüler wirklich wissen müssen, ist ja doch nicht, ob man dieser oder jener Theorie glauben muß, sondern wie Naturwissenschaftler die Gültigkeit einer Theorie beurteilen. Angenommen, den Schülern würden die Kriterien naturwissenschaftlicher Theorieevaluierung beigebracht und sie würden dann dazu aufgefordert, diese Kriterien auf die beiden in Frage stehenden Theorien anzuwenden? Hätte eine solche Aufgabe nicht als authentische Wissenschaftserziehung zu gelten?

Ein anderes Beispiel: Die meisten gebräuchlichen Theorien berufen sich zur Erklärung beobachtbarer Vorgänge auf unsichtbare Kräfte. Dabei müssen die unsichtbaren Kräfte (beispielsweise die Schwerkraft) allerdings berechenbar sein, man muß aufgrund ihres Wirkens verläßliche Voraussagen machen können. Erfüllt die Berufung auf Gott innerhalb der Schöpfungslehre dieses Kriterium? Tut es die natürliche Selektion?

Ich habe den Verdacht, daß, sollte man diese beiden Theorien nebeneinander stellen und den Schülern überlassen, ihren Wert als Wissenschaft zu beurteilen, die Schöpfungstheorie mit Pauken und Trompeten durchfallen wird (obwohl die natürliche Selektion keineswegs ohne Makel ist). Jedenfalls müssen wir die Gelegenheit beim Schopf ergreifen. Es ist nicht nur schlechte Wissenschaft, wenn man zuläßt, daß ein Streit über Theorien unüberprüft bleibt, sondern es ist auch schlechte Schule.

Manch einer meint, die Schulen hätten weder die Zeit noch die Pflicht, sich jeder widerlegten oder umstrittenen wissenschaftlichen Theorie anzunehmen. »Wenn wir uns an Ihre Theorie hielten«, hat ein Naturwissenschaftler mir einmal gesagt, »müßten wir die post-kopernikanische Astronomie neben der des Ptolemäus unterrichten.« Genau das, und aus zwei guten Gründen. Den ersten hat in schöner Klarheit George Orwell in einem Essay zu George Bernhard Shaws Bemerkung ausgesprochen, wir seien heute leichtgläubiger und abergläubischer als die Menschen im Mittelalter. Als Beispiel für moderne Leichtgläubigkeit führte Shaw den weit verbreiteten Glauben an, daß die Erde rund sei. Der Durchschnittsmensch, so Shaw, könne keinen einzigen Grund für diese Überzeugung nennen.

Orwell nahm sich Shaws Äußerung zu Herzen und prüfte sorgfältig, welches die Gründe waren, die ihn glauben ließen, daß die Welt rund sei. Er kam zu dem Schluß, daß Shaw recht hatte und daß in der Tat die Mehrzahl seiner wissenschaftlichen Überzeugungen einzig und allein auf der Autorität von Naturwissenschaftlern beruhten. Mit anderen Worten, die meisten Schüler haben keinerlei Vorstellung davon, weshalb

Kopernikus gegenüber Ptolemäus der Vorzug zu geben ist. Wenn sie überhaupt etwas über Ptolemäus wissen, dann nur, daß er »im Irrtum« und Kopernikus »im Recht« war, und das nur, weil es ihr Lehrer oder ihr Lehrbuch sagt. Wissenschaftler nennen ein solches Denken dogmatisch und autoritätsgläubig. Es ist genau das Gegenteil von wissenschaftlicher Methode. Eine wirklich wissenschaftliche schulische Erziehung würde Schüler dazu auffordern, sich freimütig sowohl mit der ptolemäischen wie mit der kopernikanischen Weltsicht auseinanderzusetzen, das Für und Wider beider zusammenzustellen und dann zu erklären, weshalb sie meinen, daß die eine der anderen gegenüber den Vorzug verdient.

Ein zweiter Grund, sich für diesen Ansatz auszusprechen, ist, daß die Naturwissenschaft, nicht anders als jedes andere Fach, verzerrt wird, wenn das Fach nicht aus einer historischen Perspektive heraus gelehrt wird. Die ptolemäische Astronomie mag eine widerlegte wissenschaftliche Theorie sein, ist aber gerade aus diesem Grunde von Nutzen, um Schülern zu der Einsicht zu verhelfen, daß Wissen ein ständiges Suchen ist, nicht etwas ein für allemal Feststehendes; daß das, von dem wir glauben, wir wüßten es, aus dem entstanden ist, was wir einstmals zu wissen glaubten, und daß das, was wir in der Zukunft wissen werden, sehr wohl alles widerlegen mag, was wir jetzt für wahr halten.

Das soll selbstverständlich nicht heißen, daß unsere Schulen sich jeder neuen oder wiederbelebten Theorie über das Funktionieren der Welt anzunehmen hätten. Wie immer müssen Lehrer auswählen – in diesem Fall, indem sie sich die Frage stellen, welche Theorien am besten dazu taugen, den Schülern zu helfen, sich über die Grundlagen ihrer Überzeugungen klar zu werden. Die ptolemäische Theorie scheint mir dafür bestens geeignet. Dasselbe gilt für die Schöpfungslehre. Sie behauptet sich im Denken und Fühlen vieler Menschen;

jahrhundertelang hatte sie eine beherrschende Stellung und ist folglich von großem historischem Interesse; in ihrer modernen Inkarnation erhebt sie ausdrücklich den Anspruch auf den Status einer Wissenschaft.

Bleibt noch, den Gesichtspunkt anzusprechen (ohne ihn im einzelnen zu erörtern), daß wir es deshalb nicht wagen, die Schöpfungslehre als Alternative zur Evolution zuzulassen, weil die meisten Lehrer von Geschichte und Philosophie der Naturwissenschaften nicht viel wissen und sich noch weniger mit den Regeln auskennen, mittels derer wissenschaftliche Theorien bewertet werden; was nichts anderes heißt, als daß ihnen das Rüstzeug fehlt, Naturwissenschaft anders denn als Dogma zu unterrichten. Wenn das zutrifft, sollten wir unverzüglich etwas unternehmen, um einen bedenklichen Mangel zu beheben, nämlich durch eine Verbesserung der Lehrerausbildung in den naturwissenschaftlichen Fächern.

Mein vierter Vorschlag betrifft, was ich *Technologieerziehung* nenne. Wie ich bereits in meinem Kapitel über Technologie gesagt habe, meine ich mit Technologieerziehung *nicht*, daß unserer Jugend beigebracht wird, wie man Computer gebraucht. Fünfundvierzig Millionen Amerikaner haben bereits irgendwie herausbekommen, wie man mit Computern umgeht, ohne daß ihnen die Schulen dabei geholfen hätten. Auch wenn die Schulen in den kommenden zehn Jahren in dieser Hinsicht nichts tun, wird jeder wissen, wie man Computer benutzt. Was die Menschen aber *nicht* wissen werden, ist, wie es um die psychischen, gesellschaftlichen und politischen Auswirkungen neuer Technologien bestellt ist – egal, ob es sich um das Automobil, den Film oder das Fernsehen handelt. Und das ist ein Thema, das in den Schulen eigentlich im Zentrum stehen müßte. Es erfordert einige Kenntnisse über die Geschichte der Technik, über die Grundsätze technischen Wandels und über die ökonomischen und sozialen

Veränderungen, die Technik unabdingbar nach sich zieht. Wenn wir wollen, daß unsere Schüler auf intelligente Weise in einer technologischen Gesellschaft leben, müssen sie die Bedeutung und den Kontext technologischen Wandels durchschauen können.

Hinzugefügt sei, daß mir aufgrund meiner eigenen Beobachtung von Schülern in anderen Ländern amerikanische Schüler in bezug auf die Geschichte der Technik und ihrer Folgewirkungen als die unwissendste Gruppe vorkommen, der ich begegnet bin. Ein durchschnittlicher amerikanischer Oberschüler kann in der Regel, auch wenn man ihm einen Spielraum von tausend Jahren einräumt, nicht angeben, wann das Alphabet erfunden wurde, oder, bei zweihundert Jahren Spielraum, wann der Buchdruck mit beweglichen Lettern erfunden wurde; ganz zu schweigen davon, daß er irgend etwas halbwegs Vernünftiges über die psychischen oder gesellschaftlichen Implikationen dieser Erfindungen zu sagen wüßte. Der Gedanke, daß dies die Leute sind, denen wir den Gebrauch der Datenautobahn anvertrauen werden, wäre komisch, wenn der Sachverhalt nicht derart gefährlich wäre.

Um es ganz klar zu sagen: Ich habe keine Einwände dagegen, daß eine Schule ihre Klassenzimmer vernetzt oder ihren Schülern Computer zur Verfügung stellt, vorausgesetzt, die Schule hat ausreichend Geld, um ihre Lehrer gut zu bezahlen, genügend Lehrer anzustellen, die Schülerzahl in den Kursen deutlich zu verkleinern und Lehrbücher anzuschaffen, die auf dem neuesten Stand sind. Mir geht es darum, daß die Technologieerziehung, wenn sie Bestandteil des Lehrplans wird, das Ziel haben muß, den Schülern beizubringen, Technik zu benutzen, statt von ihr benutzt zu werden. Und das bedeutet, daß sie wissen müssen, wie der Einsatz einer Technik sich auf die Gesellschaft, in der sie leben, sowie auf ihr persönliches Leben auswirkt. Beim Fernsehen haben wir das nicht gemacht, und ich fürchte, daß wir es auch bei der Computertechnologie nicht tun werden.

Mein fünfter und letzter Vorschlag, mit Abstand der kontroverseste, betrifft die Religion. Selbstverständlich ist mir bewußt, daß die Wörter *Religion* und *öffentliche Schule* sich miteinander nicht vertragen, wenigstens nicht in Amerika. Sie sind wie Magneten, die, wenn sie einander zu nah kommen, sich gegenseitig abstoßen. Dafür gibt es gute Gründe, wovon einer der Erste Zusatzartikel unserer Verfassung ist, der, noch bevor er die Redefreiheit erwähnt, dem Kongreß die Schaffung einer Staatsreligion untersagt. Klugerweise hat man das in dem Sinne ausgelegt, daß öffentliche Institutionen einer Religion keinerlei Vorzugsstellung gegenüber einer anderen einräumen dürfen. Weniger klug war, daß man es auch so verstanden hat, daß öffentliche Institutionen überhaupt kein Interesse an der Religion bekunden sollen. Eine Konsequenz davon ist, daß öffentliche Schulen kaum dazu imstande sind, sich in irgendeinem Kontext mit Religion auseinanderzusetzen. Nach meiner Meinung aber ist das Ignorieren der Religion ein schwerer Fehler.

Dafür gibt es eine Reihe von Gründen. Einer besteht darin, daß so vieles in unserer Malerei, Musik, Architektur, Literatur *und* Naturwissenschaft mit Religion durchwirkt ist. Deshalb ist es ganz unmöglich (*per definitionem* unmöglich), daß jemand von sich behauptet, gebildet zu sein, der nichts von der Rolle der Religion in der Entwicklung der Kultur weiß. Ein weiterer Grund lautet, daß die großen Religionen schließlich die Geschichten davon sind, wie unterschiedliche Völker zu unterschiedlichen Zeiten versucht haben, sich eines Gefühls von Transzendenz zu versichern. Obgleich die religiösen Erzählungen verschiedene Antworten auf die Frage liefern, wie und wann es zu unserer Existenz gekommen ist, befassen sie sich alle weitgehend mit der Antwort auf die Frage nach dem Warum. Kann man ein gebildeter Mensch sein, ohne über die Frage nachgedacht zu haben, weshalb es uns gibt und was von uns erwartet wird? Und kann man über solcherlei Fragen nachdenken, wenn man die Antworten ignoriert, welche die Religionen darauf geben? Ich glaube es nicht, denn man kann Religion als unseren Versuch definieren, eine umfassende, ganzheitliche Antwort auf Fragen nach dem Sinn unserer Existenz zu geben.

Deshalb schlage ich vor, daß wir, am Ende der Grundschule beginnend und dann in der Sekundarstufe I und darüber hinaus mehr ins einzelne gehend, unseren Jugendlichen Gelegenheit geben, sich mit Vergleichender Religionswissenschaft zu beschäftigen. Ein derartiger Kurs würde keine bestimmte Religion fördern, sondern darauf abzielen, die Metaphern, Literatur, Kunst und Rituale des Religiösen zu erhellen.

Machten wir das Fach Vergleichende Religion zum Bestand schulischer Bildung, ergäben sich daraus viele Fragen, auf die ich keine Antwort weiß, und ich bin mir sicher, daß andere Lehrer auch ratlos wären. Aber unsere Ignoranz ist kein Grund, das Thema zu umgehen. Nähmen wir es in Angriff, müßten wir es mit gründlicher Vorbereitung tun. Auf nationaler, regionaler und lokaler Ebene müßte es Lehrerkonferenzen und Institute geben, in denen man sich mit den Möglichkeiten eines Vergleichenden Religionsunterrichts befaßt, so daß Lehrer voneinander lernen könnten, welche Schwierigkeiten sich dabei ergeben können und wie man sie bewältigt. Ist das zuviel verlangt? Weshalb ist nichts leichter zu organisieren, großzügiger finanziert und besser besucht als eine Konferenz darüber, wie man den Umgang mit Computern unterrichtet? Ist es so, daß nur technische und technologische Fragen bei Lehrern Interesse wecken? Sind wir zu dumm oder zu ängstlich, um über die Möglichkeiten zu diskutieren, die religiöse Vielfalt eröffnet? Ich hoffe nicht.

Vermutlich ist meinen Lesern aufgefallen, daß meine fünf Vorschläge nicht Geschichte als Lehrfach einschließen. In der Tat halte ich ein historisches Bewußtsein für die allerwichtigste Idee, die unsere Jugend in die Zukunft mitnehmen soll. Ich nenne sie eine Idee und nicht ein Unterrichtsfach, weil jeder Unterrichtsgegenstand eine Geschichte hat und seine Geschichte ein integraler Bestandteil des Fachs ist. Geschichte, könnte man sagen, ist ein Meta-Thema. Niemand kann adäquates Wissen über ein Thema für sich beanspruchen, wenn er nicht weiß, wie es zu diesem Wissen gekommen ist. Natürlich würde ich auch »Geschichtskurse« empfehlen (sagen wir, in amerikanischer Geschichte), obwohl ich immer der Meinung war, solche Kurse sollten »Geschichten« heißen, damit unsere jungen Leute verstehen, daß das, was in der Vergangenheit geschehen ist, aus unterschiedlichen Blickwinkeln und von unterschiedlichen Menschen gesehen wurde, von denen jeder eine andere Geschichte zu erzählen hat.

Mein Buch ist ein Beispiel dafür. In gewissem Sinne gibt es »die Aufklärung« gar nicht. Es ist ein Name, der dieser Epoche in späterer Zeit von Leuten beigelegt wurde, die glaubten, daß im achtzehnten Jahrhundert etwas geschehen ist, was es vorher nicht gab und was das Denken und Verhalten von Menschen nachhaltig geprägt hat. Ich glaube das auch. Voltaire war aber nicht dieser Meinung und ebensowenig Hume oder Kant oder Jefferson. Jeder von ihnen sah in seinen Ideen Kontinuitäten mit früheren Zeitaltern, und über den speziellen Status, den wir ihrem Moment in der Spanne der Zeiten zuschreiben, wären sie überrascht gewesen. Gleichwohl. Historiker sprechen von der Aufklärung, weil sie eine Geschichte zu erzählen haben. Und ich habe versucht, mich von dieser Geschichte inspirieren zu lassen, um mich mit einer unbekannten Zukunft auseinanderzusetzen.

In gewissem Sinne gibt es natürlich auch so etwas wie das

einundzwanzigste Jahrhundert nicht. Es ist nur ein Name, und es besteht kein Grund zu der Annahme, daß die Formen, wie wir im zwanzigsten Jahrhundert gedacht und gehandelt haben, sich nur deshalb ändern müßten oder ändern werden, weil die Erde ein weiteres Mal um die Sonne kreisen wird. Aber es ist ein Name, den wir benutzen, um Hoffnung zu wecken, zur Erneuerung anzuregen und um eine neue Chance zu bekommen, es richtig zu machen. Und mir schien, daß sich unsere Chancen in dieser Hinsicht verbessern, wenn wir uns daran zu erinnern versuchen, wie andere vor uns sich bemüht haben, es richtig zu machen.

Und Sie wissen längst, daß nach meiner Einschätzung diese Leute aus dem achtzehnten Jahrhundert sich bei ihrem Versuch verdammt gut angestellt haben.

ANHANG I

Lord Byrons Brief an Lord Holland vom 25. Februar 1812:

...

Ich meinerseits erachte die Handarbeiter als eine arg geschundene Gruppe von Männern, die man den Ansichten gewisser Individuen geopfert hat, die sich mittels eben der Praktiken bereichert haben, die den Webern ihre Arbeit nahmen. Beispielsweise werden – durch die Einführung einer bestimmten Art von Webmaschine, bei der ein Mann die Arbeit von sieben leistet – sechs um ihre Arbeit gebracht. Jedoch muß bemerkt werden, daß solche Arbeit von weit schlechterer Qualität ist, sich zu Hause schwerlich vermarkten läßt und hingehudelt wird, weil man den Export im Auge hat. So sehr, mein Lord, wir auch jegliche Verbesserung in den Künsten bejubeln mögen, die der Menschheit zugute kommen, so dürfen wir doch nicht hinnehmen, daß die Menschheit den Fortschritten in der Mechanisierung geopfert wird. Erhaltung und Wohlergehen der arbeitswilligen Armen ist ein Ziel, das für die Gemeinschaft von größerer Bedeutung ist als die Bereicherung von ein paar Monopolisten durch solche Verbesserungen im Gerät ihres Gewerbes, die den Arbeitsmann seines Brotes beraubt und den Arbeiter »seines Lohnes unwert« macht.

Mein Beweggrund, mich dieser Gesetzesvorlage entgegenzustellen, beruht auf ihrer handgreiflichen Ungerechtigkeit und sicheren Wirkungslosigkeit. Ich habe den Zustand dieser elenden Männer gesehen, und er ist eine Schande für ein zivilisiertes Land. Ihre Exzesse mag man verurteilen, aber darüber wundern kann man sich nicht. Die Wirkung der gegenwärtigen Vorlage wäre, daß man sie zur offenen Rebellion triebe. Die wenigen Worte, die ich dazu am Donnerstag äußern werde, gründen sich auf diese, aufgrund eigener Beobachtungen vor Ort gebildete Ansicht. Hätte man sich früher darum gekümmert, wäre, davon bin ich überzeugt, diesen Männern wieder Arbeit gegeben und im Land wieder Ruhe hergestellt worden. Vielleicht ist es noch nicht zu spät dazu und gewiß lohnt es den Versuch. Unter solchen Umständen kann der Einsatz von Gewalt nie zu spät kommen. Ich glaube, Euer Lordschaft ist mit mir in dieser Sache nicht ganz einig, und ich unterwerfe mich leichten Herzens und ernsthaft Ihrer überlegenen Urteilskraft und Erfahrung und wähle eine andere Argumentation gegen den Gesetzentwurf oder schweige ganz und gar, falls Ihnen dies ratsamer erschiene. So sehr ich, wie es ein jeder tun muß, das Verhalten dieser armen Teufel verurteile, glaube ich doch, daß es Mißstände gibt, die eher zum Mitleid als zur Bestrafung aufrufen.

Aus Lord Byron,
Selected Poems and Letters

ANHANG II

Zum Mißbrauch von Sprache kommt es, wenn ihr metaphorisches Wesen verborgen wird, wenn die Repräsentation mit dem Repräsentierten *identifiziert* wird. Folglich hängt der sprachlich saubere Gebrauch von Metaphern davon ab, daß man ihre Grenzen genau kennt, d. h. von einem kritischen Bewußtsein der Verallgemeinerungen, Analogien und Abstraktionen, die damit einhergehen.

A. Rapaport, *Operational Philosophy*

Da die Begriffe, mit denen die Menschen leben, nur von Wahrnehmungen und von Sprache bezogen werden und da die Wahrnehmungen nur im Licht früherer Begriffe aufgenommen und interpretiert werden, ist der Mensch nicht weit davon entfernt, in einem Haus zu leben, das die Sprache gebaut hat.

Russell F. W. Smith,
»Linguistics in Theory and in Practice«, *ETC.*

Kette und Schluß allen Denkens und jeglicher Forschung sind Symbole, und was an Leben in Symbolen inhärent ist, macht alles gedankliche und wissenschaftliche Leben aus; es ist also falsch zu sagen, daß eine gute Sprache für gutes Denken bloß *wichtig* sei; sie ist nämlich dessen Eigentliches.

C. S. Peirce, *Syllabus of Certain Topics of Logic*
(Phänomen und Logik der Zeichen)

Das Benennen wählt aus, unterscheidet, identifiziert, lokalisiert, ordnet, arrangiert und systematisiert. Von älteren Ausdrucksweisen wird solches Tun dem »Denken« zugeschrieben, aber viel richtiger ist es, sie der Sprache zuzurechnen, wenn Sprache als lebendiges Verhalten von Menschen aufgefaßt wird.

J. Dewey und A. F. Bentley, *Knowing and the Known*

Die Sprache … läßt nicht zu, daß alle Verhaltensaspekte auf einmal in Betracht gezogen werden. Wer über ein Geschehen sprechen oder schreiben will, muß eine Sprache verwenden, die notwendigerweise auf einen ausgewählten Aspekt jenes Geschehens Bezug nimmt. Ein Hörer vermag das Geschehen zur Gänze erst dann zu verstehen, wenn er nicht nur einen, sondern sehr viele ausgewählte Aspekte davon untersucht hat. Weil dieses Verfahren sehr zeitaufwendig ist und schriftliche Berichte ziemlich aufbläht, werden oftmals Abkürzungen gemacht, was zur Folge hat, daß viele Details ausgelassen werden. Wenn weniger Wörter verwendet und eine geringere Anzahl Aspekte behandelt werden, tendiert der Hörer dazu, dem Erwähnten zu großes Gewicht beizulegen und nicht zu beachten, was ausgelassen wurde. Diese Besonderheit der Sprache und die sich daraus ergebenden Schwierigkeiten bei der Beschreibung von Verhalten haben gewisse verbale Klassifikationen entstehen lassen, die nicht auf den Eigentümlichkeiten der Pathologie basieren, sondern vielmehr auf denjenigen des menschlichen Berichterstatters und der von ihm gebrauchten Sprache.

J. Ruesch, *Disturbed Communication*

… Es ist eine traurige Tatsache, daß unsere unbewußten sprachlichen Gewohnheiten die Gestalt unserer Religionen und Philosophien beeinflussen, unsere wissenschaftlichen

Aussagen über die Welt gefangen halten, den Kern des Konflikts der postulierten Kultur mit postulierten Kulturen ausmachen, in unseren Kriegen und anderen menschlichen Differenzen eine Rolle spielen und sogar Anteil an unseren Träumen, unseren Irrtümern und unseren Neurosen haben.

W. La Barre, *The Human Animal*

Sogar auf der sprachlichen Ebene, auf der sie sich doch am meisten zu Hause fühlen, haben die Pädagogen sehr viel weniger unternommen, als man es vernünftigerweise von ihnen hätte erwarten können, um jungen Menschen das Wesen, die Grenzen und das gewaltige Potential für Gut und Böse jener größten von allen menschlichen Erfindungen, der Sprache, zu erklären. Kindern sollte beigebracht werden, daß Wörter unverzichtbar sind, aber auch fatal sein können – die einzigen Erzeuger von jeglicher Zivilisation, von jeglicher Wissenschaft, von jeglicher Unbeirrbarkeit der Gesittung, von aller engelhaften Güte, und zugleich die einzigen Erzeuger allen Aberglaubens, aller kollektiven Wahnvorstellungen und Dummheiten, aller böser als bestialischen Diabolik, der gesamten bedrückenden historischen Abfolge von Verbrechen im Namen Gottes, eines Königs, eines Staates, eines Dogmas.

A. Huxley, »Education on the Nonverbal Level«,
in: *Daedalus*, Frühjahr 1962

Jegliche Sprache ist eine besondere Weise, die Welt anzusehen und Erfahrungen zu interpretieren ... Man sieht und hört, wofür einen das grammatische System der eigenen Sprache empfindsam gemacht hat, wonach in seinen Erfahrungen Ausschau zu halten sie einem antrainiert hat. Diese Voreingenommenheit ist heimtückisch, weil sich keiner dessen bewußt ist, daß seine Muttersprache ein System ist.

C. Kluckhorn, *Mirror for Man*

Einstein hat darauf hingewiesen, daß die Aussage »Zwei in einiger Entfernung voneinander ablaufende Ereignisse geschehen gleichzeitig« nicht verwendet werden kann, um zu irgendeinem beobachtbaren Faktum zu gelangen. Es war dies der Anstoß für eine neue Philosophie, die sich hauptsächlich mit der Bedeutung von Sprache befaßt hat. Da alles Wissen in Sprache dargetan werden muß, ist es die Sinnhaftigkeit, die wir der Sprache geben, die dem Wissen sein Gewicht und seine Mehrdeutigkeit verleiht ... Es mutet seltsam an, daß wir so selten das Phänomen der Sprache betrachten, deren Rolle in der Lebenswelt doch ohne Parallele ist.

W. S. Beck, *Modern Science and the Nature of Life*

Wir sezieren die Natur entlang Linien, die unsere Muttersprache vorgezeichnet hat. Die Kategorien und Typen, die wir aus der Welt der Phänomene isolieren, finden wir dort nicht deshalb vor, weil sie sich jedem Beobachter geradezu aufdrängen; im Gegenteil, die Welt präsentiert sich in einer kaleidoskopartigen Flut von Eindrücken, die durch unseren Verstand – was weitgehend bedeutet, durch das sprachliche System in unserem Verstand – organisiert werden muß. Wenn wir, wie wir es tun, die Natur zerteilen, sie in Begriffe einordnen und Bedeutung zuschreiben, dann weitgehend deshalb, weil wir Teilnehmer einer Vereinbarung sind, sie in dieser Weise zu organisieren – einer Vereinbarung, die innerhalb unserer Sprachgemeinschaft Gültigkeit hat und in den Mustern unserer Sprache kodifiziert ist.

B. L. Whorf, *Language, Thought, and Reality*
(Sprache – Denken – Wirklichkeit)

Wer in einem Labor arbeitet, bedient sich nicht nur in seinen Berichten und Darlegungen der Hilfe der Analogie; er denkt auch so. Das Atom war einmal ein kleines hartes, rundes Teilchen, und später war es eines mit Häkchen dran. Vor kurzem war es ein Sonnensystem. Der klassische Physikerstreit über die Natur des Lichts lief in Wirklichkeit auf die Frage hinaus, ob Licht etwas wie ein Steinchenschauer ist oder wie Wellen in einer Badewanne. Die letztendliche Antwort, beides, war schwer zu akzeptieren. Weshalb? Weil sie in keinen der vorhandenen Begriffe paßte; Wellen sind Wellen, und Kieselsteinchen sind Kieselsteinchen – in unserer gemeinsamen Erfahrung gibt es nichts, was die Eigenschaften von beidem aufweist.

D. O. Herb, *The Organization of Behavior*

Soll eine konzeptionelle Unterscheidung getroffen werden …, sollte sich die Maschinerie, mittels derer dies geschieht, in der Sprache zeigen. Läßt sich eine Unterscheidung nicht in der Sprache herstellen, dann läßt sie sich auch nicht konzeptionell treffen.

N. R. Hanson, *Patterns of Discovery*

Das innere Gespräch der Seele mit sich selbst … ist der Gedanke.

Plato, *Der Sophist*

Die Sprache als solche ist das Hauptvehikel des Menschen, um zu denken. Das Gehirn denkt mit Wörtern. Wenn wir sagen, wir können nicht denken, ohne zu sprechen, oder sprechen, ohne zu denken, ist dies kein bloßes Spiel mit Worten. Die meisten Menschen empfinden ein akutes mentales Unwohlsein, bis der Drang, einen Gedanken auszudrücken, etwas zu definieren, argumentativ darzulegen oder zu interpretieren in Worten oder in Formeln, Diagrammen, Gleichungen oder anderen symbolischen Instrumenten, die Worte involvieren, formuliert worden ist. Ohne richtig angeordnete, spezifische Worte ist alles Denken vage und nebelhaft und wird in den Tiefen von »Gefühl« und »Intuition« nur verschwommen sichtbar.

J. O. Hertzler, *A Sociology of Language*

Die Menschen leben weder allein in der objektiven Welt noch allein in der Welt gesellschaftlichen Handelns, wie es gemeinhin verstanden wird, sondern sind in hohem Maße der Gnade der Sprache ausgeliefert, die für ihre Gesellschaft zum Ausdrucksmedium geworden ist. Es ist eine große Illusion, sich vorzustellen, daß man sich der Realität im wesentlichen ohne Verwendung von Sprache anpaßt und Sprache nur ein nebensächliches Mittel zur Lösung spezifischer Kommunikations- und Reflexionsprobleme ist. Tatsache ist vielmehr, daß die »wirkliche Welt« unbewußt in hohem Maße auf den Sprachgewohnheiten der Gruppe aufgebaut ist.

E. Sapir, *Culture, Language, and Personality*

Neusprech hatte nicht nur den Zweck, der Weltanschauung und geistigen Haltung der Anhänger des Engsoz ein Ausdrucksmittel zu verschaffen, sondern auch, jede Art anderen Denkens auszuschalten.

G. Orwell, *1984*

In unser übliches Sprechen und in unsere Sprache ist ein grundlegendes Klassifikationsschema *eingebaut*. Dieses eingebaute Klassifizierungssystem verleitet uns dazu, die Dinge zu sehen, die wir mühelos mit den uns bekannten Namen klassifizieren können, während wir bei allem anderen stark dazu tendieren, es zu übersehen oder außer acht zu lassen. Wir sehen mit unseren Kategorien.

W. Johnson, *Verbal Man*

Ehe die intellektuelle Arbeit des Begreifens und Verstehens der Erscheinungen einsetzen kann, muß die Arbeit des Benennens vorangegangen und bis zu einem bestimmten Punkt fortgeschritten sein. Denn diese Arbeit ist es, die die Welt der sinnlichen Eindrücke, wie sie auch das Tier besitzt, erst zu einer geistigen Welt, zu einer Welt von Vorstellungen und Bedeutungen umschafft. Alles theoretische Erkennen nimmt von einer durch die Sprache schon geformten Welt seinen Ausgang: auch der Naturforscher, der Historiker, der Philosoph selbst, lebt mit den Gegenständen zunächst nur so, wie die Sprache sie ihm zuführt. Und diese unmittelbare und unbewußte Bindung ist schwerer zu durchschauen als alles, was der Geist mittelbar, was er in bewußter Denktätigkeit erschafft.

E. Cassirer, *Sprache und Mythos*

Die Entdeckungen der modernen Naturwissenschaften oder auch die Äußerungen moderner Autoren kommen uns fremdartig vor, aber an einem Gutteil dieser Fremdartigkeit ist unser Provinzialismus in Sachen Sprache schuld – insbesondere hinsichtlich unserer eigenen Sprache. Insofern wir im Westen uns das Universum als eine Ansammlung von einfachen, in der Natur getrennten, aber an »Vorgängen« beteiligten »Dingen« vorstellen, werden wir diesem Universum mit Sicherheit nicht gerecht.

M. Gisdansky, *The Adventure of Language*

Selbst im Denken eines Wissenschaftlers spielen Worte ihre uns geläufigen Streiche, wenn er etwa vergißt, daß er bei seiner für sein Denken und seine Kommunikation mit anderen unumgänglichen Verwendung von Wortsymbolen (Raum Zeit, IQ, Einstellung etc.) von Abstraktionen Gebrauch macht, die er als Wissenschaftler bei seiner Forschung nicht implizit oder unbewußt als real annehmen kann. Nur in dem

Maße, in dem sich der Forscher seines eigenen Umformens adjektivischer oder adverbieller Beziehungen in Nominaleigenschaften bewußt ist, bewahrt er sich die Möglichkeit, neue konditionale Beziehungen zu entdecken, ohne die es eine Erscheinung gar nicht gäbe.

F. P. Kilpatrick, *Explorations in Transactional Psychology*

Die Aussage, daß Sprache nicht die Essenz des Denkens ist, besagt nicht, daß Denken jenseits anderer damit koordinierter Aktivitäten möglich ist. Derlei Aktivitäten können als Ausdruck von Denken bezeichnet werden. Wenn diese Aktivitäten bestimmte Bedingungen erfüllen, nennt man sie eine Sprache.

A. N. Whitehead, *Modes of Thought*

Die Diagnosen verändern sich, weil wir unsere Begriffe von Kranksein und Krankheit ändern ... Es fällt aber sehr schwer, unser Denken und unsere Sprache vom altüberkommenen Entitätskonzept des Krankseins freizumachen. Häufig sprechen wir in bildlichen Begriffen wie »Bekämpfung einer Krankheit«, »ihr trotzen«, daß man einen Krebs hat, an Arthritis leidet oder mit hohem Blutdruck geschlagen ist. Diese saloppe Ausdrucksweise spiegelt unsere Neigung wider, auch weiterhin alle Krankheiten als ein Ding, als ein gräßliches, verhaßtes, fremdes Ding zu denken, das in unseren Organismus eindringt ... Es gibt aber eine Wahrheit, die wir immer wieder neu lernen müssen, weil wir sie ständig vergessen, nämlich, daß zwei sich scheinbar widersprechende Dinge beide wahr sein können. Manchmal trifft zu, daß eine Krankheit keine Invasion ist ... Eine Erkrankung ist teilweise etwas, was die Welt einem Opfer zugefügt hat, aber zum größeren Teil ist sie etwas, was das Opfer seiner Welt und sich selbst angetan hat.

Karl Menninger, *The Vital Balance (Das Lebens als Balance)*

Dem Kind wird beigebracht, »Baum« und nicht »Boojum« als vereinbartes Zeichen für das (vorgezeigte) Objekt zu akzeptieren. Zu verstehen, daß das Wort »Baum« eine Frage der Konvention ist, fällt uns nicht schwer. Viel weniger offensichtlich ist, daß die Konvention auch über die Abgrenzung des Dings bestimmt, dem das Wort zugewiesen wird. Dem Kind muß nämlich nicht nur beigebracht werden, welche Wörter für welche Dinge stehen, sondern auch die Art und Weise, in der sich unsere Kultur stillschweigend darauf geeinigt hat, Dinge voneinander abzugrenzen und innerhalb unserer Alltagserfahrung die Grenzlinien zu ziehen. So entscheidet etwa die wissenschaftliche Konvention darüber, ob ein Aal ein Fisch oder eine Schlange ist, und die grammatische Konvention bestimmt darüber, welche Erfahrungen als Objekte und welche als Ereignisse oder Handlungen bezeichnet werden sollen.

Alan Watts, *The Way of Zen*
(Zen - Tradition und lebendiger Weg)

ANHANG III

Kindheit ist ein soziales Artefakt, keine biologische Kategorie. In unseren Genen gibt es keine eindeutigen Aussagen dazu, wer ein Kind ist und wer nicht, und die Gesetze des Überlebens verlangen nicht, daß zwischen der Welt der Erwachsenen und der Welt der Kinder ein Unterschied gemacht wird. Wenn wir unter dem Wort »Kinder« eine spezielle Gruppe von Menschen etwa im Alter zwischen sieben und, sagen wir, siebzehn verstehen, die spezieller Formen der Pflege und des Schutzes bedürfen und als etwas qualitativ anderes als Erwachsene aufgefaßt werden, dann gibt es eine Fülle von Belegen dafür, daß es Kinder erst seit weniger als vierhundert Jahren gibt. Verwenden wir den Begriff »Kinder« in dem breiten Sinne, in dem ihn der durchschnittliche Nordamerikaner versteht, dann ist die Kindheit sogar nicht viel älter als zweihundert Jahre. Nehmen wir ein kleines Beispiel: Die Sitte, den Geburtstag eines Kindes zu feiern, gab es in Amerika während des Großteils des achtzehnten Jahrhunderts noch nicht, und die exakte Altersbestimmung eines Kindes ist eine vergleichsweise junge Kulturtradition, die nicht mehr als zweihundert Jahre zurückreicht.

Um ein wichtigeres Beispiel anzuführen: Noch 1890 gingen nur sieben Prozent der Bevölkerung der Vereinigten Staaten im Alter zwischen vierzehn und siebzehn Jahren auf eine weiterführende Schule. Zusammen mit vielen jüngeren Kindern waren die anderen dreiundneunzig Prozent mit Erwachsenenarbeiten beschäftigt, manche in allen unseren Großstädten von Sonnenaufgang bis Sonnenuntergang.

Es wäre jedoch ein Fehler, wenn man gesellschaftliche Tatsachen mit sozialen Ideen vermischte. Die *Idee* der Kindheit ist eine der großen Erfindungen der Renaissance, vielleicht die humanste von allen. Um das siebzehnte Jahrhundert kam mit den Naturwissenschaften, dem Nationalstaat und der Religionsfreiheit auch die Kindheit als soziales Prinzip und psychologische Verfassung auf. Bis in diese Zeit hinein sah man Kinder bereits mit sechs oder sieben Jahren als nicht grundlegend anders als Erwachsene an. Die Sprache der Kinder, die Art, wie sie gekleidet waren, ihre Spiele, ihre Arbeit und ihre gesetzlichen Rechte waren dieselben wie die der Erwachsenen.

Selbstverständlich war nicht zu übersehen, daß Kinder normalerweise kleiner waren als Erwachsene, aber dieser Umstand trug ihnen keinerlei besonderen Status ein; mit Sicherheit gab es keine speziellen Institutionen für das Aufwachsen von Kindern. Vor dem siebzehnten Jahrhundert gab es beispielsweise keine Bücher über das Aufziehen von Kindern noch auch nur über Frauen in ihrer Rolle als Mütter. Immer wurden die Kinder zu Beerdigungen mitgenommen, denn keinem fiel ein Grund ein, sie vor dem Tod abzuschirmen. Ebensowenig kam jemand auf den Gedanken, ein Bild von einem Kind aufzubewahren, gleich ob es das Erwachsenenalter erreicht hatte oder schon als Kleinkind gestorben war. Vor dem siebzehnten Jahrhundert gibt es auch keine Hinweise auf die Sprache oder die Ausdrucksweise von Kindern, während man sie danach in Fülle findet. Wer je Gemälde von Kindern aus dem dreizehnten oder vierzehnten Jahrhundert gesehen hat, dem wird aufgefallen sein, daß sie immer als kleine Erwachsene abgebildet sind. Solche Gemälde sind ganz akkurate Darstellungen der psychologischen und sozialen Vorstellungen von Kindern vor dem siebzehnten Jahrhundert. Mit den Worten des Historikers J. H. Plumb gesagt: »Es gab keine separate Welt der Kindheit. Die Kinder spielten dieselben Spiele wie die Erwachsenen, hatten dieselben Spielsachen und hörten dieselben Märchen. Sie lebten ihre Leben miteinander, nie getrennt. Auf den von Breughel gemalten wüsten Dorffesten, auf denen besoffene Männer und Frauen in ungezügelter Wollust nach einander grapschen, sind Kinder abgebildet, die zusammen mit den Erwachsenen essen und trinken. Selbst auf den nüchterneren Bildern von Hochzeiten und Tänzen amüsieren sich die Kinder gemeinsam mit den Älteren und tun dasselbe wie diese.«

In *Der ferne Spiegel*, ihrem wunderbaren Buch über das vierzehnte Jahrhundert, hat Barbara Tuchman es folgendermaßen zusammengefaßt: »Wenn die Kinder erst einmal sieben Jahre alt geworden waren, begann man sie zu beachten, und sie fingen an, mehr oder weniger das Leben kleiner Erwachsener zu führen. Die Kindheit war bereits vorbei.« Weshalb dies so war, ist freilich nicht so einfach zu sagen. Zum einen überlebten die meisten Kinder nicht, worauf auch Barbara Tuchman verweist; ihre Sterberate war außerordentlich hoch, und erst im vierzehnten Jahrhundert kommt es überhaupt vor, daß Kinder in letztwilligen Verfügungen und Testamenten bedacht werden – ein Anzeichen dafür, daß die Erwachsenen nicht erwarteten, daß sie lange am Leben blieben. Mit Sicherheit gab es bei Erwachsenen nicht die emotionale Bindung an Kinder, die wir für normal halten. Überdies betrachtete man Kinder primär als wirtschaftliche Faktoren, denn die Erwachsenen waren weniger an Charakter und Intelligenz der Kinder interessiert als an deren Arbeitskraft.

Der Hauptgrund für das Fehlen der Idee der Kindheit ist nach meiner Überzeugung jedoch in den Kommunikationsbedingungen der mittelalterlichen Welt zu finden. Da die meisten Menschen nicht lesen und schreiben konnten, wurde ein Kind zu dem Zeitpunkt zum Erwachsenen – einem an allem teilnehmenden Erwachsenen – wenn es zu sprechen lernte. Da jeglicher sozialer Umgang auf mündliche Kommunikation von Angesicht zu Angesicht angewiesen war, bezeichnete die voll ausgebildete Sprachkompetenz, die gewöhnlich im Alter von sieben Jahren vorhanden ist, die Trennlinie zwischen Kleinkindalter und Erwachsensein. Das ist der Grund, weshalb die katholische Kirche das Alter von sieben Jahren als dasjenige festlegte, zu dem ein Mensch zwischen Recht und Unrecht unterscheiden kann, als Alter der Vernunft. Deshalb wurden Kinder für Diebstahl und Mord wie Erwachsene gehenkt. Und dies ist auch der Grund dafür, daß es im Mittelalter keine Grundschulen gab, denn wo die Biologie über die Kompetenz zur Kommunikation bestimmt, gibt es für eine derartige Bildung keine Notwendigkeit. Zwischen früher Kindheit und Erwachsensein gab es kein Zwischenstadium, weil keines gebraucht wurde. Bis zur Mitte des fünfzehnten Jahrhunderts.

Damals ereignete sich ein außergewöhnlicher Vorgang, der nicht nur das religiöse, ökonomische und politische Gesicht Europas veränderte, sondern schließlich auch unseren modernen Kindheitsgedanken hervorbrachte. Ich spreche natürlich von der Erfindung der Druckerpresse. Keiner konnte sich 1450 auch nur entfernt vorstellen, welch durchschlagende Auswirkungen sie auf unsere Gesellschaft haben würde. Als Gutenberg verkündete, er könne Bücher »nicht mittels des Schreibrohres, des Griffels oder der Feder, sondern durch bewunderungswürdige Stempel und Formen und dazu in Übereinstimmung von Proportion und Gesetzmäßigkeit« herstellen, kam ihm nicht in den Sinn, daß seine Erfindung die Autorität der Kirche untergraben würde. Und doch konnte Martin Luther weniger als achtzig Jahre später praktisch behaupten, jetzt, da Gottes Wort in jedem Haus verfügbar sei, bedürften die Christen nicht mehr des Priesters, um es für sie auszulegen. Ebensowenig kam Gutenberg der Gedanke, daß seine Erfindung eine neue Menschengruppe schaffen würde – nämlich Kinder.

Um eine gewisse Vorstellung davon zu gewinnen, was das Lesen in den beiden auf Gutenberg folgenden Jahrhunderten bedeutete, schauen wir uns den Fall von zwei Männern an – der eine hieß William, der andere Paul. Beide hatten 1605 einen Raubüberfall auf das Haus des Herzogs von Sussex unternommen. Sie wurden ergriffen und verurteilt. Hier der genaue Wortlaut ihrer Strafen, wie sie der Vorsitzende Richter verkündete: »Besagter William liest nicht, wird gehenkt. Besagter Paul liest, wird verstümmelt.« Pauls Bestrafung war nicht gerade gnädig; sie bedeutete, daß man ihm die Daumen abschlug. Paul überlebte, weil er das sogenannte »benefit of clergy [Vorrecht des Klerus]« beanspruchte, was bedeutete, daß er der Aufgabe gewachsen war, zumindest einen Satz aus einer englischen Bibel zu lesen. Und bereits *diese* Fähigkeit war nach dem englischen Recht des siebzehnten Jahrhunderts Grund genug, ihn vor dem Galgen zu bewahren. Ich vermute, daß die Leser meiner Meinung sind, wenn ich sage, daß von allen Vorschlägen, wie man die Menschen zum Lesen motivieren könnte, es keiner mit dieser Methode aus dem England des siebzehnten Jahrhunderts aufnehmen könnte. Tatsächlich beriefen sich denn auch etwa die Hälfte der 203 in Norwich im Jahr 1644 wegen todeswürdiger Verbrechen Verurteilten auf das »Vorrecht des Klerus«, was den Gedanken nahelegt, daß es den Engländern gelang, zumindest die in der Geschichte lesekundigste Population von Verbrechern hervorgebracht zu haben.

Aber natürlich war das nicht das einzige Ergebnis. Wie angedeutet, war die Kindheit eine Folge der Lesefähigkeit immer breiterer Schichten. Binnen weniger als hundert Jahren nach der Erfindung der Druckerpresse war die europäische Kultur zu einer Kultur des Lesens geworden. Und das hieß, daß Erwachsensein neu definiert wurde. Man konnte kein Erwachsener werden, bis man lesen konnte. Um das Wort Gottes zu erfahren, mußte man – wie sonst? – fähig sein, die Bibel zu lesen. Um Literatur kennenzulernen, mußte man imstande sein, Romane und Essays zu lesen, literarische Formen, die überhaupt erst dank der Druckerpresse erfunden wurden.

Die frühesten Romanautoren – Richardson und Defoe beispielsweise – waren selbst Drucker, und Sir Thomas Moore arbeitete Hand in Hand mit einem Drucker, um ein Buch zu produzieren, das man als unseren ersten Science-fiction-Roman bezeichnen könnte – sein *Utopia*. Selbstverständlich mußte man lesen können, um die Naturwissenschaften kennenzulernen, aber seit Beginn des siebzehnten Jahrhunderts konnte man naturwissenschaftliche Schriften in der Landessprache – nicht mehr auf lateinisch – lesen. Sir Francis Bacons 1605 veröffentlichtes *The Advancement of Learning (Über die Würde und den Fortgang der Wissenschaften)* war die erste naturwissenschaftliche Abhandlung, die ein Engländer auf englisch lesen konnte. Neben all dem entdeckten die Europäer aufs neue, was Plato über das Lesenlernen gewußt hatte – daß es am besten im frühen Alter geschieht. Weil das Lesen unter anderem sowohl ein unbewußter Reflex wie auch ein Akt der Erkenntnis ist, muß die Gewohnheit des Lesens in jener Periode ausgebildet werden, in der sich das Gehirn noch mit der Aufgabe beschäftigt, die mündliche Sprache zu erlernen. Ein Erwachsener, der lesen lernt, nachdem sein mündliches Vokabular voll ausgebildet ist, wird selten, wenn überhaupt je, zu einem flüssigen Leser werden.

Im siebzehnten Jahrhundert lief dies darauf hinaus, daß die Jungen vom Rest der Gemeinschaft isoliert werden mußten, um Leseunterricht zu erhalten; anders gesagt, ihnen mußte beigebracht werden, wie man als Erwachsener funktioniert. Vor der Druckerpresse wurden Kinder durch das Sprechenlernen, wofür alle Menschen biologisch programmiert sind, zu Erwachsenen. Nach der Erfindung der Druckerpresse mußten sich Kinder das Erwachsensein durch den Erwerb der Lesefähigkeit, für die der Mensch nicht biologisch programmiert ist, *verdienen*. Dies bedeutete, daß Schulen eingerichtet werden mußten. Im Mittelalter gab es keine Grundschulbildung. In ganz England existierten im Jahre 1480 nicht mehr als vierunddreißig Schulen. 1660 waren es hingegen mehr als 450, im Durchschnitt eine Schule auf zwanzig Quadratkilometer.

Die Verbreitung der Schulen brachte es mit sich, daß man die Jungen als eine besondere Gruppe von Menschen ansah, deren Bewußtsein und Charakter sich qualitativ von denen der Erwachsenen unterschied. Da die Schule der Erziehung junger Menschen zum Lesen und Schreiben diente, begann man die Jungen nicht mehr als kleine Erwachsene anzusehen, sondern als etwas anderes – als noch ungeformte Erwachsene. Schulisches Lernen wurde mit dem Sonderfall der Kindheit identifiziert. Die Kindheit wiederum wurde durch den Schulbesuch definiert, und das Wort »Schuljunge« wurde zu einem Synonym für »Kind«.

Kurz, man begann, die menschliche Entwicklung als eine Abfolge von Stadien zu sehen, bei der die Kindheit die Brücke zwischen dem Kleinkind und dem Erwachsenen bildete. Im Verlauf der letzten dreihundert Jahre haben wir unseren Begriff der Kindheit weiterentwickelt und verfeinert; dasselbe geschah mit unseren Einrichtungen zur Erziehung von Kindern; und schließlich haben wir den Kindern einen Vorzugsstatus eingeräumt, der sich in unseren Erwartungen hinsichtlich der Besonderheiten ihres Denkens und Sprechens, ihrer Kleidung, ihres Spiels und ihres Lernens niederschlägt.

All dies kommt jetzt, wie ich glaube, an sein Ende, zumindest in den Vereinigten Staaten. Und es geht zu Ende, weil unsere Kommunikationsumwelt ein weiteres Mal einen radikalen Wandel durchgemacht hat, diesmal infolge der elektronischen Medien, insbesondere des Fernsehens. Das Fernsehen hat eine verwandelnde Kraft, die derjenigen der Druckerpresse mindestens gleichkommt und womöglich ebenso groß ist wie die des Alphabets. Und ich behaupte, daß das Fernsehen, unterstützt von anderen Medien wie Radio, Film und Schallplatten, über die Macht verfügt, das Ende der Kindheit zu bewirken.

Zunächst einmal ist das Fernsehen im Kern ein nichtsprachliches Medium; es liefert Informationen zumeist über Bilder. Obwohl man die menschliche Sprache im Fernsehen zu hören bekommt und sie gelegentlich darin auch wichtig ist, sehen die Leute mehr als sie hören. Und was sie sehen, sind sich rasch ändernde Bilder – bis zu 1 200 Schnitte in der Stunde. Die durchschnittliche Dauer einer Einstellung im Programm beträgt 3,5 Sekunden; bei Werbesendungen liegt der Durchschnitt bei 2,5 Sekunden. Das erfordert sehr wenig analytisches Entschlüsseln. In Amerika ist Fernsehen fast ganz und gar eine Frage des Erkennens bestimmter Muster. Das Fernsehen ist eine *symbolische Form*, und es verlangt keinerlei spezielle Unterweisung oder Vorbildung. In Amerika beginnt die Fernseherei ungefähr im Alter von achtzehn Monaten, und mit sechsunddreißig Monaten beginnen Kinder, die Fernsehbilder zu verstehen und darauf zu reagieren. Sie haben ihre Lieblingscharaktere, sie singen die Melodien nach, die sie hören, und wollen die Produkte haben, die sie in der Werbung gesehen haben. Zum Fernsehen braucht es keinerlei Vorbereitung oder Training. Das Fernsehen verlangt keine Fähigkeiten und entwickelt keine Fähigkeiten. Deshalb gibt es auch kein heilsames Fernsehen. Deshalb ist man auch heute nicht »besser« im Fernsehen, als man es vor fünf oder zehn Jahren war. Und deshalb gibt es in Wirklichkeit auch nichts dergleichen wie ein Kinderprogramm.

Alles ist für alle. Was symbolische Formen anbetrifft, ist die Seifenoper »Intensivstation« ebenso kompliziert oder ebenso einfach zu verstehen wie die »Sesamstraße«. Anders als bei Büchern, die in ihrer syntaktischen oder lexikalischen Komplexität große Unterschiede aufweisen und den Fähigkeiten des Lesers entsprechend eingestuft werden können, präsentiert das Fernsehen Informationen in einer hinsichtlich ihrer Zugänglichkeit undifferenzierten Form. Daran liegt es, daß Erwachsene und Kinder gewöhnlich dieselben Programme sehen.

Um es zusammenzufassen: Das Fernsehen löscht die Trennlinie zwischen Kindheit und Erwachsensein auf zweierlei Weise aus: Es verlangt keine Bildungsvoraussetzungen und und es trennt sein Publikum nicht. Folglich kommuniziert es dieselbe Information an jedermann gleichzeitig, ohne Rücksicht auf Alter, Geschlecht oder Bildungsstand.

Der Hauptunterschied zwischen einem Erwachsenen und einem Kind, könnte man sagen, besteht darin, daß der Erwachsene gewisse Facetten des Lebens kennt – seine Mysterien, seine Widersprüche, seine Gewalt, seine Tragödien –, von denen man meint, daß sie für Kinder nicht zuträglich seien. Im Zuge des Erwachsenwerdens enthüllen wir den Kindern diese Geheimnisse auf behutsame Art und Weise. Deshalb gibt es so etwas wie Kinderliteratur. Das Fernsehen macht dieses Arrangement jedoch unmöglich. Weil das Fernsehen praktisch rund um die Uhr operiert, erfordert es eine konstante Versorgung mit neuen und interessanten Informationen, um sein Publikum an sich zu binden. Das bedeutet, daß sämtliche Geheimnisse der Erwachsenen – gesellschaftliche, sexuelle, körperliche und andere – darin aufgedeckt werden.

Das Fernsehen zerrt praktisch die ganze Kultur ans Licht der Öffentlichkeit und bricht jedes Tabu. Inzest, Korruption, Sadismus – alles und jedes ist inzwischen ein Thema dieser oder jener Fernsehshow. Und dabei verliert es selbstverständlich seinen Status als Geheimnis der Erwachsenen.

Die Folge ist, daß sich die Unschuld der Kindheit nicht halten läßt, weshalb auch Kinder im Fernsehen nicht mehr vorkommen. Tatsächlich werden alle Kinder in Fernsehshows nur als kleine Erwachsene abgebildet, in der Art der Gemälde des dreizehnten und vierzehnten Jahrhunderts. In jeder Seifenoper oder Familienshow oder Sitcom sind Kinder zu sehen, deren Sprache, Kleidung, Sexualität und Interessen sich von denjenigen der Erwachsenen in diesen Shows kaum unterscheiden.

Wenn auch das Fernsehen damit begonnen hat, die traditionelle Vorstellung von Kindheit außer Kraft zu setzen, träfe es doch nicht genau den Punkt, wenn man sagte, daß es uns in eine Erwachsenenwelt versetzt. Vielmehr benutzt es das Material der Erwachsenenwelt als Grundlage dafür, eine gänzlich neue Art Person zu projizieren. Man könnte diese Person ein Erwachsenenkind nennen. Aus Gründen, die teilweise mit der Zugänglichkeit seiner symbolischen Form und teilweise mit seiner kommerziellen Basis zu tun haben, propagiert das Fernsehen viele Einstellungen als wünschenswert, die wir mit Kindlichkeit assoziieren – beispielsweise das obsessive Bedürfnis nach sofortiger Wunscherfüllung, mangelnde Rücksicht auf Konsequenzen und eine nahezu promiske Beschäftigung mit dem Konsum. Das Fernsehen scheint eine Bevölkerung vorzuziehen, die aus drei Altersgruppen besteht: am einen Ende die frühe Kindheit – am anderen das Greisenalter; dazwischen eine Gruppe unbestimmten Alters, wo jeder zwischen zwanzig und dreißig ist und dies so lange bleibt, bis sich der Altersschwachsinn herabsenkt.

Kurzum, in unserer Kultur gibt es für Kindheit immer weniger Gründe und Chancen. Es wäre engstirnig, allein das Fernsehen für diesen Wandel verantwortlich zu machen. Der Niedergang der Familie, der Verlust familiärer und örtlicher Wurzeln – 40 Millionen Amerikaner verlegen pro Jahr ihren Wohnsitz – sowie das Verschwinden eines Großteils der Bedeutung von Erwachsenenarbeit infolge der technologischen Entwicklung sind weitere Faktoren. Aber ich glaube, daß das Fernsehen einen Kommunikationskontext herstellt, der die Idee fördert, daß Kindheit weder wünschenswert noch nötig ist; ja, daß wir keine Kinder brauchen.

ANMERKUNGEN

KAPITEL EINS
Eine Brücke ins 18. Jahrhundert?

1 Marc Aurel, S. 251.
2 *Wilhelm Meisters Lehrjahre*, 4. Buch.
3 Plato, *Des Sokrates Apologie*, 38a.
4 Talmud, Traktat *Shabat*, II/V, 31a.
5 Micha 6,8.
6 Thoreau, S. 42.
7 *Dead White Men* – pejorativ gemeinte Bezeichnung für die westliche, eurozentrische Kultur, die weder multikulturelle noch feministische Aspekte berücksichtigt. A. d. Ü.
8 Berlin 1956, S. 29.

KAPITEL ZWEI
Fortschritt

1 Gay, S. 245.
2 Siehe *The Jefferson Bible.*
3 Paine, S. 50.
4 Brinton, S. 295.
5 Im Hof, S. 16.
6 Cassirer, S. 5.
7 Brinton, S. 262.
8 Voltaire, S. 182.
9 Bury, S. 5.
10 Crocker, S. 194.
11 Siehe Johnson, S. 1–27.
12 Bauman, S. 31.

KAPITEL DREI
Technologie

1 Lasch 1991, S. 41.
2 Negroponte, S. 145 f.
3 Siehe Oppenheimers Artikel in *The Atlantic*, Juli 1997.
4 Marx, S. 45.

KAPITEL VIER
Sprache

1 Der englische Begriff »the Enlightenment« (mit dem bestimmten Artikel) ist eine Falschübersetzung des deutschen Begriffs »Aufklärung«. Ins Französische läßt er sich nicht übersetzen; da lautet der Standardbegriff »lumières«, was »Lichter« bedeutet.
2 Berlin 1956, S. 180.
3 Paine, S. 11.
4 Paine, S. 52.
5 Einstein 1972, S. 2.
6 Paine, S. 69.
7 Gergen, S. 119.
8 Hayek, S. 201.
9 Julius, S. 189.
10 *The London Times* vom 30. September 1997.

KAPITEL FÜNF
Information

1 Hart, S. 8.
2 Kästner, S. 60.
3 Hart, S. 8.
4 Hart, S. 15.
5 Mumford, S. 136.
6 Wilson, S. 140.
7 Sontag, S. 22.

KAPITEL SECHS
Erzählungen

1 Siehe Thomas L. Haskell, »Talk in the Age of Interpretation«, in: *The Journal of American History*, 1989, Bd. 4, S. 1003.
2 Commager 1977, S. 237.
3 Russell 1961, S. 45.
4 Einstein 1954, S. 40.
5 Lerner 1961, S. 424.
6 Einstein 1954, S. 42.
7 Lerner 1961, S. 424.
8 Havel, in: *Prognosis 16*, Nr. 3, vom 6. August 1993, S. 4.
9 Galilei, S. 319.
10 Reston, S. 136 bzw. S. 142.
11 Bohr, S. 65.

KAPITEL SIEBEN
Kinder

1 Stone, S. 258.
2 Stone, S. 257.
3 Dewey 1899, S. 55.
4 Ich beziehe mich hier auf den amerikanischen Channel 1, bei dem es sich um ein tägliches Nachrichtenprogramm von je zehn Minuten Dauer handelt, mit jeweils zwei Minuten Werbung zwischen den Nachrichtenprogrammen. Channel 1 wird jeden Tag in landesweit 350 000 Mittel- und Oberschulen übertragen.

KAPITEL ACHT
Demokratie

1 Tocqueville, Bd. 1, S. 216 f.
2 Tocqueville, Bd. 2, S. 71.
3 Ebenda, S. 68.
4 Tocqueville, Bd. 1, S. 7f.
5 Ebenda, S. 280.

6 Dewey 1899, S. 157.
7 Commager 1977, S. 188.
8 Ebenda, S. 194.
9 Molinaro, S. 335.
10 Tocqueville, Bd. 2, S. 113.
11 Eisenstein, S. 119.
12 Ich denke hier an David Putnams berühmten Artikel »Bowling Alone«. Putnam fand heraus, daß heutzutage zwar mehr Leute Bowling spielen als früher, aber die Tendenz dahin geht, es allein zu spielen und nicht in einer Mannschaft oder einer Liga.

KAPITEL NEUN
Erziehung

1 Pestalozzi, S. 127.
2 Commager 1977, S. 125.

LITERATURVERZEICHNIS

Anderson, Walter Truett, Hrsg., *The Truth About the Truth: De-confusing and Reconstructing the Postmodern World*, New York 1995.

Appleby, Joyce u. a., Hrsg., *Knowledge and Postmodernism in Historical Perspective*, New York 1996.

Aurel, Marc, *Wege zu sich selbst*, Zürich/München 1951.

Bauman, Zygmunt, *Modernity and the Holocaust*, Ithaca/N.Y. 1989 [dt. *Dialektik der Ordnung: Die Moderne und der Holocaust*, Hamburg 1992].

Behar, Joseph E., Hrsg., *Mapping Cyberspace: Social Research on the Electronic Frontier*, Oakdale/N.Y. 1997.

Berlin, Isaiah, Hrsg., *The Age of Enlightenment: The Eighteenth Century Philosophers*, New York 1956.

Bohr, Niels, *Atomphysik und menschliche Erkenntnis*, Wiesbaden 1985.

Brinton, Clarence Crane, *Ideas and Men: The Story of Western Thought*, Englewood Cliffs/N.J. 1963.

Bronowski, Jacob, *The Origins of Knowledge and Imagination*, New Haven 1978.

Buchholz, Ester Schaler, *The Call of Solitude: Alonetime in a World of Attachment*, New York 1997.

Bury, J. B., *The Idea of Progress: An Inquiry into its Origin and Growth*, New York 1987.

Butt, John, *The Augustean Age*, London 1950.

Cassirer, Ernst, *Die Philosophie der Aufklärung*, Tübingen 1932.

Commager, Henry Steele, Hrsg., *Living Ideas in America*, New York 1951.

Commager, Henry Steele, Hrsg., *The Empire of Reason: How Europe Imagined and America Realized the Enlightenment*, New York 1977.

Compayré, Gabriel, *Pestalozzi and Elementary Education*, übers. R. P. Jago, New York 1907.

Crocker, Lester G., Hrsg., *The Age of Enlightenment*, New York 1969.

Crone, Brinton, *A History of Western Morals*, New York 1990.

Delbanco, Andrew, *The Death of Satan: How Americans Have Lost the Sense of Evil*, New York 1995.

Derrida, Jacques, *Speech and Phenomena: And Other Essays on Husserl's Theory of Signs*, übers. David B. Allison, Evanston/Ill. 1973 [dt. *Die Stimme und das Phänomen*, Frankfurt/M. 1988].

Dewey, John, *The School and Society*, Chicago 1899.

Dewey, John, *Freedom and Culture*, New York 1963.

Einstein, Albert, *The Meaning of Relativity*, [= Stafford Little Lectures], Princeton 1972.

Einstein, Albert, *Ideas and Opinions*, Arnel/N.J. 1954 [dt. *Einstein sagt. Zitate, Einfälle, Gedanken*, München 1999].

Eisenstein, Elizabeth, *The Printing Press As an Agent of Change*, New York 1979 [dt. *Die Druckerpresse. Kulturrevolutionen im frühen modernen Europa*, Wien 1997].

Fowler, Bridget, *Pierre Bourdieu and Cultural Theory: Critical Investigations*, London 1997.

Franklin, Benjamin, *The Autobiography of Benjamin Franklin & Selections From His Writings*, Hrsg. v. Henry S. Commager, New York 1944 [dt. *Autobiographie nebst einer Auswahl von Briefen, Dokumenten, Flugschriften*, Berlin 1983].

Freud, Sigmund, *Die Zukunft einer Illusion*, in: *Studienausgabe*, Bd. 9, Frankfurt/M. 1974.

Galilei, Galileo, *Brief an die Großherzogin Cristina*, in: *Opere*, Edizione Nazionale, Bd. 5, 1966.

Gay, Peter, *The Enlightenment: An Interpretation – The Rise of Modern Paganism*, New York 1966.

Gergen, Kenneth J., *The Saturated Self: Dilemmas of Identity in Contemporary Life*, New York 1991 [dt. *Das übersättigte Selbst. Identitätsprobleme im heutigen Leben*, Heidelberg 1996].

Gould, Stephen Jay, *Full House: The Spread of Excellence from Plato to Darwin*, New York 1996.

Green, J. A., *Life and Work of Pestalozzi*, Baltimore/Md. [1912?].

Hart, James D., *The Popular Book: A History of America's Literary Taste*, New York 1950.

Hayek, Friedrich A. von, *The Counter-Revolution of Science: Studies on the Abuse of Reason*, Indianapolis 1952 [dt. *Mißbrauch und Verfall der Vernunft*, Heidelberg 1979].

Hays, Mary, *Appeal to the Men of Great Britain in Behalf of Women*, Hrsg. v. Gina Luria, New York 1974.

Horkheimer, Max und Theodor W. Adorno, *Dialektik der Aufklärung*, Frankfurt /M. 1984.
Hume, David, *An Inquiry Concerning the Principles of Morals*, New York 1957 [dt. *Untersuchung über die Prinzipien der Moral*, Hamburg 1998].

Im Hof, Ulrich, *Das Europa der Aufklärung*, München 1993.

Jefferson, Thomas, *The Jefferson Bible: The Life and Morals of Jesus of Nazareth*, Boston 1989.
Johnson, Paul, *Intellectuals*, New York 1988.
Julius, Anthony, *T. S. Eliot, Anti-Semitism, and Literary Form*, Cambridge 1995.

Kästner, Ingrid, *Johannes Gutenberg*, Leipzig 1978.

Lasch, Christopher, *The True and Only Heaven: Progress and its Critics*, New York 1991.
Lasch, Christopher, *The Revolt of the Elites and the Betrayal of Democracy*, New York 1996 [dt. *Die blinde Elite: Macht ohne Verantwortung*, Hamburg 1995].
Lemert, Charles, *Social Things: An Introduction to the Sociological Life*, Lanham/Md. 1997.
Lerner, Max, *America as a Civilization: Life and Thought in the United States Today*, New York 1957.
Lerner, Max, *The Essential Works of John Stuart Mill*, New York 1961.
Lewis, C. S., *The Abolition of Man*, New York 1996.
Lyotard, Jean-François, *The Postmodern Condition: A Report on Knowledge*, übers. Geoff Bennington und Brian Massumi, Minneapolis 1993 [dt. *Das postmoderne Wissen: ein Bericht*, Wien 1993].

Manguel, Alberto, *A History of Reading*, New York 1996 [dt. *Eine Geschichte des Lesens*, Berlin 1998].
Marx, Karl, *Einleitung zu den »Grundrissen der Kritik der politischen Ökonomie«*, in: *Werke*, Bd. 42, Berlin 1983.
Mehlman, Jeffrey, *Cataract: A Study in Diderot*, Middletown/Conn. 1979.
Molinaro, Matie, Corinne McLuhan und William Toye, Hrsg., *Letters of Marshall McLuhan*, New York 1987.
Mumford, Lewis, *Technics and Civilization*, New York 1934 [dt. *Vom Blockhaus zum Wolkenkratzer. Eine Studie über amerikanische Architektur und Zivilisation*, Berlin 1997].

Negroponte, Nicholas, *Being Digital*, New York 1996 [dt. *Total digital. Die*

Welt zwischen 0 und 1 oder die Zukunft der Kommunikation, München 1997].

Nisbet, Norbert, *History of the Idea of Progress*, New York 1980.

Noble, David F., *Progress Without People: In Defense of Luddism*, Chicago/Ill. 1993.

Noble, David F., *The Religion of Technology: The Divinity of Man and the Spirit of Invention*, New York 1997.

Overy, Richard, *Why the Allies Won*, New York 1996.

Paine, Thomas, *The Age of Reason*, New York 1991.

Perkinson, Henry, *How Things Got Better: Speech, Writing, Printing, and Cultural Change*, Westport/Conn. 1995.

Pestalozzi, Johann Heinrich, *Tagebuch Pestalozzis über die Erziehung seines Sohnes vom 27. Januar bis zum 19. Februar 1774*, in: Sämtliche Werke, Kritische Ausgabe, Band 1, Berlin/Leipzig 1927.

Postman, Neil, und Charles Weingartner, *Teaching as a Subversive Activity*, New York 1969.

Postman, Neil, *Amusing Ourselves to Death: Public Discourse in the Age of Show*, New York 1985 [dt. *Wir amüsieren uns zu Tode. Urteilsbildung im Zeitalter der Unterhaltungsindustrie*, Frankfurt/M. 1989].

Postman, Neil, *Conscientious Objections: Stirring Up Trouble About Language, Technology, and Education*, New York 1988.

Postman, Neil, *Technopoly: The Surrender of Culture to Technology*, New York 1993 [dt. *Das Technopol. Die Macht der Technologien und die Entmündigung der Gesellschaft*, Frankfurt 1992].

Postman, Neil, *The End of Education: Redefining the Value of School*, New York 1996 [dt. *Keine Götter mehr. Das Ende der Erziehung*, Berlin 1995].

Pucci, Suzanne L., *Diderot and a Poetics of Science*, New York 1986.

Rahman, Mohammed Mujeeb, *The Betrayal of Intellect in Higher Education*, Toronto 1997.

Reston, James Jr., *Galileo: A Life*, New York 1994.

Roszak, Theodore, *The Cult of Information: A Neo-Luddite Treatise on High Tech, Artificial Intelligence, and the True Art of Thinking*, Berkeley und Los Angeles 1994.

Rousseau, Jean-Jacques, *Reveries of the Solitary Walker*, übers. Peter France, London 1979 [dt. *Werke in 4 Bänden*, Band 2: *Die Träumereien des einsamen Spaziergängers*, Düsseldorf 1996].

Russell, Bertrand, *Mysticism and Logic*, New York 1961.

Russell, Bertrand, *The Scientific Outlook*, New York 1962.

Sambrook, James, *The Eighteenth Century: The Intellectual and Cultural Context of English Literature, 1700–1789*, London 1986.
Sarup, Madan, *An Introductory Guide to Post-structuralism and Postmodernism*, Athens 1989.
Shelley, Percy Bysshe, *Shelley's Defence of Poetry and Blunden's Lectures on »Defence«*, Darby/Penn. 1969.
Sherman, Carol, *Diderot and the Art of Dialogue*, Genf 1976.
Snyder, Louis L., *The Age of Reason*, New York 1955.
Sole, Kirkpatrick, *Rebels Against the Future*, New York 1995.
Sontag, Susan, *On Photography*, New York 1977 [dt. *Über Photographie*, München 1989].
Stone, Lawrence, *The Family, Sex and Marriage in England 1500–1800* (gekürzte Ausgabe), New York 1979.

Teich, Albert, Hrsg., *Technology and the Future*, New York 1997.
Thoreau, Henry David, *Walden; or, Life in the Woods*, New York 1948 [dt. *Walden*, München 1999].
Tocqueville, Alexis de, *Über die Demokratie in Amerika*, übers. Hans Zbinden, Stuttgart 1959–62.

Voltaire, *Questions sur l'Encyclopédie*, in: *Oeuvres*, Bd. 2, Genf 1775.

West, Thomas G., *Vindicating the Founders: Race, Sex, Class, and Justice in the Origins of America*, Lanham/Md. 1997.
Wilson, Arthur M., *Diderot*, New York 1992.

Neil Postman ist Inhaber des Paulette Goddard Lehrstuhls für Medienökologie sowie des Lehrstuhls des Fachbereichs für Kultur und Kommunikation an der Universität New York. Zu seinen zwanzig Büchern gehören Studien über die Kindheit (*The Disappearance of Childhood* [*Das Verschwinden der Kindheit*]), über den öffentlichen Diskurs (*Amusing Ourselves to Death* [*Wir amüsieren uns zu Tode*]), über Erziehung (*Teaching as a Subversive Activity*) und über die Auswirkungen von Technologie (*Technopoly* [*Das Technopol*]).

Günter de Bruyn

Die Finckensteins

Eine Familie im Dienste Preußens

Günter de Bruyn erzählt von der gräflichen Familie Finckenstein, die eng mit der Historie und Kultur Preußens verbunden ist. Die Finckensteins standen über Jahrhunderte im Zentrum des Geschehens. Sie sind ein Spiegel der Literatur und Gesellschaft, der Wirren und Widersprüche der preußischen Geschichte.

»Als schriebe Fontane über Kultur und Geschichte Preußens.« Wolf Jobst Siedler

»Günter de Bruyn erzählt uns auf seine stille, eindringliche Weise eine faszinierende Familiensaga.« Arnulf Baring, Die Welt

Berliner Taschenbuch Verlag